辽宁省职业教育"十四五"规划教材

高职高专财务会计类专业精品教材

企业内部控制

刘晓波　秦　捷　舒文存　主编

U0362274

清华大学出版社
北京

内 容 简 介

本书为辽宁省职业教育"十四五"规划教材，为辽宁省职业教育精品在线开放课程"内部控制管理"配套教材。从国内外实践经验来看，内部控制是企业、行政事业单位抵御风险、防范舞弊、提升管理绩效、实现可持续发展的有效途径。内部控制理论与实操是未来我国理论界与实务界所面临的一项长期的系统工程。本书以系统论、控制论和信息论为指导，以我国已经颁布实施的《企业内部控制基本规范》《企业内部控制配套指引》《小企业内部控制规范(实行)》为依据，围绕理论精解、实践案例和练习题库三条主线，融合国内外企业内部控制的实践经验，系统介绍内部控制基本概念、基本理论、基本程序和基本方法。本书配有微视频，读者可使用智能移动终端设备扫码学习。

本书既可作为应用型高等院校会计、审计及相关经济管理类专业教学用书，也可作为高等职业教育财经类专业相关课程的教材和参考书，还可作为审计、会计人员职业培训和自学用书。

本书封面贴有清华大学出版社防伪标签，无标签者不得销售。
版权所有，侵权必究。举报：010-62782989，beiqinquan@tup.tsinghua.edu.cn。

图书在版编目(CIP)数据

企业内部控制/刘晓波，秦捷，舒文存主编. —北京：清华大学出版社，2021.3(2025.2 重印)
高职高专财务会计类专业精品教材
ISBN 978-7-302-57141-4

Ⅰ. ①企…　Ⅱ. ①刘…　②秦…　③舒…　Ⅲ. ①企业内部管理－高等学校－教材　Ⅳ. ①F272.3

中国版本图书馆 CIP 数据核字(2020)第 260247 号

责任编辑：左卫霞
封面设计：傅瑞学
责任校对：赵琳爽
责任印制：宋　林

出版发行：清华大学出版社
网　　址：https://www.tup.com.cn，https://www.wqxuetang.com
地　　址：北京清华大学学研大厦 A 座　　**邮　　编**：100084
社 总 机：010-83470000　　**邮　　购**：010-62786544
投稿与读者服务：010-62776969，c-service@tup.tsinghua.edu.cn
质量反馈：010-62772015，zhiliang@tup.tsinghua.edu.cn
课件下载：https://www.tup.com.cn，010-83470410
印 装 者：三河市君旺印务有限公司
经　　销：全国新华书店
开　　本：185mm×260mm　　**印　　张**：13.5　　**字　　数**：328 千字
版　　次：2021 年 3 月第 1 版　　**印　　次**：2025 年 2 月第 4 次印刷
定　　价：39.00 元

产品编号：089813-01

前言

FOREWORD

自安然事件以来，因为缺乏必要的内部控制而倒下的知名企业屡见不鲜，内部控制是企业抵御内外风险、防止管理舞弊、提升绩效水平、实现可持续发展的有效途径之一。本书按照《国家职业教育改革实施方案》和《职业教育提质培优行动计划（2020—2023 年）》等相关要求，以企业内部控制基本规范和配套指引为主线，突出职业素养和实操技能的培养。

本书为辽宁省职业教育"十四五"规划教材，内容深入浅出，突出基本业务流程、主要风险和相应管控措施，使学生顺利完成课程的学习，理解并能够实施内部控制建设。本书特色如下。

（1）思政融入。本书以企业内部控制业务流程为主线，依据《企业内部控制基本规范》和《企业内部控制配套指引》要求，深入贯彻党的二十大精神，将"讲诚信"和"防风险"等思政理念融入业务流程，增强学生"通学内控，防范舞弊"的观念和意识，通过凝练企业内控岗位工作所需要的知识点与技能点，逐一剖析每项业务流程风险、关键控制点与管控措施，帮助学生系统理解并掌握资金活动、销售业务、采购业务、资产业务、工程项目、研究与开发、担保业务、业务外包、成本费用、财务报告和内部控制评价等业务流程控制，确保资金业务安全完整，购销业务合法合规，工程业务廉洁高效，成本费用可防可控，财务报告真实可信，研发业务精准高效。本书着力打造知识、能力、素质三者并重的课程体系，全面提高学生的职业素养、筑牢工匠精神、形成法治思维、严守底线思维，培养具有较高实践操作技能，具有良好职业道德的新时代内控人才。以有效提升企业防范风险能力与水平，化解系统风险形成。

（2）结构安排。本书以学生和社会学习者需要为出发点，构建学习目标、思维导图、引导案例、学习内容、本章（节）小结、能力训练、章节案例、参考规范等体系。

（3）教学设计。本书以企业实际案例为背景，以教学平台为依托，设计线上自主学习和线上线下混合式学习。线上自主学习时，首先了解课程框架体系，主要包括：专题概要、学习目标、知识结构，以及学习指导要求，熟悉课件内容，观看教学视频，并完成同步随堂测试和课后作业，更好地理解并掌握相关内容；其次运用相关知识分析、评价并解决企业案例中存在的内部控制问题，较好地控制企业相关风险；最后参加课程网上考试，完成过程考核与结果考核，获得课程成绩。线上线下混合式学习时，课前阅读课件与观看教学视频；课中完成签到、问卷、投票、主题讨论、案例分析、随堂测试等任务，将知识转化为技能，同时强化团队合作能力；课后完成平台作业。期末从题库中自动组卷考试，完成课程结果评价，获得课程成绩。

（4）教学资源。以本教材为基础的"内部控制管理"课程为辽宁省职业教育精品在线开放课程，在智慧职教、学银在线双平台运行，扫描下页下方二维码即可在线学习该课程。按照在线开放课程要求，围绕知识点与技能点，制作了微课、动画、视频、教学课件、教学案例、法规库、习题库、作业库、试卷库等资源，与本书配套使用。

本书既可作为高校会计、审计、财务管理、税务及相关经济管理类专业教学用书，也可作为成人高等教育财经类专业和其他专业相关课程的教材和参考书，还可作为审计、会计人员职业培训和自学用书。

本书由院校教师和企业专家组成编写团队共同完成，辽宁经济管理干部学院刘晓波教授、辽宁石油化工大学秦捷副教授、安徽工商职业学院舒文存教授担任主编；东箭集团零售端财务负责人王昕、辽宁泽润信会计师事务所张世国、辽宁经济职业技术学院蓝巧祎担任副主编。写作分工如下：刘晓波编写第一章、第六～第十一章，秦捷编写第三～第五章，舒文存编写第二章，王昕编写第十二章。刘晓波负责全书统稿和最终的总纂。辽宁广告职业学院沈鹤主任负责微视频技术指导，师生共同参与微视频录制。本书由容诚会计师事务所（特殊普通合伙）辽宁分所所长高凤元担任主审。

本书编写过程中，借鉴了专家和学者的部分内容，我们尽可能详尽地列出文献的原始出处，谨向这些文献作者表示诚挚谢意！

由于编者水平有限，书中难免存在不妥之处，敬请读者批评、指正，以便我们修订时加以完善。

编　者

2022 年 12 月

辽宁省职业教育精品在线开放课程内部控制管理（智慧职教）

辽宁省职业教育精品在线开放课程内部控制管理（学银在线）

目 录

CONTENTS

第一章　内部控制原理 …… 1

第一节　内部控制概述 …… 1
第二节　内部控制措施 …… 14
第三节　内部控制建设 …… 22

第二章　资金活动控制 …… 34

第一节　筹资活动控制 …… 35
第二节　投资活动控制 …… 40
第三节　营运活动控制 …… 43

第三章　销售业务控制 …… 52

第四章　采购业务控制 …… 63

第五章　资产业务控制 …… 74

第一节　存货业务控制 …… 74
第二节　固定资产业务控制 …… 84
第三节　无形资产业务控制 …… 95

第六章　工程项目控制 …… 106

第七章　研究与开发控制 …… 121

第八章　担保业务控制 …… 132

第九章　业务外包控制 …… 145

第十章　成本费用控制 …… 155

第十一章　财务报告控制 …… 166

第十二章　内部控制评价 …… 179

第一节　内部控制评价概述 …… 180

第二节　内部控制评价的实施 …… 183

第三节　内部控制缺陷认定 …… 186

第四节　内部控制评价报告 …… 188

参考文献 …… 210

第一章　内部控制原理

第一节　内部控制概述

【学习目标】

1. 了解内部控制的产生与发展。
2. 理解和掌握内部控制含义。
3. 理解和掌握内部控制目标。
4. 理解和掌握内部控制要素和原则。
5. 熟悉并理解内部控制的固有局限性。
6. 熟悉内部控制建设的思路与方法。

【思维导图】

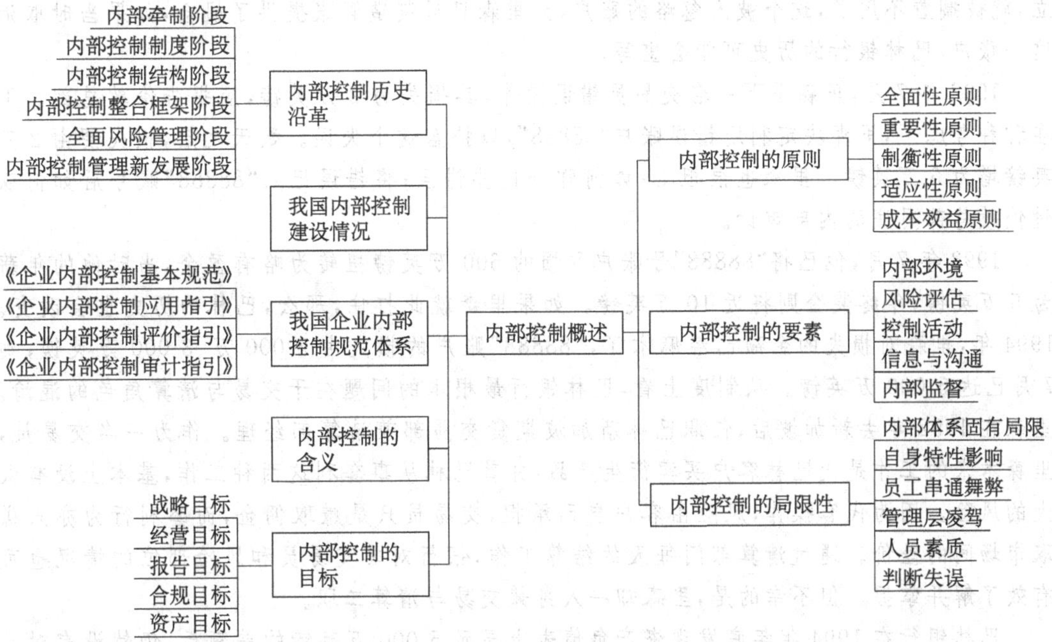

◆ **引导案例**

巴林银行倒闭案

1763 年，弗朗西斯·巴林爵士在伦敦创建世界首家“商业银行”巴林银行，既为客户提供资金和有关建议，自己也从事金融交易。巴林银行是各国政府、各大公司和许多客户的首选银行，无论是到刚果提炼铜矿、从澳大利亚贩卖羊毛、开凿巴拿马运河、去美国购买路易斯安纳州等，都是由巴林银行提供贷款。但是，巴林银行又有别于普通商业银行，不开发普通客户存款业务。20世纪初，巴林银行荣幸地获得了一个特殊客户：英国皇室。由于巴林银行取得的卓越贡献，巴林家族先后获得了5个世袭爵位。这可算得上创造了世界纪录，从而奠定了巴林银行显赫地位的基础。

1989年7月10日，里森正式到巴林银行工作。在这之前，他是摩根·斯坦利银行清算部的一名职员，进入巴林银行后，他很快争取到了到印度尼西亚分部工作的机会。由于他富有耐心和毅力，善于逻辑推理，能很快地解决以前未能解决的许多问题，使分部工作有了起色，因此，他被视为期货与期权结算方面的专家，伦敦总部对于里森在印度尼西亚的工作相当满意，并批准在海外给他安排一个合适职位。1992年，巴林总部派他到新加坡分行成立期货与期权交易部门，并担任总经理。

无论做什么交易，错误都在所难免，期货交易更是如此，例如，将“买进”手势误解为“卖出”手势、在错误的价位购进合同、本该购买6月期货却买进了3月期货等。银行都必须迅速妥善处理，如果错误无法挽回，唯一可行的办法，就是将该项错误转入计算机中一个账号为“99905”的“错误账户”，专门处理交易过程中因疏忽所造成的错误，然后向银行总部报告，这原是一个金融体系运作过程中正常的错误账户。1992年夏天，伦敦总部要求里森另外设立一个“错误账户”，记录较小的错误，并自行在新加坡处理，以免麻烦伦敦的工作，账号为“88888”的“错误账户”便诞生了。几周之后，伦敦总部配置了新计算机，要求新加坡分行按老规矩行事，所有的错误记录仍由“99905”账户直接向伦敦报告。“88888”错误账户刚刚建立，就被搁置不用了，这个被人忽略的账户，为里森日后制造假账提供了机会，如果当时取消这一账户，巴林银行的历史可能会重写。

1992年7月，里森手下一名交易员错误操作，其损失为2万英镑，应报告伦敦总部。但在种种考虑下，里森决定利用错误账户“88888”，以掩盖这个失误。数天之后，损失便由2万英镑增为6万英镑。里森也很担心：如何弥补这些错误；将错误记入“88888”账号后如何躲过伦敦总部月底的内部审计。

1993年7月，他已将“88888”号账户亏损的600万英镑扭转为略有盈余，当时他的年薪为5万英镑，年终奖金则将近10万英镑。如果里森就此打住，那么，巴林的历史也会改变。1994年，里森对损失的金额已经麻木了，“88888”账户的损失由2 000万、3 000万英镑，到7月已达5 000万英镑。从制度上看，巴林银行最根本的问题在于交易与清算角色的混淆。里森在1992年去新加坡后，任职巴林新加坡期货交易部兼清算部经理。作为一名交易员，里森本来的工作是代巴林客户买卖衍生产品，并替巴林从事套利这两种工作，基本上没有太大的风险。因为代客操作，风险由客户自己承担，交易员只是赚取佣金，而套利行为亦只赚取市场间的差价。通过清算部门每天的结算工作，银行对其交易员和风险部位的情况也可有效了解并掌握。但不幸的是，里森却一人身兼交易与清算二职。

巴林银行在1994年年底发现资产负债表上显示5 000万英镑的差额后，仍然没有对其内部管控的松散及疏忽有所警惕。在发现问题至其后巴林倒闭的2个月里，有很多巴林的高级及资深人员曾对此问题高度关注，更有巴林总部的审计部门正式加以调查。但是，这些调查都被里森以轻而易举的方式蒙骗过去了。里森对这段时期的描述为：“对于没有人来制止我的这件事，我觉得不可思议。伦敦的人应该知道我的数字都是假造的，这些人都应该知道我每天向伦敦总部要求的现金是不对的，但他们仍旧支付这些钱。”

巴林银行破产的直接原因是新加坡巴林公司期货经理尼克·里森错误地判断了日本股市的走向。1995 年 1 月，日本经济呈现复苏势头，里森看好日本股市，分别在东京和大阪等地买进大量期货合同，希望在日经指数上升时赚取大额利润。1995 年 1 月 17 日突发的日本阪神大地震打击了日本股市的回升势头，股价持续下跌。1995 年 2 月，新加坡巴林公司期货失利，导致巴林银行遭受巨额损失，合计损失达 14 亿美元，这几乎是巴林银行当时的所有资产，最终无力继续经营而宣布破产。这个有着 233 年经营史和良好业绩的老牌商业银行在伦敦城乃至全球金融界消失，目前该行已由荷兰国际银行保险集团接管。

巴林银行倒闭案

资料来源：高建立，岳瑞科，马继伟．从内部控制缺失看巴林银行倒闭的成因[J]．商业研究，2003.

思考问题：

1. 巴林银行内部控制存在何种问题？
2. 如何避免巴林银行倒闭的悲剧再次发生？

一、内部控制历史沿革

内部控制理论与实践经历了由低级到高级的演进，先后经历了内部牵制阶段、内部控制制度阶段、内部控制结构阶段、内部控制整合框架阶段、全面风险管理阶段和内部控制管理新发展阶段等。

1. 内部牵制阶段

内部控制一直以内部牵制的形式出现，内部牵制是指经济业务和事项的处理不能由一人或一个部门总揽全过程。内部牵制主要基于以下情形的考虑：两个或两个以上的人或部门无意识犯同样错误的机会很小；两个或两个以上的人或部门有意识合谋舞弊的可能性远低于一人或一个部门。它基本是以查错防弊为主要目的，每项业务的处理，至少要经过互不隶属的两个部门，以及上下级相关人员之手，形成横向部门之间与纵向上下级之间的牵制。一般而言，内部牵制机能的执行主要包括四类，如表 1-1 所示。

表 1-1　内部牵制机能的分类

名称	内　容	举　例
实物牵制	财产保护责任落实到特定的部门和人员	仓库钥匙由两个人分别保管，非同时使用库门无法打开
机械牵制	按照规定的程序操作，才能完成过程牵制	计算机需要账号与密码才能进入
分权牵制	通过分工与制衡，将业务分解，由不同的人员或部门处理	会计岗和出纳岗分设
簿记牵制	凭证、账簿、报表之间核对的牵制	原始凭证与记账凭证、明细账与总账核对

5 600 多年前的美索不达米亚文化时期就曾出现过内部牵制活动，古埃及“三官牵制”、古希腊“官员任前、任中、卸任审查”、古罗马“双人记账制度”、古中国西周出纳工作分为“职内、职岁、职币”，都是内部牵制的具体实践形式。15 世纪末，意大利出现了复式记账，标志

着内部牵制日趋成熟。18世纪产业革命后，公司制企业出现。20世纪初期，生产资料所有权与经营权逐渐分离，都进一步完善内部牵制制度，内部牵制可减少错误、防止舞弊，成为组织结构控制和职务分离控制的基础，但也存在不系统、不完善，不涉及会计信息的真实性和工作效率提高。

2. 内部控制制度阶段

20世纪40—70年代，随着所有权与经营权的进一步分离，资本主义经济快速发展，建立健全内部控制制度已经上升为法律要求。20世纪70年代为内部控制成熟期，内部控制相关活动重在改进内部控制制度方法及提高审计质量、效果与效率。1958年，美国注册会计师协会审计程序委员会发布《审计程序公告第29号》，将内部控制划分为会计控制和管理控制。1972年该委员会发布《审计准则公告第1号》，对管理控制和会计控制予以权威界定。内部控制目标主要包括保护组织财产安全、增进会计信息可靠性、提高经营效率和遵循既定管理方针等。

3. 内部控制结构阶段

20世纪80年代，内部控制研究从一般含义向具体内容转变。1988年美国注册会计师协会发布《审计准则公告第55号——在财务报告审计中考虑内部控制结构》，首次提出内部控制结构，主要包括以下三个要素：控制环境、会计系统和控制程序。1996年，中国财政部颁布《独立审计准则第9号——内部控制和审计风险》，要求执业注册会计师审查被审计单位的内部控制，并且指出，建立健全内部控制是被审计单位管理当局的会计责任。

4. 内部控制整合框架阶段

20世纪90年代，信息化的到来促进了资本快速流动。1992年全美反虚假财务报告委员会发起组织(COSO)发布《内部控制——整合框架》，明确指出：企业内部控制由董事会、经理层、员工实施，为财务报告可靠性，经营活动效果和效率，法律、法规遵循性等目标的实现而提供合理保证过程。内部控制五要素包括控制环境、风险评估、控制活动、信息与沟通、监控，并于1994年、2013年增补。

5. 全面风险管理阶段

2004年美国COSO委员会颁布《企业风险管理——整合框架》，指出：风险管理指由企业董事会、管理层、其他员工共同参与，应用于企业战略制定和企业内部各层次和部门，用于识别可能对企业造成潜在影响的事项并在风险偏好范围内管理风险的，为企业目标的实现提供合理保证的过程。企业风险管理框架主要显示四类目标：战略目标、经营目标、报告目标和合规目标；主要包括八个要素：内部环境、目标设定、事项识别、风险评估、风险应对、控制活动、信息与沟通、监控。

6. 内部控制管理新发展阶段

2013年5月，COSO委员会颁布《内部控制——整合框架(2013)》及配套指南，对1992年版的整体框架予以完善，以五要素为基础，转为原则导向的制定思路，确定十七项原则，明确内控有效性的具体要求，扩大内控目标范围。2017年9月，COSO委员会颁布《企业风险管理——整合战略和绩效(2017)》，对2004年版《企业风险管理——整合架构》予以完善，放弃2004年版的立方体八要素构架，改用五要素二十项原则模式。2009年11月，国际标准化委员会(ISO)颁布《ISO 31000：组织的风险管理国际标准》。2018年2月，ISO颁布新版ISO 31000，主要包括原则、构架和流程三部分。其中，原则主要突出价值创造和保护总原则;构架的核心是领导力与承诺;流程则强调风险记录与报告,延续风险评估经典流程。德勤会计师事务所按照风险智能管理构架三层次九原则,依据企业风险管理水平设计了风险智能成熟度模型,用于评估客户的五个级别风险管理水平:无意识型、松散型、自上而下型、系统型和风险智能型。2015 年 1 月,COSO 委员会颁布《网络时代的内部控制》,为企业应用 COSO 内部控制框架防范网络风险提供指导。

综上所述,内部控制经历了内部牵制、内部控制制度、内部控制结构、内部控制整体框架、全面风险管理、内部控制管理新发展等阶段,如表 1-2 所示。

表 1-2　内部控制发展概述

时　间	阶段	要　素	
20 世纪 40 年代	内部牵制	一要素	内部牵制(实物牵制、机械牵制、分权牵制、簿记牵制)
20 世纪 40—70 年代	内部控制制度	二要素	会计控制、管理控制
20 世纪 80—90 年代	内部控制结构	三要素	控制环境、会计系统、控制程序
1992 年	内部控制整体框架	五要素	控制环境、风险评估、控制活动、信息与沟通、监控
2004 年	全面风险管理	八要素	内部环境、目标设定、事项识别、风险评估、风险应对、控制活动、信息与沟通、监控
2013 年	内部控制管理新发展	五要素	治理与文化,战略和目标设定,绩效,审查与修订,信息、沟通与报告

二、我国内部控制建设情况

相对于发达国家内部控制的产生与发展进程而言,我国内部控制起步较晚,但政府一直很重视内部控制建设工作,我国企业内部控制是在企业经济活动的推动之下,逐渐引起重视的,在改革开放 30 余年中,我国内部控制法规建设经历了不同的阶段,走过了新兴经济体独有的内部控制法规建设历程。

1985 年 1 月,《中华人民共和国会计法》对会计稽核所作出的规定"会计机构内部应当建立稽核制度。出纳人员不得兼管稽核、会计档案保管和收入、费用、债权债务账目的登记工作",这是我国首次在法律文件上对内部牵制提出的明确要求。

1996 年 6 月,财政部颁布《会计基础工作规范》(财会〔1996〕19 号),对会计基础工作的管理、会计机构和会计人员、会计人员职业道德、会计核算、会计监督、单位内部会计管理制度建设等作出全面规范,作为我国企业早期内部控制制度。

1996 年 12 月,中国注册会计师协会颁布第二批《中国注册会计师独立审计准则》(会协字〔1996〕456 号),促进了我国企业内部控制制度的初步建设。

1997 年 5 月,中国人民银行颁布《加强金融机构内部控制的指导原则》(银发〔1997〕199 号),要求金融机构建立健全有效的内部控制运行机制。这是我国专门针对内部控制的第一个行政规定,为金融机构内部控制制度建设与发展奠定了基础。

1999 年 10 月,《会计法(修订)》颁布,将会计监督写入法律之中,是我国内部控制制度建设历程中的重大突破。

2000 年 11 月，证监会发布《公开发行证券公司信息披露编制规则》。

2001 年 1 月，证监会发布《证券公司内部控制指引》（证监发〔2001〕15 号），对证券公司建立健全内部控制制度意义重大。

2001 年 6 月，财政部发布《内部会计控制——基本规则（试行）》（财会〔2001〕41 号）、《内部会计控制基本规范——货币资金（试行）》。

2002 年 2 月，中国注册会计师协会发布《内部控制审核指导意见》。

2002 年 9 月，财政部发布《内部会计控制——采购与付款（试行）》（财会〔2002〕21 号）、《内部会计控制——销售与收款（试行）》。

2002 年 9 月，中国人民银行发布《商业银行内部控制指引》，成为商业银行制定内部控制制度的“基本手册”。

2002 年 12 月，财政部发布《内部会计控制——成本费用（试行）》《内部会计控制——存货（试行）》《内部会计控制——筹资（试行）》《内部会计控制——固定资产（试行）》。

2003 年 10 月，财政部发布《内部会计控制规范——工程项目（试行）》（财会〔2003〕30 号）。

2003 年 12 月，证监会发布《证券公司内部控制指引》（证监机构字〔2003〕260 号）。

2004 年 8 月，《内部会计控制——担保（试行）》（财会〔2004〕6 号）、《内部会计控制——对外投资（试行）》，内部会计控制一系列试行规范发布，为我国内部控制规范体系形成提供参考。

2004 年 12 月，中国人民银行发布《商业银行内部控制评价试行办法》（银监会令〔2004〕9 号）。

2005 年 10 月，证券会发布《关于提高上市公司质量的意见》。

2006 年 1 月，保监会发布《寿险公司内部控制评价办法（试行）》，对内部控制缺陷作出了定义。

2006 年 6 月，上海证券交易所发布《上海证券交易所上市公司内部控制指引》。

2006 年 9 月，深圳证券交易所发布《深圳证券交易所上市公司内部控制指引》。

2006 年 6 月，国务院国资委发布《中央企业全面风险管理指引》。

2008 年 5 月，财政部、国资委、审计署、证监会、银监会、保监会联合发布《企业内部控制基本规范》（财会〔2008〕7 号），标志内部控制制度建设迈上新台阶。

2010 年 4 月，财政部等五部委出台《企业内部控制应用指引第 1 号——组织架构（财会〔2010〕11 号）》等 18 项应用指引、《企业内部控制评价指引》《企业内部控制审计指引》，标志我国内部控制规范体系已基本建成。

关于印发《小企业内部控制规范（试行）》的通知

2012 年 11 月，财政部发布《行政事业单位内部控制规范（试行）》（财会〔2012〕21 号）。

2017 年 6 月，财政部发布《小企业内部控制规范（试行）》（财会〔2017〕21 号）。

三、我国企业内部控制规范体系

我国企业内部控制规范体系由《企业内部控制基本规范》《企业内部控制应用指引》《企

业内部控制评价指引》和《企业内部控制审计指引》四部分组成，基本规范、应用指引、评价指引、审计指引之间既相互独立，又相互联系，形成一个有机整体，如图 1-1 所示。

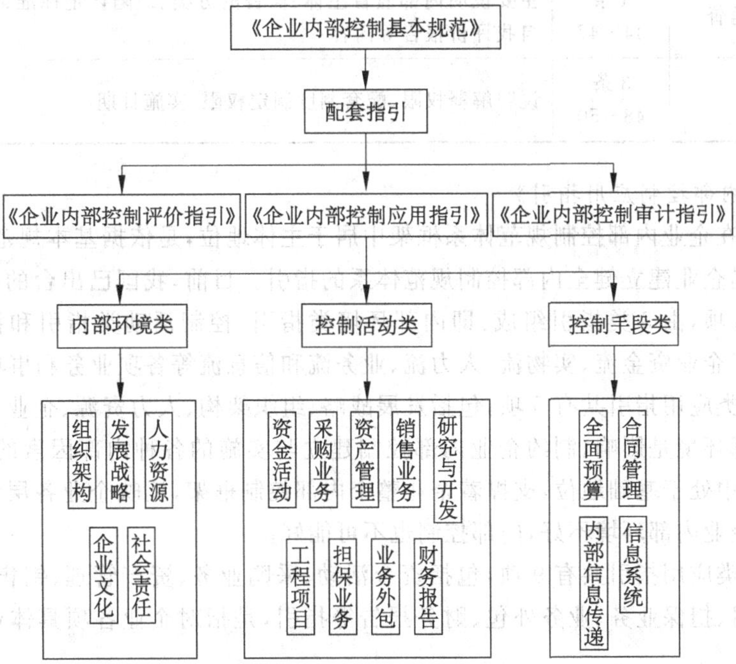

图 1-1　企业内部控制规范体系

1.《企业内部控制基本规范》

基本规范有 7 章 50 条，包括总则、内部环境、风险评估、控制活动、信息与沟通、内部监督、附则，明确了内部控制五目标、五原则、五要素。基本规范在企业内部控制规范体系框架中处于最高层次，起着统驭作用，是制定应用指引、评价指引和审计指引的基本依据，如表 1-3 所示。

财政部 证监会 审计署 银监会 保监会关于印发《企业内部控制基本规范》的通知

表 1-3　《企业内部控制基本规范》

章节	标题	条数	内　容
第 1 章	总则	10 条 1～10	制定控制规范的目的、依据及适用范围，内部控制的定义和目的，建立和实施内部控制的原则，控制要素、基本要求等
第 2 章	内部环境	9 条 11～19	主要说明了治理结构、机构设置及权责分配、内部审计、人力资源政策、企业文化等内部环境的要素和基本要求
第 3 章	风险评估	8 条 20～27	主要说明风险识别、风险分析、风险应对策略等主要内容和基本要求
第 4 章	控制活动	10 条 28～37	主要说明控制方法、控制措施等控制活动要素的主要内容和基本要求
第 5 章	信息与沟通	6 条 38～43	主要说明信息与沟通的地位作用及基本要求

续表

章节	标题	条数	内容
第6章	内部监督	4条 44～47	主要说明内部监督主体、监督的分类、缺陷认定标准、缺陷分类、内部自我评价报告等内容
第7章	附则	3条 48～50	说明解释权限、配套制度制定权限、实施日期

2.《企业内部控制应用指引》

应用指引在企业内部控制规范体系框架中居于主体地位，是依据基本规范和有关法律、法规制定的，是企业建立健全内部控制规范体系的指引。目前，我国已出台的企业内部控制应用指引共18项，由3类指引组成：即内部环境类指引、控制活动类指引和控制手段类指引，基本涵盖了企业资金流、实物流、人力流、业务流和信息流等各项业务和事项。

内部环境类应用指引共有5项，包括发展战略、组织架构、人力资源、企业文化和社会责任等指引，内部环境是影响、制约企业内部控制建立与实施的各种内部因素的总称，在企业内部控制体系中处于基础地位，支撑着企业整个内部控制框架，反映企业各层级对内部控制的要求，一个企业内部环境不好，内部控制也不可能好。

控制活动类应用指引共有9项，包括资金活动、采购业务、资产管理、销售业务、研究与开发、工程项目、担保业务、业务外包、财务报告等指引，是指对企业各项具体业务活动实施的控制。

控制手段类应用指引共有4项，包括全面预算、合同管理、内部信息传递和信息系统等指引。控制手段是指实施内部控制活动的方法和工具，控制手段类应用指引则偏重于“工具”性质，其列举的控制手段往往涉及企业整体业务或管理。

3.《企业内部控制评价指引》

评价指引是为企业管理层对本企业进行内部控制自我评价提供的指引和要求，主要内容包括企业实施内部控制评价应当遵循的原则、内部控制评价的内容、内部控制评价的程序、内部控制缺陷的认定和内部控制评价报告等。内部控制评价是指企业董事会或类似权力机构对内部控制的有效性进行全面评价、形成评价结论、出具评价报告的过程。在企业内部控制实务中，内部控制评价极为重要，它与企业的内部监督一起，共同构成了对企业内部控制建立与实施的自我监督、检查、诊断与评价。内部控制评价指引为企业开展内部控制自我评价提供了一个共同遵循的标准，为参与国际竞争的中国企业在内部控制建设方面提供了自律性要求，有利于提高投资者、社会公众乃至国际资本市场对中国企业素质的信任度。

4.《企业内部控制审计指引》

审计指引是注册会计师和会计师事务所执行内部控制审计业务的执业准则，主要内容包括内部控制审计责任划分、审计范围、审计要求、计划审计工作、实施审计工作、评价控制缺陷、完成审计工作、出具审计报告、记录审计工作等。内部控制审计是指会计师事务所接受委托，对企业特定基准日内部控制设计与运行的有效性进行审计，是企业内部控制规范体系实施中引入的强制性要求，既有利于促进企业健全内部控制体系，又能增强企业财务报告的可靠性。内部控制审计指引为规范会计师事务所的内部控制审计行为，为注册会计师衡量企业内部控制是否有效提供了基础标准。

《企业内部控制评价指引》

《企业内部控制审计指引》

四、内部控制的含义

1992 年 9 月，美国 COSO 委员会发布《内部控制——整合框架》指出：内部控制是由企业董事会、经理层和其他员工实施的，为运营的效率效果，财务报告的可靠性，相关法律、法规的遵循性等目标的实现提供合理保证的过程。

2004 年 9 月，美国 COSO 委员会发布《企业风险管理——整合框架》指出：企业风险管理是一个过程，受企业董事会、经理层和其他员工影响，包括内部控制及其在战略管理和整个公司活动中的应用，旨在为实现经营的效率和效果、财务报告的可靠性以及相关法规的遵循提供合理保证。

2013 年 5 月，美国 COSO 委员会修订并发布《内部控制——整合框架(2013)》指出：一个由主体的董事会、经理层和其他员工实施的，旨在为实现运营、报告和合规目标提供合理保证的过程。

2008 年 5 月，我国财政部、审计署、证监会、银监会、保监会联合发布《企业内部控制基本规范》(财会〔2008〕7 号)，将企业内部控制定义为：由企业董事会、监事会、经理层和全体员工实施的、旨在实现控制目标的过程。

2012 年 11 月，我国财政部发布《行政事业单位内部控制规范(试行)》(财会〔2012〕21 号)，将行政事业单位内部控制定义为：单位为实现控制目标，通过制定制度、实施措施和执行程序，对经济活动的风险进行防范和管控。

2017 年 6 月，我国财政部发布《小企业内部控制规范(试行)》(财会〔2017〕21 号)，将小企业内部控制定义为：小企业负责人及全体员工共同实施的、旨在实现控制目标的过程。

国家统计局关于印发《统计上大中小微型企业划分办法(2017)》的通知

关于印发《金融业企业划型标准规定》的通知

一分钟揭秘内控

五、内部控制的目标

1992 年 9 月，美国 COSO 委员会发布《内部控制——整合框架》，将内部控制目标分为三类：运营的效率效果，财务报告的可靠性，相关法律、法规的遵循性。

1995 年，加拿大特许会计师的控制标准委员会发布《控制指南》，把内部控制目标设定为三项：经营的效率和效果，内部和外部报告的可靠性，遵守适用的法律、法规和内部政策。

1999 年，英国发布 Turbull 内部控制指南确定内部控制目标包括 3 项：通过使公司能够对重大的商业风险、经营风险、财务风险、遵循风险和其他实现公司目标的风险作出适当反应而促使其有效经营，包括资产不被滥用、不受损失和欺诈等；有助于保持内部和外部报告的质量；有助于确保遵守相关的法律和规章制度，也有助于遵守与商业道德有关的内部政策。

2004 年 9 月，美国 COSO 委员会发布《企业风险管理——整合框架》将内部控制目标分为四类：运营的效率效果，财务报告的可靠性，相关法律、法规的遵循性和战略性。

2008 年 5 月，财政部等五部委联合发布《企业内部控制基本规范》，将内部控制目标界定为：合理保证企业经营管理合法合规、资产安全、财务报告及相关信息真实完整，提高经营效率和效果，促进企业实现发展战略。

① 战略目标是企业内部控制最高目标和终极目标，由企业董事会或总经理办公会制定总体战略目标，通过股东代表大会表决通过，是总括性的长远目标。

② 经营目标是战略目标的短期化和具体化，将战略目标按阶段和内容划分为具体的经营目标，经营目标是经营成果的反映，着力提高经营的效率和效果。

③ 报告目标是指内部控制要合理保证企业提供真实可靠的财务信息和其他信息，是经营目标成果的反映，要确保财务报告及相关信息真实可靠，按会计准则和会计制度要求，满足会计信息的一般质量要求，通过内部控制制度设计，防止提供虚假会计信息，抑制虚假交易发生。

④ 合规目标是指内部控制要求合理保证企业在国家法律、法规允许的范围内开展经营活动，严禁违法经营，合法合规是企业生存和发展的客观前提，是基础性目标，是实现其他内控目标的保证，通过将法律、法规内在要求嵌入内部控制活动和业务流程中，从最基础的业务活动上将违法违规风险降低到最小限度，从而确保企业经营管理活动的合法性与合规性。

⑤ 资产目标是为防止资产损失，是企业开展经营活动的物质前提，主要包括两个层次：一是确保资产在使用价值上完整，防止资产被挪用、转移、侵占、盗窃以及无形资产控制权的旁落，二是确保资产在价值量上的完整性，防止低价出售，损害企业利益。

上述 5 个目标共同构成一个完整的内部控制目标体系，其中，战略目标是与企业使命相连的终极目标；经营目标是战略目标短期化与具体化，是内部控制的核心目标；报告目标是经营目标的成果体现与反映；合规目标是实现经营目标的有效保证；资产目标是实现经营目标的物质前提。内部控制五目标关系如图 1-2 所示。

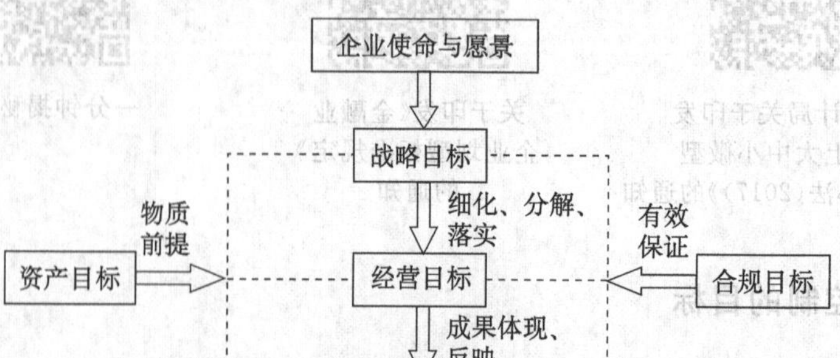

图 1-2 内部控制五目标关系

2017 年 6 月，我国财政部发布《小企业内部控制规范（试行）》，将内部控制目标界定为：合理保证小企业经营管理合法合规、资金资产安全和财务报告信息真实完整可靠。

六、内部控制的原则

内部控制原则是指企业建立与实施内部控制应遵循的基本准则和规则，在复杂环境影响下，企业构建并实施内部控制体系，应当遵循全面性原则、重要性原则、制衡性原则、适应性原则和成本效益原则。

1. 全面性原则

企业内部控制应当贯穿决策、执行和监督的全过程，覆盖企业及其所属单位的各种业务和事项，涵盖主体全面和客体全面两方面。其中，内部控制主体的全面性，董事会、监事会、经理层和其他员工都是内部控制的实施者。内部控制客体的全面性，从范围上看，内部控制覆盖企业的人、财、物、供、产、销；从层次上看，内部控制贯穿企业总部及各级公司；从过程上看，内部控制贯穿决策、执行、监督、反馈全过程。企业的任何决策与操作均应留痕，有案可查，避免内部控制出现漏洞和空白。

2. 重要性原则

内部控制应当在全面控制的基础上，关注重要业务事项和高风险领域。根据企业所处的行业环境和经营特点，通过梳理业务流程，遴选关键控制点，关注重要业务事项和高风险领域，针对性地采取严格管控措施，确保不存在重大缺陷。重要性原则的应用需要职业判断，主要结合企业的具体情况，从业务事项的性质与金额来统筹考虑。在实务中，无论是上市公司还是其他企业发生的重大经济案件，不少都牵涉到"三重一大"问题，即"重大决策、重大事项安排、重要人事任免及大额资金使用"问题。

（1）重大决策是指企业贯彻执行党和国家的路线方针政策、法律、法规和上级重要决定的重大措施，企业发展战略、破产、改制、兼并重组、资产调整、产权转让、对外投资、利益调配、机构调整等方面的重大决策，企业党的建设和安全稳定的重大决策，以及其他重大决策事项。

（2）重大事项安排是指对企业资产规模、资本结构、盈利能力以及生产装备、技术状况等产生重要影响的项目的设立和安排。主要包括年度投资计划，融资、担保项目，期权、期货等金融衍生业务，重要设备和技术引进，采购大宗物资和购买服务，重大工程建设项目，以及其他重大项目安排事项。

（3）重要人事任免是指企业直接管理的领导人员以及其他经营管理人员的职务调整事项。主要包括企业中层以上经营管理人员和下属企业、单位领导班子成员的任免、聘用、解除聘用和后备人选的确定，向控股和参股企业委派股东代表，推荐董事会、监事会成员和经理、财务负责人，以及其他重要人事任免事项。

（4）大额资金使用是指超过由企业或者履行国有资产出资人职责的机构所规定的企业领导人员有权调动、使用的资金限额的资金调动和使用。主要包括年度预算内大额度资金调动和使用，超预算的资金调动和使用，对外大额捐赠、赞助，以及其他大额度资金运作事项。

"三重一大"应当按照规定的权限和程序实行集体决策审批或者联签制度，任何个人不得单独进行决策或者擅自改变集体决策意见，重大决策、重大事项、重要人事任免及大额资金支付业务的具体标准由企业自行确定。"三重一大"事项实行集体决策和联签制度可以有效避免"一言堂""一支笔"现象，有利于促进企业完善治理结构和健全现代企业制度。

3. 制衡性原则

企业内部控制应当在治理结构、机构设置及权责分配、业务流程等方面形成互相制约、互相监督，同时兼顾运营效率。制衡一般是指权力制衡，权力恰当分割后，分别授予不同机构、部门和人员，在不同权力主体之间形成互相牵制和监督的制衡关系。作为内部控制重要组成部分，切忌片面强调制衡原则，在权力分配和流程设置上过度制约，将会影响企业的工作效率。当然，任何个人也不得拥有凌驾于企业内部控制之上的特殊权力，管理层与治理层人员应以身作则，做好表率。

4. 适应性原则

内部控制应当与企业经营规模、业务范围、竞争状况和风险水平等相适应，并随着情况的变化及时加以调整。内部控制要因企而异，既要保持基本结构的相对稳定，更要保持一定程度的灵活性，内部控制建设要有针对性和前瞻性，适时对内部控制系统予以调整，以实现动态平衡和与时俱进。

5. 成本效益原则

内部控制对于防范企业风险只能起到合理的保证作用，因此，应当权衡实施成本与预期效益，以适当的成本实现有效控制。企业内部控制建设要统筹考虑成本投入与效益产出，以合理的成本达到理想的控制效益。内部控制的成本主要有以下三方面：内部控制的设计成本，包括自行设计和外包设计成本；内部控制的实施成本，包括评价和机会成本、运行和维护成本；内部控制的鉴证成本，一般是指聘请执业注册会计师实施内部控制审计的鉴证费用。

七、内部控制的要素

内部控制要素是指内部控制制度的构成要素，是内部控制的基本框架，我国颁布的《企业内部控制基本规范》将内部控制要素界定为内部环境、风险评估、控制活动、信息与沟通和内部监督五要素。

1. 内部环境

内部环境作为内部控制五大要素之首，是企业实施内部控制的基础，对企业组织架构、目标设立和风险评估方式存在潜移默化的影响，一般包括治理结构、机构设置及权责分配、内部审计、人力资源政策、企业文化等。内部环境往往因企而异，所以，内部环境的差异是造成不同企业内部控制实施差异和效果差异的最根本原因。

2. 风险评估

风险评估是企业及时识别、系统分析经营活动中与实现内部控制目标相关的风险，合理确定风险应对策略。风险是指可能对企业实现控制目标产生负面影响的不确定因素和事项，风险评估是企业实施内部控制的重要环节和重要依据，主要包括目标设定、风险识别、风险分析、风险应对等环节。

3. 控制活动

控制活动是企业根据风险评估结果，采用相应的控制措施，将风险控制在可承受范围之内。控制活动是企业实施内部控制的具体方式，常用控制措施一般包括不相容职务分离控制、授权审批控制、会计系统控制、财产保护控制、预算控制、运营分析控制、绩效考评控制。

4. 信息与沟通

信息与沟通是企业及时、准确地收集、传递与内部控制相关的信息，确保信息在企业内部、企业与外部之间进行有效沟通。它是企业实施内部控制的重要条件，一般包括建立信息沟通与反馈制度、提高信息质量和有用性、及时沟通与反馈信息、利用信息技术建立信息系统、建立反舞弊机制等。

5. 内部监督

内部监督是企业对内部控制建立与实施情况进行监督检查，评价内部控制的有效性，发现内部控制缺陷，应当及时加以改进。这是实施内部控制的重要保证，也是对内部控制的自我控制，一般包括对内部控制建立与实施情况的监督检查、评价内部控制的有效性、对发现的内部控制缺陷实施改进等。

内部控制五要素形成有机整体，既相对独立，又相互联系。内部环境是内部控制生存的基础，风险评估是实施内部控制的依据，控制活动是实现控制目标的手段，信息与沟通是实现信息被有效获取并在组织内外传递的条件，内部监督独立于各项生产经营活动之外，是对其他内部控制再控制的保证，如图 1-3 所示。

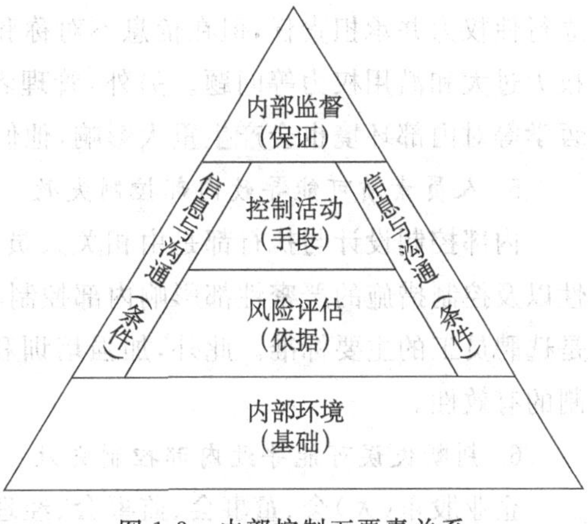

图 1-3　内部控制五要素关系

八、内部控制的局限性

内部控制只能为实现企业控制目标提供合理保证，无论企业内部控制体系设计与运行多么理想，都只能将企业风险降至可接受的水平，而无法提供绝对保证，主要原因如下。

1. 受内部控制体系固有局限的影响

内部控制体系的固有局限产生于内部控制设计和内部控制运行两个环节。在内部控制设计环节，由于受成本效益原则制约及内部控制制度不可能做到面面俱到，因此，内部控制体系设计往往存在预留的风险敞口；在内部控制运行环节，由于决策过程中可能出现错误判断，执行过程中可能出现错误或过失，以及因勾结串通或管理层越权而导致内部控制措施失去应有的效能等，都有可能发生错弊或错弊发生后未被发现。

2. 受内部控制自身特性的影响

内部控制属于管理科学，内部控制的主体、客体具有复杂性、多变性和不确定性的特性，许多因素难以量化，无法完全预知。由于内部控制主要是与人之间发生关系，对人的行为进行控制，因此，人的心理因素也是一项不可忽略的因素。在这样复杂的情况下，人们还没有找出更有效的定量方法使内部控制本身精确化，只能借助于定性的办法或者利用统计学的原理来研究内部控制。内部控制是一门不很精确的科学，理想化的、没有任何瑕疵的内部控制是不存在的，评价内部控制是否合格的标准，主要不是看其控制系统是否存在缺点或不足，而是看这种缺点或不足是否阻碍其为控制目标的实现提供合理保证。

3. 员工串通舞弊可能导致内部控制失效

内部控制起源于组织分工、相互牵制和权力制衡，不相容职务分离是内部控制的基本设计，但如果企业管理层、员工和第三方通过串通或合谋发生舞弊，很容易导致内部控制措施失效，内部控制至今尚未有效解决企业内部合伙或串通舞弊问题。

4. 管理层凌驾可能导致内部控制失效

公司股东(大)会、董事会、监事会和经理层形成权力监督和制衡机制，在职责范围内独立行使权力并承担责任，但在信息不对称和公司治理结构不完善的情况下，极易出现管理层权力过大和滥用权力等问题。另外，管理者自身素质、行事作风、决策能力、经营风格、管理哲学等对内部环境也会产生重大影响，他们可能会越过内部控制谋取私利。

5. 人员素质可能导致内部控制失效

内部控制设计与执行都是由相关人员完成的，员工素质的高低和内部控制制度的完整性以及控制措施的严密性都影响内部控制的实施效果，人格修养、职业道德和专业胜任能力是选聘员工的主要标准。此外，加强培训和继续教育，不断提升综合素质，可以提高内部控制的有效性。

6. 判断失误可能导致内部控制失效

企业股东(大)会、董事会、监事会、经理层的各项决策，都需要职业判断，有效的内部控制体系需要严格遵守政策和程序，还要充分运用判断。另外，在进行抉择和判断时可能出现错误、偏差、失误等，导致内部控制失效。

第二节 内部控制措施

【学习目标】

1. 理解和掌握不相容职务分离控制。
2. 理解和掌握授权审批控制。
3. 理解和掌握会计系统控制。
4. 理解和掌握财产保护控制。
5. 理解和掌握预算控制。
6. 熟悉并理解运营分析控制。
7. 熟悉并理解绩效考评控制。

【思维导图】

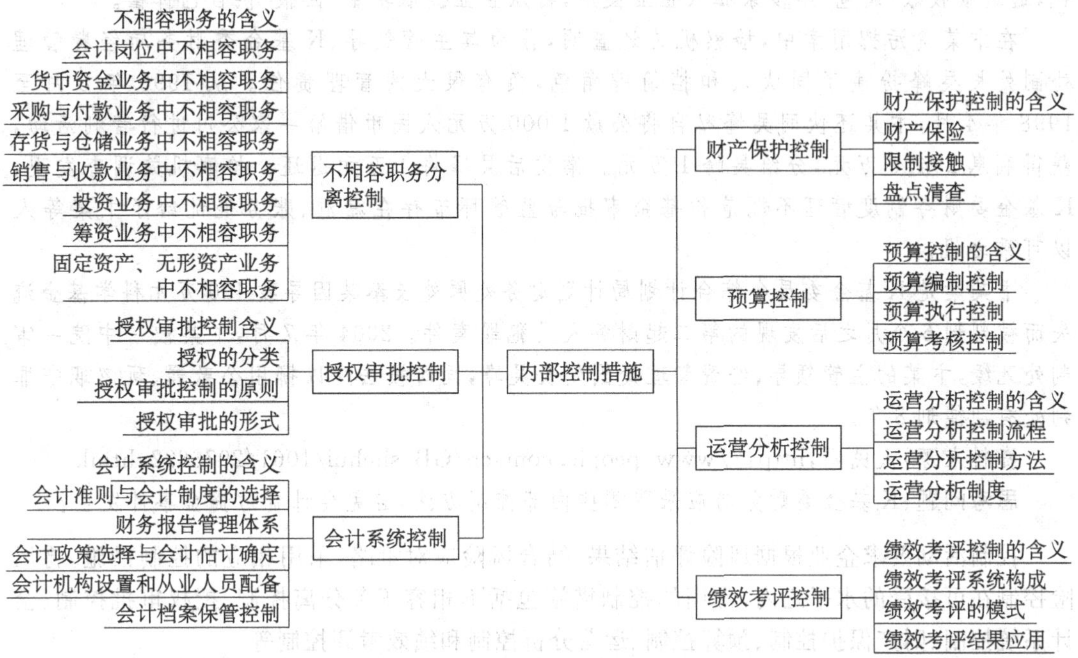

◆ 引导案例

K基金委会计贪污挪用资金案

K基金委委员会(以下简称K基金委)于1986年2月14日经国务院批准成立,主要职能是管理K基金,促进和资助基础研究在中国的发展,形成包括探索、人才、工具、融合四大系列组成的资助格局。K基金委聚焦基础、前沿、人才,注重创新团队和学科交叉,为全面培育我国源头创新能力作出了重要贡献,成为我国支持基础研究的主渠道,持续不断地支持着中国的科学研究与教育事业的发展。

K基金委机构设置健全,仅职能局室就有财务局、纪检监察、审计局等6个,各项规章应有尽有。K基金委经费管理处的工作职责和任务,就是对基金项目的经费使用情况和财务制度的执行情况进行检查监督。

2003年2月12日,K基金委向海淀检察院举报,K基金委财务会计卞某利用职务之便挪用公款。经查,从1995年8月至2002年12月间,41岁的卞某在担任K基金委财务局经费管理处会计期间利用自己掌管专项资金下拨的权力,多次采取虚构拨款事实、削减拨款金额、伪造财务、银行信汇凭证、进账单做账等手段,将共计1 262.37万元公款转入多家公司账户。卞某还先后8次将公款共计19 993.3万元挪出,转入北京汇人建筑装饰工程有限责任公司(以下简称汇人装饰公司)及其女友柴某家人开办的东方旭阳公司账内,用于上述两家公司的营利活动。

卞某收取汇人装饰公司支付的利息款8万元。卞某贪污、挪用巨额公款的行为从1995年一直持续到2003年案发。按规定,主管部门应对财务部门及其工作人员实行有效管理与监督,但该K基金委会计部门账目极其混乱,在卞某挪用公款的8年间,主管部门竟然没有很好地查过一次账。K基金委的财务管理和基金审批与监管环节都存在严重漏洞。检察机关在调查中发现，卞某贪挪公款共计2.28亿元，大多采用"提现"方式，把本该拨给科研单位的钱，通过做假账"调包"给多家私人企业使用，再从企业提取现金"回报"供自己挥霍。

在卞某贪污挪用案中，检察机关还查明，作为其主管领导、K基金委财务局经费管理处副处长吴峰扮演了同伙人和挡箭牌角色，负有很大的管理责任。从1995年8月至1998年4月，卞某还伙同吴峰私自将公款1 000万元人民币借给一家公司进行营利活动，获得利息294.5万元，分给吴峰1万元。案发后吴峰将1万元退还。检察机关调查发现，K基金委财务制度管理不规范和基金审批与监管环节存在漏洞、账务混乱给了卞某等人以可乘之机。

卞某案是K基金委员会综合计划局计划财务处原处长秦某因导致400万元科学基金流失而被判刑6个月之后发现的第二起财务人员犯罪案件。2004年7月，卞某被一中院一审判处死缓，卞某的主管领导、经费管理处副处长吴峰，同时被法院以挪用公款罪、玩忽职守罪判处有期徒刑8年。

资料来源：人民网，http://www.people.com.cn/GB/shehui/1061/2976692.html.

思考问题：K基金委财务局应采取哪些内部控制方法，避免会计贪污资金事件发生？

控制活动要求企业根据风险评估结果，结合风险应对策略，采用相应的控制措施，将风险控制在可接受的水平之内，常用的控制措施包括不相容职务分离控制、授权审批控制、会计系统控制、财产保护控制、预算控制、运营分析控制和绩效考评控制等。

一、不相容职务分离控制

（一）不相容职务的含义

不相容职务是指那些如果由一个人担任，既可能发生错误和舞弊行为，又可能掩盖其错误和舞弊行为的职务。不相容职务的设置源于内部牵制，每项经济业务要经过不同的两个或两个以上部门或人员处理，以实现相互制约和监督。

（二）不相容职务分离控制的内容与要求

不相容职务分离控制，也称"职责分工控制"，是指企业将各项流程中所涉及的不相容职责，实施相互分离的控制措施。不相容职务主要包括可行性研究与授权批准、授权批准与业务经办、业务经办与会计记录、会计记录与财产保管、财产保管与业务经办、业务经办与审核监督，如图1-4所示。

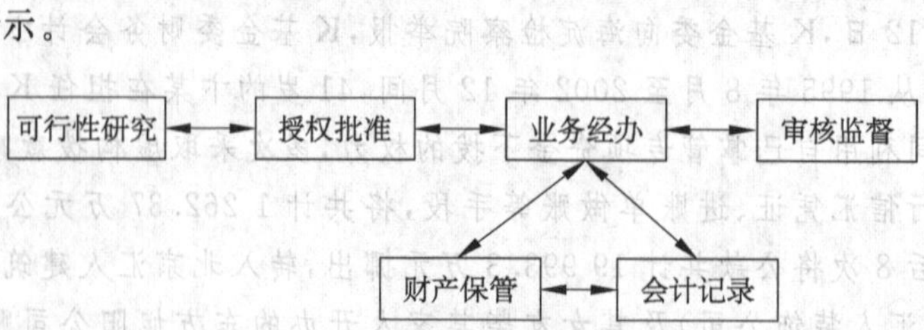

图1-4 不相容职务分离控制

其中，经济业务授权审批主体与执行主体相分离，主要基于职责权限的垂直分离；经济业务执行主体与财产保管业务相分离，主要基于财产安全的接触分离；经济业务执行主体与记录业务相分离，主要基于交易轨迹的流程分离；经济业务执行主体与审核监督业务相分离，主要基于交易活动的监督分离；经济业务执行主体与财产物资使用主体相分离，主要基于实物资产的采用分离；财产物资保管主体与业务记录相分离，主要基于实务资产的账物分离。

不相容职务分离控制要求企业全面系统地分析、梳理业务流程中所涉及的不相容职务，实施相应的分离措施，形成各司其职、各负其责、相互制约的工作机制。结合岗位特点与重要程度，明确财会等关键岗位员工轮岗的期限和要求，建立规范岗位轮换制度，对关键岗位的员工，可实行强制休假制度，确保在最长不超过5年的时间内进行岗位轮换。

1. 会计岗位中不相容职务

企业会计工作岗位一般可分为会计机构负责人（或会计主管）、工资核算、成本费用核算、资金核算、往来结算、总账报表、财产物资核算、档案管理、出纳等，上述岗位设置应当符合不相容职务分离控制的要求。

(1) 出纳与收支核算、费用核算、往来核算、审核、会计档案管理等职务分离。

(2) 会计核算与审核职务分离。

(3) 总账登记与明细账登记职务分离。

(4) 信息化操作、审核记账、审查职务、档案保管职务分离。

2. 货币资金业务中不相容职务

(1) 出纳负责货币资金收支业务，除登记库存现金和银行存款日记账外，不得兼任审核、会计档案保管和收支、费用、往来账目登记工作。

(2) 资金记录与盘点分离。

(3) 银行存款应指定专人核对，对账单领取、银行存款余额调节表编制应由出纳之外的人员负责。

(4) 签发支票等所需的财务专用章和法人章，不能由出纳一人保管。

(5) 资金的审批与执行应分离，所有付款业务必须经过批准。

3. 采购与付款业务中不相容职务

(1) 请购与审批。

(2) 供应商选择与审批。

(3) 采购合同订立与审批。

(4) 采购与验收。

(5) 采购、验收与会计记录。

(6) 付款申请、审批、执行。

4. 存货与仓储业务中不相容职务

(1) 存货保管、收发必须专人负责，非保管人员（或授权人员）不得经办。

(2) 仓库保管人员不得兼任采购、销售、相关存货账簿登记。

(3) 存货请领、审批、发放与记账分离。

(4) 财产保管与盘点清查分离。

5. 销售与收款业务中不相容职务

(1) 客户信用管理、销售合同协议审批与签订。

(2) 销售合同协议审批、签订、发货。

(3) 销售款确认、回收、会计记录。

(4) 退货验收、处置、会计记录。

(5) 销售业务经办、发票开具、管理。

(6) 坏账准备计提与审批、坏账核销与审批。

6. 投资业务中不相容职务

(1) 对外投资项目可行性研究与评估。

(2) 对外投资决策与执行。

(3) 资产购销与会计记录。

(4) 资产、有价证券保管与投资交易会计记录。

(5) 参与投资交易与购入资产盘点。

(6) 对外投资处置的审批与执行。

7. 筹资业务中不相容职务

(1) 筹资方案拟订与决策。

(2) 筹资合同(协议)订立与审核。

(3) 与筹资相关的款项审核与执行。

(4) 筹资业务执行与会计记录。

(5) 证券保管与会计记录。

8. 固定资产、无形资产业务中不相容职务

(1) 固定资产、无形资产投资预算编制与审批。

(2) 固定资产、无形资产取得、验收与款项支付。

(3) 固定资产投保申请与审批。

(4) 固定资产保管与清查、无形资产使用保管与会计处理。

(5) 固定资产、无形资产处置申请与审批、审批与执行。

(6) 固定资产、无形资产业务审批、执行与会计记录。

二、授权审批控制

(一) 授权审批控制的含义

授权审批控制是指企业员工在办理各项经济业务时,必须经过授权才能实施,业务经办人员要在授权范围内行使职权和承担责任,并履行相关审批程序。

(二) 授权控制的内容与要求

完善的内部控制必须有严密的授权审批系统支撑,使之与其他内部控制措施综合作用,将风险控制在可接受水平之内。企业内部各级员工必须获得公司章程约定或适当方式的相关授权,才能实施决策或执行业务。

1. 授权的分类

授权按照其控制对象出现频率的高低可分为常规授权和特别授权。

(1) 常规授权。常规授权是指企业在日常经营管理活动中按照既定的职责和程序进行的授权,企业应当编制常规授权的权限指引。

(2) 特别授权。特别授权是指企业在特殊情况、特定条件下进行的授权。企业应规范特别授权的范围、权限、程序和责任,严格控制特别授权。

2. 授权审批控制的原则

(1) 授权依据。以实现战略目标和有利于资源配置的目的设置职务并授权。

(2) 授权界限。必须在权限范围内对下级授权,不可越权。

(3) 授权适度。授权要有度,避免授权过度和授权不足,要做到权责匹配。

(4) 授权保障。应对相关人员授权后予以适当监督,避免过度干涉,使授权形同虚设,不利于调动员工主动性与创造性;避免放任不管,发生越权和滥用权力。

(5) 审批界限。不得超越被授权权限进行审批。

(6) 审批原则。不得随意审批,应依据企业预算、计划、决议,实行集体审批或联签制度。

3. 授权审批的形式

(1) 口头形式。领导对下属进行工作安排,一般适用临时性和责任较轻的任务。

(2) 书面形式。领导利用文字形式对下属工作进行明确规定的授权形式,适合正式和长期的任务。

三、会计系统控制

(一) 会计系统控制的含义

会计系统控制是指利用会计系统和会计方法对企业发生的各项能用货币计量的经济业务进行确认、记录、归集、核算、报告等实施的控制,确保企业会计信息真实、准确、完整。

(二) 会计系统控制的内容与要求

1. 会计准则与会计制度的选择

会计系统控制要求企业严格执行国家统一的会计准则制度,加强会计基础工作,明确会计凭证、会计账簿和财务会计报告的处理程序,保证会计资料真实完整。企业管理层依据《企业会计准则》《企业会计制度》《小企业会计制度》等,结合企业具体情况,选择适用的会计准则和会计制度。

2. 财务报告管理体系

财务报告管理体系主要包括会计报表构成、编制、报送、财务报告编制奖惩办法等。

3. 会计政策选择与会计估计确定

企业管理层应以客观公允反映企业状况为标准选择恰当的会计政策,不能随意变更,变更会计政策时要说明相关理由;需要依据企业真实情况,做出合理的会计估计。

4. 会计机构设置和从业人员配备

企业应当依法设置会计机构,配备会计从业人员。会计机构负责人应具备会计师以上专业技术职务资格。

大中型企业应当设置总会计师。设置总会计师的企业,不得设置与其职权重叠的副职。一般大中企业应当根据实际情况,科学设置会计主管、工资核算、成本核算、存货核算、往来核算、固定资产核算、总账报表核算、稽核、出纳等工作岗位。小企业因业务较少,可以适当简并部分岗位。原则上一人一岗、一岗多人,也可以一人多岗,但要有效解决不相容职务分离问题。

5. 会计档案保管控制

会计档案主要包括会计凭证、账簿、财务报表等会计核算资料,企业应当妥善保管合同、协议、备忘录、出资证明等法律文书。

四、财产保护控制

（一）财产保护控制的含义

财产保护控制是指为了确保财产物资的安全、完整所采取的方法和措施。

（二）财产保护控制的内容与要求

1. 财产保险

企业通过资产投保来增加实物资产受损后补偿的程度或机会，保护企业实物资产安全。企业财产保险是财产保险的主要险种，以企业固定资产、流动资产和企业其他经济利益有关的财产为主要保险对象的一种保险。例如，火灾险、盗窃险、责任险、一切险等。

2. 限制接触

企业应当严格限制未经授权的人员接触和处置财产。限制接触主要包括对资产本身的直接接触和通过文件批准方式等对资产使用或分配的间接接触。限制接触财产的对象包括限制接近库存现金、有价证券、存货等。

3. 盘点清查

财产保护控制要求企业建立财产日常管理制度和定期清查制度，采取财产记录、实物保管、定期盘点、账实核对等措施，确保财产安全。企业定期或不定期地对存货、固定资产、库存现金、银行存款、债权债务等进行盘点清查，对账存与实存结果进行比对，并进行差异处理过程。盘点时间、盘点人员和盘点方式要根据财产特点来决定，库存现金应由财务主管、内审人员等以不定期、突击方式进行盘点；银行存款应由非出纳人员定期核对，每月至少核对一次；存货应由保管人员、会计人员、审计人员、企业主管等根据管理需要定期或不定期进行盘点，特殊存货可以聘请专家采用特定方法进行盘点；固定资产应由资产盘点小组进行盘点，对于盘盈、盘亏的，需要编制盘盈、盘亏表。

五、预算控制

（一）预算控制的含义

预算控制是指对单位各项经济业务编制详细的预算或计划，并通过授权，由相关部门对预算或计划执行情况进行控制。

（二）预算控制的内容与要求

1. 预算编制控制

预算编制环节主要包括预算编制、预算审批、预算下达，预算编制是企业预算总目标的具体落实及将其分解为责任目标并下达给预算执行者的过程；预算审批是企业根据《中华人民共和国公司法》（以下简称《公司法》）以及企业章程规定报经审批；预算下达是企业全面预算经审批后应及时以文件形式下达执行。预算编制程序主要有集权式和分权式，企业应当根据选择的预算编制模式制定预算编制的控制程序，保证预算编制中的权力制衡和信息交流，防止滥用职权和弄虚作假。预算主要包括固定预算、弹性预算、滚动预算、零基预算、概率预算等。

2. 预算执行控制

预算控制要求企业实施全面预算管理制度，明确各责任单位在预算管理中的职责权限，规范预算的编制、审定、下达和执行程序，强化预算约束。预算执行是核心环节，主要包括预算指标分解和责任落实、预算执行、预算分析、预算调整等。

3. 预算考核控制

预算考核是企业内部各级责任部门或责任中心对预算执行结果进行评价，将预算评价结果与预算执行者薪酬挂钩，实施奖惩制度，即预算激励。

六、运营分析控制

（一）运营分析控制的含义

运营分析控制是指企业借助统计系统、会计系统提供的信息资料，采用专门方法，对企业一定期间的生产经营活动过程及其结果进行分析研究，掌握企业运营效率和效果，并不断改进、完善企业经营管理的控制活动。

（二）运营分析控制的内容与要求

1. 运营分析控制流程

运营分析控制流程一般包括数据收集、数据处理、数据分析和结果运用。

2. 运营分析控制方法

运营分析控制方法由定量方法和定性方法组成：定量方法借助于数学模型，从数量上测算、比较和确定各项分析指标变动的数额，以及影响分析指标变动的原因和影响数额大小的一种分析方法。具体包括比较分析法、因素分析法、比率分析法、因果分析法、价值分析法、趋势分析法、量本利分析法等。定性分析方法是指运用归纳和演绎、分析与综合，以及抽象与概括等方法，对企业各项经济指标变动的合法性、合理性、可行性、有效性进行思维加工、去粗取精、去伪存真、由此及彼、由表及里的科学论证和说明。定性分析方法的具体方法包括实地观察法、经验判断法、会议分析法、类比分析法等方法。

3. 运营分析制度

企业应当建立运营情况分析制度；企业经理层应当综合运用生产、购销、投资、筹资、财务等方面的信息，通过因素分析、对比分析、趋势分析等方法，定期开展运营情况分析；通过运营分析发现存在的问题，及时查明原因并加以改进。

七、绩效考评控制

（一）绩效考评控制的含义

绩效考评控制是指企业为了实现控制目标，运用特定的标准和指标，采取科学的方法，对各部门和全体员工的工作业绩进行定期考核、评价的控制措施。

（二）绩效考评控制的内容与要求

1. 绩效考评系统构成

绩效考评控制要求企业建立和实施绩效考评制度，科学设置考核指标体系，对企业内部各责任单位和全体员工的业绩进行定期考核和客观评价，一个典型的绩效考评系统由评价主体、评价客体、评价目标、评价指标、评价标准、评价方法、评价报告等基本要素组成。评价主体是指企业董事会和各级管理者；评价客体是指各级管理人员全体员工，也包括对部门的绩效考评；评价目标是指通过绩效考评所要达到的目的，评价目标与组织目标相关联，多依赖于战略目标的层层分解；评价指标是指对评价客体的哪些方面进行评价，包括财务指标和非财务指标；评价标准是指判断评价客体业绩优劣的基准，常用的标准有预算标准、历史标准和行业标准；评价方法是指采用一定的方法运用评价指标和评价标准，获得评价结果，实践中广泛应用的方法有单一评价法（经济增加值法）、综合评价法（综合评分法）和多角度平衡评价方法（平衡计分卡法）；评价报告是绩效评价的结论性文件。

2. 绩效考评的模式

目前，实践中普遍应用的绩效考评模式主要有会计基础绩效考评模式、经济基础绩效考评模式、战略管理绩效考评模式。

3. 绩效考评结果应用

企业要将绩效考评结果作为确定员工薪酬以及职务晋升、评优、降级、调岗、辞退等的依据之一。

第三节　内部控制建设

【学习目标】

1. 理解和掌握内部控制建设思路。
2. 熟悉并理解案例企业内部控制建设经验。

【思维导图】

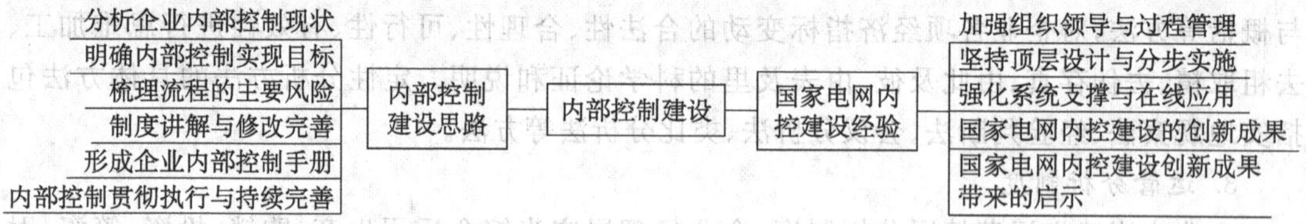

◆ **引导案例**

华夏证券公司内部控制案例

华夏证券公司成立于1992年10月，注册资本27亿元，由中国工行、农行、中行、建行、人保五家金融机构发起，联合其他41家大型企业共同组建。公司迅猛发展，拥有91家营业部和24家证券服务部，成为第一家全国交易联网券商。与此同时，公司尚未健全的内部控制却屡遭人为破坏。一方面导致挪用客户保证金、违规回购国债、账外经营和投资、违规自营和坐庄、账目造假和不清等内部风险频繁发生；另一方面使公司丧失应对银行提前收贷、融资成本高涨、实业投资损失、证券市场低迷等外部风险的能力。主管部门在对其拯救中未能对症施治，内乱外患之下公司逐渐走向衰亡。有资料显示，2005年12月，公司总资产81.76亿元，负债133.09亿元，所有者权益－51.33亿元，证监会和北京市政府责令停止证券业务活动，撤销证券业务许可证；2007年10月，公司总资产38.18亿元，负债89.86亿元，所有者权益－51.68亿元，失去持续经营能力，无法清偿到期债务，公司申请破产；2008年4月，破产申请获证监会同意，公司正式宣告破产。

(1) 在控制环境方面。首先，公司治理结构不完善，1999年年底至2001年5月，董事长长期缺位，造成由赵某主导的“四人领导小组”凌驾于董事会之上，该小组集决策、监管和执行权于一身，董事会形同虚设。2003—2004年，公司从未召开监事会，也未设立监事长。其次，董事会被完全架空，公司历任董事长、总经理等高管人员由上级主管部门向公司推荐，董事会推荐沦为形式，董事长和总经理不向董事会述职并负责；副总经理、总会计师和总工程师不由董事会任命，也不向董事长和总经理负责。再次，公司风险管理理念淡薄，管理层缺乏风险意识和自觉的风险管理观念，没有树立内控优先思想，忽视金融风险、投资风险、负债风险、破产风险和法律风险的严重性，为高收益不惜违规经营，先后挪用客户保证金73亿元并多次高息融资等。

(2) 在风险评估方面。公司风险承受限度严重超过其承受能力和行业指标，受托投资管理业务持股比例19%以上，超过证监会规定的10%上限。公司没有及时识别和确定影响营运安全、财务状况和现金流量的内部因素及其风险，以及影响银行贷款、证券市场、监管规定的外部因素及风险。公司没有准确评估各项潜在风险发生的可能性和严重程度，没有建立风险数据库，如挪用客户保证金、投资海南房地产、购买乌克兰航空母舰“瓦良格”等都属于存在重大风险隐患的经营业务。

(3) 在控制活动方面。华夏证券公司对经纪、投行、自营、资产管理、金融创新等业务的控制政策和程序存在严重的设计缺陷，甚至被高管层肆意逾越，2001—2004年，公司违规卖空国债、企业债券，涉及金额6.88亿元；2005年，公司又被查出挪用26亿元国债回购，其中7亿元是年审计之后新增的。公司高层命令下属机构高息融资，营业部为完成总部指标甚至向私人朋友融资和骗取银行贷款，如重庆分公司总经理王林经华夏高层允许，非法融资、骗贷2亿多元。公司还进行账外经营和存款，违规开展自营业务，违规签订受托合同，擅自对外担保，为客户套取现金以及偷逃税收等。

(4) 在信息与沟通方面。华夏证券却存在封锁负责自营业务的“四人领导小组”成员林某的计算机信息，封闭正常交易数据的情况。给不法人员创造了舞弊机会，华夏证券很多外部信息也存在记录不全面、披露不完整的现象。2007年11月，超过一半的债权人对于自己和他人债权的核定存在异议；公司对证券资产转让过程是否通过公开拍卖等程序以及应收账款等相关信息，未做任何披露。

(5) 在内部监督方面。华夏证券公司在内部控制责任主体、政策和程序上难以形成持续的实时监督进而形成有效监督，甚至出现授意逾越控制。

综上所述，华夏证券公司走向毁灭的主要原因是在鼎盛时期就已潜伏的内控缺陷，在后期逐渐暴露出来，并最终成为华夏证券走向失败的导火索。华夏证券公司在内部环境、风险评估、控制活动、信息与沟通、内部监督五个方面存在严重缺陷。正是由于董事会弱化，不能对高管层实施有效监督，而高层又滥用职权，对下层机构也缺乏监控，以及华夏证券公司内部控制各方面都存在重大的设计和执行缺陷，才致使众多风险乘机侵入、扩散、放大和爆发，并最终将公司推上不归之路。

资料来源：傅胜，池国华．企业内部控制规范指引操作案例点评[M]．北京：北京大学出版社，2011：10.

思考问题：如何结合企业内部控制基本规范要求，避免华厦证券公司悲剧重演？

一、内部控制建设思路

企业内部控制体系建设由若干因素和环节组成，包括内部控制制度设计、制度执行、内部控制评价、内部控制审计等相关活动。其中，内部控制制度设计既是内部控制体系建设的首要环节，也是企业内部控制体系建设的落脚点。通过设计完善的企业内部控制制度，达到用制度规范企业内部控制方法和行为。企业应按财政部《企业内部控制基本规范》及配套指引的相关要求，结合企业实际情况，以提高企业生产经营和管理活动的效率和效果为核心，以梳理业务流程为基础，从而明晰关键控制点，厘清内部控制建设思路。

1. 分析企业内部控制现状

除新建企业外，大多数企业或多或少都建有内部控制制度，只是在制度的健全程度、规范程度、执行情况方面存在较大的差异。所以，内部控制制度设计应当从分析、评价企业内部控制现状入手。通过对企业内部控制的现状分析，掌握企业内部控制制度的优缺点和健全情况，发现企业内部控制存在的缺陷，然后，通过企业内部控制制度的系统设计，规范和完善企业内部控制体系。现状调研与项目方案阶段的工作主要包括以下内容。

(1) 成立内部控制规范建设领导小组和内部控制规范建设项目工作组，并聘请外部专业咨询团队或咨询专家加盟。

(2) 在企业内部控制制度设计实务中，企业需要根据内部控制制度设计的范围、内容、难易程度等具体情况决定制度设计的方式。一般而言，企业内部控制制度的设计方式主要有自行设计、委托设计和联合设计三种。

① 自行设计是指由企业自己的人员组织和独立进行的制度设计。这种方式的优点是：设计人员了解企业的基本情况和业务流程；掌握企业的管理需要；便于上下左右部门和人员的沟通；节省制度设计费用。缺点是：内部设计人员往往囿于成规，创新不足，保守有余，难以在制度创新上取得突破；如果同时设计全部内部控制制度，则时间上不能保证；假如设计人员的学识水平达不到要求，则很难保证内部控制制度的设计质量，最终导致制度成本提高。自行设计方式适用于企业单项内部控制制度的设计或本企业拥有高水平制度设计团队的情况。

② 委托设计是指企业委托、聘请社会上的管理咨询服务机构、会计师事务所或其他内部控制专家为企业设计内部控制制度。这种方式的优点是：设计人员一般为理论水平、技术水平较高的专家，知识面宽、创新意识强、无后顾之忧，且了解国内外同业情况，可以设计出水平较高的内部控制制度，有利于企业内部控制水平的提高。缺点是：外部设计人员需要花费较长的调研时间了解企业的基本情况、业务流程和管理需要；设计成本较高；如果设计人员实践经验不足，就会造成重形式、轻内容的设计风格，使设计的内部控制制度缺乏实用价值。委托设计方式适用于企业全部内部控制制度体系设计或本企业缺乏高水平制度设计团队的情况，特别是新建企业、改制企业和发展较快的企业更适合委托设计方式。

③ 联合设计是指以企业的人员为基础，同时聘请管理咨询服务机构、会计师事务所或其他内部控制专家进行指导，共同设计企业内部控制制度。这种方式综合了自行设计和委托设计的优点，有效规避了两者的缺点，使企业的设计人员和外部设计人员相互配合、取长补短、相得益彰，设计的内部控制制度往往比较科学和实用。特别是企业人员通过和制度设计专家一起工作，可以有效提升自身业务技术素质，提高企业的内部控制水平。联合设计方式适用于各类企业、各种情况下的企业内部控制制度设计。

(3) 确定内部控制规范建设范围，编制内部控制制度设计清单。

(4) 对企业的内外部环境、组织架构、业务流程等与内部控制制度设计有关的情况进行深入细致的调查。从总体上了解、把握以下情况。

① 企业的性质，设立、发展过程与发展前景。

② 企业所处行业的发展情况及本企业在行业中的地位。

③ 企业的经营规模、产品特点与市场情况。

④ 企业的管理体制、组织结构及分支机构情况。

⑤ 企业的资产状况、财务状况和盈利水平。

⑥ 企业主要负责人及财务负责人的管理思想与管理理念。

⑦ 其他涉及制度设计的事项。

(5) 对企业各种风险与控制现状进行分析、调研，从总体把握企业内控现状。

(6) 制订内部控制规范实施工作方案，并履行有关审批手续。

2. 明确内部控制实现目标

内部控制的主体不同、控制对象不同，其具体控制目标也不相同。因此，进行企业内部控制制度设计首先要明确控制目标，然后以实现控制目标为目标设计、制定内部控制的控制流程、关键控制点和控制措施。

3. 梳理流程的主要风险

企业在实现内部控制目标过程中，可能会遇到许多风险，这些风险具有客观性、普遍性、损失性和不确定性的特征，人们可以在一定的时间和空间内改变风险存在和发生的条件、降低风险发生的频率和损失程度。因此，企业内部控制制度设计应当以风险控制为导向，以有效防范和控制各种风险作为内部控制制度设计的出发点和归宿点，将控制措施融合、嵌入业务管理流程之中，设计出可以有效控制风险、保证控制目标实现的内部控制制度。

风险评估与流程梳理阶段的工作主要包括以下内容。

(1) 制定风险评估标准，进行风险评估，根据风险识别和评估的结果，编制风险清单，建立或更新企业风险数据库，确定重点和优先控制的关键风险点。

(2) 根据关键风险点，梳理企业现有控制制度与业务流程，识别业务流程中的关键控制活动，对内控梳理结果进行记录并形成风险控制矩阵等相关内控文档。

(3) 将企业现有的内部控制制度及运行情况与《企业内部控制基本规范》及配套指引进行逐一对比测评，形成内部控制缺陷清单，并编制《内部控制测评报告》。

4. 制度讲解与修改完善

制度讲解与修改完善阶段的工作主要包括以下内容。

(1) 召集与制度运行有关的人员参加专题制度讲解会，由制度设计人员用演示文稿的方式详细讲解制度设计思想和具体规定，并现场解答参会人员的质询和疑问。

(2) 将制度设计初稿复制若干份，分别交给企业有关领导和部门负责人，请他们审阅并提出书面修改意见。

(3) 召开专门会议，征求有关部门和人员对制度设计初稿的修改意见。

(4) 设计人员要根据收集到的修改意见，对制度设计初稿进行系统修改。

5. 形成企业内部控制手册

企业内部控制手册是企业内部控制体系建设的系统性文件，内容涵盖了企业有关内部控制制度建设的所有制度、规定和控制流程。通过编制《企业内部控制手册》，建立一套科学、系统的内部控制体系建设的方法和规范，为公司内部控制体系建设、运行和维护提供指引和操作工具，并作为建立、运行及评价内部控制体系的依据，从而确保企业上下从思想认识到经营管理行为上的协调与统一。

《企业内部控制手册》和《企业内部控制评价手册》编制完成后，应经过1～3个月的试运行。在制度试运行过程中，要围绕制度设计目标，寻找问题，及时修正，力求制度尽善尽美。经过修改、完善后的企业内部控制制度，要按照制度审批权限进行审批验收后才能正式颁布实施。

内部控制制度设计阶段的工作主要包括以下内容。

(1) 制定或完善企业相关部门及岗位的内部控制职责和授权审批体系。

(2) 根据《企业内部控制基本规范》和《企业内部控制配套指引》，结合企业实际情况编制《企业内部控制手册》和《企业内部控制评价手册》。

6. 内部控制贯彻执行与持续完善

设计企业内部控制制度不是内部控制体系建设的目的，通过内部控制制度统一企业各个部门、各个环节、各项活动、各项事件的行为，有效规避各种风险，实现企业的健康可持续发展才是企业内部控制制度设计的终极目标。因此，设计的内部控制制度应当得到有效的执行，就必须在制度设计上保证其可行性和有效性，同时要设计内部控制制度执行监控制度，建立完善的内部控制监督约束机制，确保内部控制制度得到有效执行。

经过法定程序获得批准的内部控制制度，应按制度规定的生效日期实施。对于内容比较复杂、关系比较重大的内部控制制度，应由公司负责人召开会议进行宣传落实，以确保内部控制制度的贯彻执行。经过一段时间的运行后，应对制度的运行情况进行调查、反馈，以确定制度是否适用和有效。对于内部控制制度实施过程中存在的问题要及时分析，查找原因，研究对策。

对于由于制度理解偏差而造成的问题，应通过解释纠正；对于由于执行偏差而造成的问题，应通过检查纠正；对于由于内部控制制度本身缺陷而造成的问题，应通过必要的修订予以纠正。

二、国家电网内控建设经验

2002年12月，国家电网公司成立，按集团公司模式运作，是特大型国有重点骨干企业，也是全球最大的公用事业企业，核心业务为建设运营电网，《财富》世界企业500强保持第7位，公司经营覆盖26个省(自治区、直辖市)，并在菲律宾、巴西、葡萄牙、澳大利亚等国家拥有大量海外资产。连续10年国资委业绩考核A级，《企业内部控制基本规范》和配套指引发布后，公司开始内部控制建设创新之路。

(一) 加强组织领导与过程管理

(1) 建立组织机构。公司全面风险管理委员会统一领导内控建设，项目管理组69名人员负责组织协调内部控制建设工作，总部业务组223名人员负责本专业内部控制建设的具体工作；各级单位分别组建专门机构，各单位5 000余名人员对口组建业务组负责本单位内部控制建设的具体工作。

(2) 健全工作机制。公司总部及各单位建立信息沟通、质量审核、考核评价和工作督导等机制，总部及各单位分别建立日报、周报、月报制度，定期组织召开周会、月会，跟踪项目实施进度，每季度向全面风险管理委员会作专题汇报，协调解决重大事项，总部业务组与下属单位建立对口联系人制度;建立各单位业务组成员、组长、总部业务组成员、组长四级审核机制,项目管理组内部建立项目经理、主管经理、项目总监三级审核机制;总部对试点、试行、推广单位内部控制建设工作开展及推进实施考核,建立内控办公室项目组内部综合考评指标体系,实时通报;内控纳入公司年度重点工作安排,定期向公司领导汇报工作进度,定期开展分专业纵向现场督导工作,建立各业务组和各单位月度进度通报机制。

(3) 加强宣传培训。利用网站、动态、手册等多种媒体,多角度、全方位宣传,采取集中、驻点、网络课件、专家指导等多种方式,多维度、分层次培训,普及内控知识与建设理念。

(二) 坚持顶层设计与分步实施

按照公司内控建设的思路、目标和内容统筹部署,总部各部门和公司各单位认真落实,采取"一批试点定标准、二批试行找差异、三批推广保落地"的建设方式,高效有序推进内部控制建设,确保如期完成各项工作任务。

(1) 梳理整合实际业务,提炼形成内控标准。公司选择 6 家试点单位配合总部开展内控建设,以试点单位实际业务为基础,分析业务性质,对比单位间管理差异,依据"流程步骤规范化、管控措施标准化和责任岗位最小化"的建设理念,提炼形成适用各层级、规范统一的内控标准。

(2) 集中开展差异分析,优化完善内控标准。公司组织 21 家试运行单位,采取穿行测试方法,将内控标准逐项与实际业务比对分析,收集与处理差异 10 781 项,其中:各单位按内控标准完善本单位实际业务,处理差异 7 255 项;总部业务组通过专题研究,集中处理差异 3 526 项,同步修改公司内控标准,提高适用性与实用性。

(3) 推动流程跨专业衔接,横向融合内控标准。公司遵循业务价值链管理原则,积极推动跨专业协同管理,多次组织开展沟通协商、集中衔接、分析验证和完善确认等工作,建立跨专业流程接口 1 000 余个,明确业务间信息标准、职责界面和管控要求,有效打通了横向业务衔接通道。

(4) 优化调整实际业务,实施应用内控标准。公司统一发布内控标准,各单位严格执行,分专业、分层级调整实际业务和完善信息系统,在 27 家省公司、347 家市公司、1 190 家县公司,共计整合差异岗位 32.3 万个,优化调整实际业务 5.6 万个,在业务信息系统中固化控制点 1.72 万个;公司总部加强实施过程督导,采取各单位自查和总部抽查方式,检验内控建设与实施效果,确保内控标准有效落地应用。

(三)强化系统支撑与在线应用

(1) 明确系统功能定位和建设规划。按照"十二五"信息化规划,为增强公司风险防范能力,计划利用两年左右时间开发建设融风险、流程、授权、制度、评价等要素为一体的企业级管理信息平台,实时监控业务运行和风险预警,发布与维护内控标准,在线开展风控工作,满足各层级一体化应用需求。

(2) 积极推进系统建设与部署。公司以 SAP-GRC 为基础,利用自主开发平台建设风控信息系统,目前已完成流程框架维护、流程分级管理、风险控制关联等功能开发,并在总部、27 家省公司、347 家市公司部署上线,共计导入 23.67 万套流程及相关数据,实现所有信息动态关联和对象化管理,初步具备在线开展计划管理、内控评价、成果发布与维护、综合查询、风险评估等工作,为下阶段推进风险自动预警、流程在线监控等高级功能开发奠定了良好基础。

（四）国家电网公司内部控制建设的创新成果

1. 内部控制建设体系创新成果

国家电网公司基于“一强三优”现代公司战略目标，从风险、流程、授权、制度、评价信息六个方面，创新构建各管理要素内在统一、动态关联的内部控制框架体系。一是以风险管控为导向，全面梳理影响战略目标实现的各项因素，识别和辨识潜在风险；二是以标准流程为载体，确定风险分布领域，梳理对应业务流程；三是以规章制度为保障，查找关键流程环节，制定风险控制措施，同步建立与流程相匹配的制度；四是以授权管理为约束，将控制授权落实到具体岗位；五是以内控评价为手段，定期通过评价检验风险控制有效性；六是以信息系统为支撑，依托风控信息系统实施信息化管理，建立自我完善、持续改进的长效机制。

2. 内部控制建设制度创新成果

为确保内控标准落地执行，建立健全配套管理机制，公司在内部控制制度建设方面创新性地完成三级制度建设体系。

(1) 内部控制管理办法。《国家电网公司内部控制管理办法(试行)》是公司内部控制的纲领性文件，共7章75条，主要包括总则、职责分工、内部控制管理、信息系统与档案管理、企业文化、考核与责任追究等。内部控制管理办法是公司内部控制的基本制度，明确了内部控制的目标、基本原则、职责分工及工作要求。

(2) 内部控制管理规范。内部控制管理规范是公司内部控制的操作指南，明确规定了内部控制的职责分工、工作程序、执行监督和考核奖惩，包括内控流程规范、风险管理规范、授权管理规范、规章制度规范和内控评价规范。

(3) 内部控制管理手册。内部控制管理手册依据管理规范编制，明确了内部控制相关的执行制度标准、流程操作步骤、具体岗位职责等内容，包括内控流程手册、风险管理手册、授权管理手册、规章制度手册和内控评价手册。

（五）国家电网公司内部控制建设创新成果带来的启示

1. 渐进式的创新方式有利于内部控制建设的创新

创新的方式有多种，从国家电网公司内部控制建设的创新实践历程来看，经历了初始建设期、要素整合期、体系建设期(上、下)和优化提升期4个阶段，采用的是渐进式的管理创新方式。这种创新方式直接明了，容易被人理解和接受，而且实践中风险较低。采用渐进式创新方式有利于企业挖掘自身可持续发展的内生动力。

2. 良好的企业内部环境有利于内部控制建设的创新

国家电网公司内部控制建设创新成果的取得，缘于公司有良好的内部环境。

(1) 组织架构。公司不断完善法人治理结构，实现组织扁平化管理。2008年公司开始加强总部建设，明确总部四个中心功能定位，发挥总部在两个转变中的核心和统领作用；2011年组建公司分部、消除区域层级，推进总、分部一体化管理，推进组织架构扁平化改革，解决“电网业务管理层级多”的问题。这种组织结构对内部控制建设管理创新有正面影响，能够加强总、分部之间和不同部门之间的配合与信息交流，加强了横向联系，使专业设备和人员得到充分利用，为管理创新提供重要保证。

(2) 企业文化。2006年公司开始推进企业文化建设，明确企业文化在公司战略推进中的重要作用，解决“集团化运作中思想意识和认识不一致”的问题；2011年实施“五统一”的企业文化，统一价值理念、统一发展战略、统一企业标准、统一行为规范、统一公司品牌。明确提出企业的核心价值观是“诚信、责任、创新、奉献”。企业文化建设是内部控制建设管理创新的重要基础。

(3) 人力资源。国家电网公司积极组织员工开展内部控制培训，2012—2014 年，多次组织和检查员工内部控制普考和调考情况，并于 2014 年 10 月举行了集团公司范围内的内部控制知识竞赛。通过培训、考试、竞赛，使员工保持内控知识的更新，培养了内部控制建设管理队伍，营造了良好的内控建设氛围，促进“全员参与”内控建设管理创新工作的顺利进行。

3. 坚持“信息技术引领”有利于内部控制建设的创新

国家电网公司在内部控制建设管理创新实践中，以内控智能化平台为支撑，全面促进内控日常化管理与应用。通过建设集风控日常工作、内控标准管理、辅助决策支撑、智能监控预警等功能于一体的综合管理系统，实现风控相关信息动态关联和对象化管理，能够动态生成各层级、各单位、各部门、各岗位的管理手册，切实提高工作效率，增强公司规章制度执行力；实现内控成果由单要素、纸质化静态管理向多要素、电子化动态管理转变，促进公司先进管理经验继承与推广，有利于整体提升公司管理水平；逐步实现与业务系统集成，实施风险自动预警和流程在线监控，实现业务管理由事后检查向事前、事中控制转变，有效防范经营风险。可见，企业的信息化建设与管理创新相辅相成，将信息化建设与管理创新有机结合起来，会成为企业发展壮大的源动力，坚持“信息技术引领”有利于企业管理创新。

4. 坚持“持久创新”理念有利于中央企业的管理创新

“持久创新”理念是指营造一个以创新为核心价值、以实践创新为核心方法、以产生创新为必然结果的公司文化，并以此展开有规律、坚持不懈、连续不断的创新流程。持久创新是公司发展、成长以及创造未来的必由之路。国家电网公司作为大型中央企业，肩负“奉献清洁能源，建设和谐社会”的企业使命，认真落实国资委关于实施企业内部控制规范体系的要求，坚持“持久创新”理念，公司内控建设立足顶层设计，注重理论联系实际，积极探索，大胆创新，探索一条具有电网企业特色的管理创新之路。

国家电网公司内部控制建设成果

本章小结

本章详细分析了内部控制产生与发展的过程及原因，阐述了内部控制的含义、目标、原则、要素、局限性、措施、设计等内容。

能力训练

一、单选题

1. 我国颁布的《企业内部控制基本规范》是财政部会同(　　)五部委制定的。
   A. 证监会、审计署、银监会和国资委
   B. 证监会、审计署、银监会和保监会
   C. 证监会、审计署、工商总局和税务总局

D. 证监会、审计署、司法部和监察部

2. 企业内部控制评价是指企业(　　)或类似权力机构对内部控制的有效性进行全面评价,形成评价结论,出具评价报告的过程。

A. 监事会　B. 经理层　C. 董事会　D. 审计部

3. 企业内部控制是由董事会、监事会、经理层和全体员工实施的、旨在实现控制目标的(　　)。

A. 过程　B. 活动　C. 工作　D. 任务

4. 企业内部控制重点包括(　　)。

A. 资金控制　B. 实物控制　C. 成本控制　D. 权力控制

5. 企业内部控制要素不包括(　　)。

A. 内部环境　B. 控制措施　C. 风险评估　D. 信息与沟通

6. 内部控制的基本概念是从早期(　　)思想的基础上逐步发展起来的。

A. 科学管理　B. 内部牵制　C. 内部审计　D. 管理控制

7. 内部控制结构阶段又称三要素阶段,其中不包括(　　)要素。

A. 控制环境　B. 风险评估　C. 会计系统　D. 控制程序

8. 建立健全和有效实施内部控制是(　　)的责任。

A. 董事会　B. 高级管理层　C. 注册会计师　D. 内审部门

9. 不相容职务相互分离的核心是(　　),要求每项经济业务都要经过两个或两个以上部门或人员的处理,使单个人或部门的工作必须与其他人或部门的工作相一致或相联系,并受其监督和制约。

A. 职责分工　B. 内部牵制　C. 作业程序　D. 授权批准

10. (　　)是内部控制的一种重要方法,其内容可以涵盖单位经营活动的全过程,包括筹资、融资、采购、生产、销售、投资、管理等诸多方面。

A. 授权审批控制　B. 会计系统控制

C. 预算控制　D. 内部报告控制

二、多选题

1. 内部控制要素主要包括(　　)、信息与沟通和内部监督五大组成部分。

A. 内部环境　B. 控制活动　C. 控制方法　D. 风险评估

2. 企业内部控制目标是合理保证企业经营管理合法合规,财务报告及相关信息真实完整以及(　　)。

A. 资产安全　B. 提高经营效率和效果

C. 增强企业凝聚力　D. 促进企业实现发展战略

3. 企业内部控制应遵循的原则是(　　)。

A. 全方位控制和重点控制相结合原则　B. 制衡性原则

C. 成本效益原则　D. 合法性与实用性相结合的原则

4. 内部控制五项要素之间的关系是(　　)。

A. 控制活动是实施内部控制的重要基础

B. 信息与沟通是实施内部控制的重要环节和依据

C. 控制活动是实施内部控制的重要手段和过程

D. 信息与沟通是实施内部控制的重要条件

E. 内部监督是实施内部控制的重要保证

5. 风险评估主要包括(　　)等内容。

A. 目标设定　　B. 风险识别　　C. 风险分析　　D. 风险分解

E. 风险应对

6. 控制活动主要包括(　　)等内容。

A. 不相容职务相分离控制　　B. 授权审批控制

C. 会计系统控制　　D. 财产保护控制

E. 预算控制　　F. 营运控制和绩效考评控制

7. 下列各项中,表明内部控制环境存在缺陷的有(　　)。

A. 甲企业为上市公司,其关键管理人员在母公司兼职,在该人员的指令下,上市公司承担了母公司发生的捐款

B. 乙企业为降低生产成本,减少环保投入,致使大量污水排入周边水域,造成环境污染

C. 丙企业设立审计委员会,负责监督公司内部控制的有效实施和内部控制自我评价情况

D. 丁企业的企业文化是"不惜一切代价做大市场"

8. 下列有关企业内部控制的表述中,正确的有(　　)。

A. 内部控制是一个过程

B. 内部控制是由企业的董事会和管理层实施的

C. 内部控制可以绝对保证控制目标的实现

D. 控制不仅是制度和手册,而且是渗透到企业活动之中的一系列行为

9. 以下项目中违背了不相容职务分离控制原则的有(　　)。

A. 材料保管员兼材料核算会计员

B. 保管员同时负责采购业务

C. 出纳员在登记现金和银行存款日记账的同时登记相关总账

D. 出纳员在负责货币资金收付的同时登记现金、银行存款日记账

10. 下列属于内部控制整合框架构成要素的是(　　)。

A. 控制环境　　B. 风险评估　　C. 控制活动　　D. 信息与沟通

三、判断题

1. 只要方法得当,内部控制就可以为企业实现控制目标提供绝对保证。(　　)

2. 内部控制制度越严格、越细致越好,这样才能充分发挥内部控制的作用。(　　)

3. 企业实施内部控制的目的是查错防弊。(　　)

4. 我国企业建立与实施内部控制应当遵循五项原则,即全面性、重要性、制衡性、适应性和成本效益原则。(　　)

5. 内部控制的现实意义是有助于企业提升自身管理水平、提高风险防御能力、维护社会公众利益,最终服务于企业价值创造的终极目标。(　　)

6. 内部控制整合框架阶段中明确了内部控制的五个构成要素,这五个要素分别为内部环境、风险评估、控制活动、信息与沟通和监督。(　　)

7. 内部牵制主要包括体制牵制、簿记牵制和价值牵制。( )

8. 设计内部控制制度,首先要适合有关的控制环境。( )

9. 制衡一般是指权力制衡,权力恰当分割后,分别授予不同机构、部门和人员,在不同权力主体之间形成互相牵制和监督的制衡关系。( )

10. 常用控制措施一般包括不相容职务分离控制、授权审批控制、会计系统控制、财产保护控制、预算控制、运营分析控制、绩效考评控制。( )

章节案例

海尔集团内部控制

海尔集团创立于1984年,是一家全球领先的美好生活解决方案服务商,经历了名牌战略发展阶段、多元化战略发展阶段、国际化战略发展阶段、全球化品牌战略发展阶段、网络化战略发展阶段五个阶段,2019年12月,海尔集团进入第六个战略发展阶段,目标是创引领物联网生态品牌。2018年,海尔集团全球营业额达2 661亿元,同比增长10%;全球利税总额突破331亿元,同比增长10%;生态收入达151亿元,同比增长75%。海尔已成功孵化上市公司4家,独角兽企业2家,准独角兽及瞪羚企业12家,在全球设立10大研发中心、25个工业园、122个制造中心,拥有海尔、卡萨帝、统帅等智能家电品牌;日日顺、盈康一生等服务品牌;海尔兄弟等文化创意品牌。被ISO、IEEE、IEC三大国际标准组织指定牵头制定大规模定制模式的国际标准,在持续创业创新过程中,海尔集团始终坚持"人单价值合一"的发展主线。物联网时代,海尔生态品牌和海尔人单合一模式正在实现全球引领。未来,海尔集团将继续携手全球一流生态合作方,建设衣、食、住、行、康、养、医、教等物联网生态圈,为全球用户定制个性化的智慧生活。

首先,海尔的组织结构能够做到适时调整,顺应发展。从1994年开始,海尔开始采用事业部制的组织结构。然而,各个事业部制的组织结构仍是集权式,不利于事业部的长远发展。海尔再次对事业部制进行了调整,成立二级利润中心,一级成本中心,集团总部下设集团本部一级利润中心,本部下设事业部二级利润中心,工厂为成本中心,建立了事业本部制组织结构。随着企业外部环境由卖方市场向买方市场转变,海尔再次调整组织结构,推进流程再造,将事业部下面的职能部门合并;增设海外推进事业总部,海外销售事业总部等;由集团总部配送财务人员管理各本部财务。经过业务流程再造后,海尔的每一个本部都是利润中心,部门与部门之间,上下流程之间,上下公司之间都是市场关系,把海尔的外部市场压力转换为内部市场压力,解决了海尔集团规模扩大后如何继续保持创新能力的矛盾,并为每个员工提供了个性化创造空间,以满足客户个性化需要。

其次,海尔非常重视经济业务授权审批的权限。集团内部,一般授权与特定授权有严格的界限和责任,每类经济业务的完成都需要经过一系列相应的授权批准程序,并设有与授权审批权限相匹配的检查制度,以保证授权后所处理的经济业务的工作质量。海尔还设立了一套层次分明、内容完整、责任明确的目标计划体系。每年12月,集团公司都会根据市场变化情况和本年度目标完成情况,制定下一年度的总目标,然后将总目标分解到各个岗位、每个员工每天的工作项目和任务。海尔内部,每名员工既是责任者又是管理者。全方位地管理使各种要素全部处于控制之下,企业成为责权明确的组织管理系统,通过自控、互控和专控形成了严密的控制体系。

再次,海尔拥有完善的ERP财务控制体系。海尔采用SRP公司提供的ERP系统,实施ERP后,顾客订单1天内完成"客户—物流—工厂计划—仓库—采购—供应商"的过程,而且准确率极高。对于每笔收货,扫描系统能够自动检查采购订单,防止暗箱操作,而财务在收货的同时也自动生成入库凭证,将财务人员从繁重的记账工作中解放出来,进行真正的财务管理与财务监督,效率与准确性有了很大的提升。

最后,海尔十分重视企业文化的培育,严守"次品就是废品"的质量控制铁律。建厂之初,面对76台质量有问题的冰箱,张瑞敏毅然做出有悖"常理"的决定,把所有不合格冰箱当众全部砸毁,真正唤醒了海尔人的质量控制意识,严格治厂的观念迅速渗透到每一位员工。随着企业的迅速发展,要在产量增加的情况下确保质量,还必须强化对过程的控制。于是,海尔正式提出并形成"日事日毕,日清日高"的管理控制系统。由此,海尔集团在管理实践中不断创新,逐步提炼总结而形成了一种有效的企业内部经营管理体系。

资料来源:海尔官网,https://www.haier.com/cn/.

请结合上述材料完成下列事项:

1. 学生分组,建议每组5人左右,注意搭配。

2. 选择组长与发言人,可以固定或轮流担任。

3. 分析讨论内部控制对海尔集团发展起到何种作用,形成小组案例分析报告。

4. 发言人代表本组发言,并回答教师及同学提问。

企业内部控制案例分析报告

参考规范

1.《企业内部控制基本规范》(财会〔2008〕7号)。
2.《小企业内部控制规范(试行)》(财会〔2017〕21号)。
3.《统计上大中小微型企业划分办法(2017)》(国统字〔2017〕213号)。
4.《金融业企业划型标准规定》(银发〔2015〕309号)。

第二章　资金活动控制

【学习目标】

1. 理解和熟悉资金活动的含义。
2. 理解和熟悉资金活动的总体风险。
3. 理解和熟悉资金活动控制的总体要求。
4. 理解和掌握资金活动业务流程。
5. 理解和掌握资金活动的主要风险点与管控措施。

【思维导图】

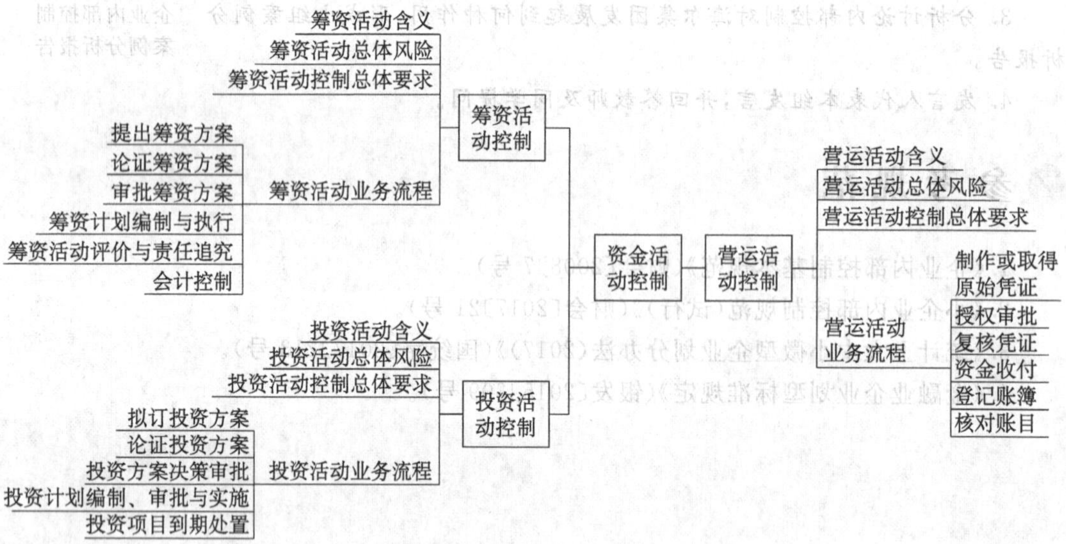

◆ 引导案例

M 新加坡公司案例

M(新加坡)股份有限公司(以下称"M 新加坡公司")1993 年成立,是中央直属大型国企 N 控股公司(下称"集团公司")的海外子公司,2001 年在新加坡交易所主板上市,成为中国首家利用海外自有资产在国外上市的中资企业。在总裁陈某的带领下,M 新加坡公司从一个濒临破产的贸易型企业发展成工贸结合的实体企业,业务从单一进口航油采购扩展到国际石油贸易,净资产从 1997 年的 21.9 万美元增长为 2003 年的 1 亿多美元,总资产近 30 亿元,可谓"买来个石油帝国",一时成为资本市场的明星。M 新加坡公司被新加坡国立大学选为 MBA 的教学案例,陈某被《世界经济论坛》评选为"亚洲经济新领袖",并入选"北大杰出校友"名录。上市伊始,M新加坡公司就开始涉足石油期货,在取得初步成功之后,M新加坡公司管理层在没有向董事会报告并取得批准的情况下,无视国家法律、法规的禁令,擅自将企业战略目标转移至投机性期货交易,这种目标设立的随意性以及对目标风险的藐视,最终酿成大错。

M新加坡公司最初只有陈某一人,2002年10月,集团公司向M新加坡公司派出党委书记和财务经理,财务经理到任后,陈某以其外语不好为由,调任旅游公司经理。第二任财务经理又被安排为公司总裁助理。陈某不用集团公司派来的财务经理,而从新加坡雇了当地人担任财务经理,只听从他一个人。党委书记在新加坡两年多,一直不知道陈某从事场外期货投机交易。在越权从事石油金融衍生产品投机过程中,陈某作为管理人员,竟然同时拥有授权、执行、检查与监督职权,没有遇到任何阻拦与障碍,事后还能一手遮天,隐瞒真实信息。

在油价不断攀升导致潜亏额疯长的情况下,M新加坡公司的管理层连续几次选择延期交割合同,期望油价回跌,交易量也随之增加。一次次"挪盘"把到期日一次次往后推,导致的结果便是使风险和矛盾滚雪球似的加倍扩大,最终达到无法控制的地步。根据M新加坡公司内部规定,损失20万美元以上的交易,要提交公司风险管理委员会评估;累计损失超过35万美元的交易,必须得到总裁同意才能继续;任何导致50万美元以上损失的交易,将自动平仓。多达5亿多美元的损失,M新加坡公司才向集团报告,M新加坡公司总裁陈某同时也是N集团的副总经理,M新加坡公司经过批准的套期保值业务是N集团给其授权的,N集团事先并没有发现问题。

但2004年以来风云突变,M新加坡公司在高风险的石油衍生品期权交易中蒙受巨额亏损而破产,成为继巴林银行破产以来最大的投机丑闻。2004年一季度油价攀升,公司潜亏580万美元,陈某期望油价能回来,决定延期交割合同,交易量也随之增加。二季度随着油价持续升高,公司账面亏损额增加到3 000万美元左右,陈某决定再延后到2005年和2006年交割,交易量再次增加。10月油价再创新高,而公司的交易盘口已达5 200万桶。为了补加交易商追加的保证金,公司耗尽2 600万美元营运资本、6 800万元应收账款资金和1.2亿美元银团贷款,账面亏损高达1.8亿美元,另需支付8 000万美元的额外保证金,资金周转出现严重问题。10月10日,向集团公司首次呈报交易和账面亏损。10月20日,获得集团公司提前配售15%的股票所得的1.08亿美元资金贷款。10月26日和28日,因无法补加合同保证金而遭逼仓,公司蒙受1.32亿美元的实际亏损。11月8日至25日,公司衍生商品合同继续遭逼仓,实际亏损达3.81亿美元。12月1日,亏损达5.5亿美元,为此公司向新加坡证券交易所申请停牌,并向当地法院申请破产保护。

资料来源:傅胜,池国华. 企业内部控制规范指引操作案例点评[M]. 北京:北京大学出版社,2011:93.

思考问题:M新加坡公司破产的主要原因是什么?

第一节　筹资活动控制

一、筹资活动控制内容与要求

(一) 筹资活动的含义

为了促进企业正常组织资金活动,防范和控制资金风险,保证资金安全,提高资金使用效益，根据有关法律、法规和《企业内部控制基本规范》，制定《企业内部控制应用指引第 6 号——资金活动》。该指引所称资金活动，是指企业筹资、投资和资金营运等活动的总称。其中，筹资活动是企业资金筹集的行为与过程，通过筹资活动，企业取得投资和日常生产经营活动所需的资金，从而使企业投资活动、生产经营活动能够顺利进行。筹资渠道主要包括所有者投入资金和借入资金，具体包括国家财政资金、银行信贷资金、非银行金融机构资金、其他企业资金、居民个人资金、企业自留资金、外商资金等。主要筹资方式有银行借款、发行债券、吸收直接投资、发行股票、融资租赁、商业信用等。

企业内部控制
应用指引第 6 号
——资金活动

（二）筹资活动总体风险

(1) 缺乏完整的筹资战略规划导致的风险。

(2) 缺乏对企业资金现状的全面认识导致的风险。

(3) 缺乏完善的授权审批制度导致的风险。

(4) 缺乏对筹资条款的认真审核导致的风险。

(5) 因无法保证支付筹资成本导致的风险。

(6) 缺乏严密的跟踪管理制度导致的风险。

（三）筹资活动控制的总体要求

1. 结合发展战略，确定融资目标

综合考虑宏观经济政策、市场环境等因素，结合本企业发展实际，科学确定融资目标和规划，将资金预算管理与资金适时监控结合，及时准确地反映资金运行状况和风险，推进资金管理信息化，提高决策的科学性与资金管理的及时性。

2. 强化筹资活动规章制度建设

完善资金授权、批准、审验等相关管理制度，加强资金活动的集中归口管理，明确筹资、投资、营运等各环节的职责权限和不相容岗位分离要求，定期或不定期检查和评价资金活动情况，完善资金管理制度，强化资金内控管理，落实责任追究制度，据以修正制度、改善控制效果，确保资金安全和有效运行。

3. 合理设计筹资业务控制流程

资金业务伴随生产经营活动而展开，根据生产经营活动流程，设计合理的筹资业务控制流程，详细确定每一环节、步骤、工作内容和程序，落实到具体部门和人员。

4. 有效控制关键风险

在资金活动较为复杂的情况下，明确关键业务、关键程序、关键人员和关键岗位，识别并关注主要风险来源和主要风险控制点，集中精力管控住关键风险。

二、筹资活动业务流程与风险管理

（一）筹资活动业务流程

筹资活动是企业资金活动的起点，也是企业整个经营活动的基础。通过筹资活动，企业取得投资和日常生产经营活动所需的资金，从而使企业投资、生产经营活动能够顺利进行。企业应当根据经营和发展战略的资金需要，确定融资战略目标和规划，结合年度经营计划和预算安排，拟订筹资方案，明确筹资用途、规模、结构和方式等相关内容，对筹资成本和潜在风险作出充分估计。企业筹资活动的内部控制，应该根据筹资活动的业务流程，区分不同筹资方式，按照业务流程中不同环节体现出来的风险，结合资金成本与资金使用效益情况，采用不同措施进行控制。通常情况下，筹资活动业务流程如图 2-1 所示，企业在实际开展筹资活动时，可以参照此流程，并结合自身情况予以扩充和具体化。

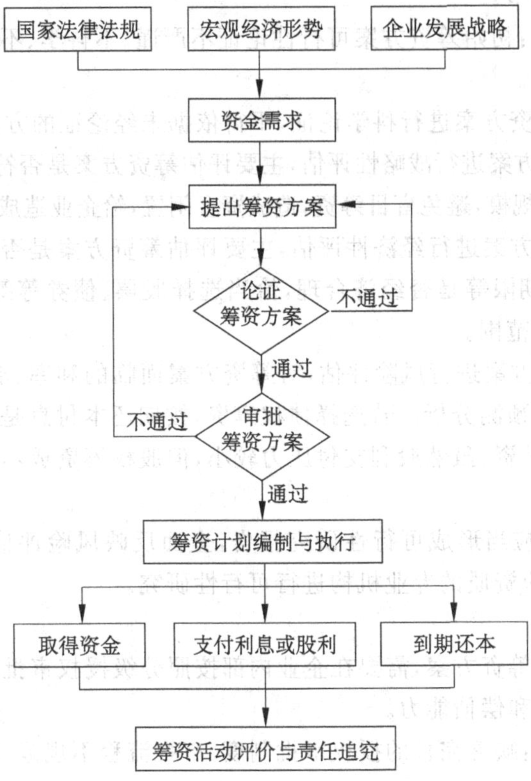

图 2-1　筹资活动业务流程

（二）各环节的主要风险点及其管控措施

企业筹资业务可能面临的重要风险类型较多，企业在相应的内控活动中应注意识别关键风险，设计相关内控制度，有效地进行风险控制。

1. 提出筹资方案

提出筹资方案是筹资活动中的第一个重要环节，也是筹资活动的起点，一般由财务部门根据企业经营战略、预算情况与资金现状等因素，提出筹资方案，同时与其他生产经营相关业务部门沟通协调，在此基础上形成初始筹资方案。

该环节的主要风险：缺乏完整的筹资战略规划，导致盲目筹资；筹资方案的内容不完整、考虑不周密、测算不准确等。筹资决策的正确性，关系整个筹资活动效率和风险。

主要管控措施如下。

（1）企业应制定发展战略，有效指导企业筹资活动。

（2）企业应当根据筹资目标和规划，结合年度全面预算，拟订筹资方案，明确筹资用途、规模、结构和方式等相关内容，对筹资成本和潜在风险作出充分估计。

（3）境外筹资还应考虑其所在地的政治、经济、法律、市场等因素。

(4) 一个完整的筹资方案主要包括筹资金额、筹资形式、利率、筹资期限、资金用途等内容。

2. 论证筹资方案

初始筹资方案还应经过充分的可行性论证，全面反映风险评估情况，可行性论证是筹资业务内部控制的重要环节。

该环节的主要风险：初始筹资方案可行性论证不严谨、不科学、不全面等。

主要管控措施如下。

(1) 企业应当对筹资方案进行科学论证，不得依据未经论证的方案开展筹资活动。

(2) 企业应对筹资方案进行战略性评估，主要评估筹资方案是否符合企业整体发展战略，适时适度控制企业筹资规模，避免盲目筹资，造成资金闲置，给企业造成沉重的债务负担。

(3) 企业应对筹资方案进行经济性评估，主要评估筹资方案是否经济，是否以最低的筹资成本获取资金，筹资期限等是否经济合理，恰当选择股票、债券等筹资方式，利息、股息等水平是否在企业可承受范围。

(4) 企业应对筹资方案进行风险评估，对筹资方案面临的利率、汇率、货币政策、宏观经济走势等重要条件进行预测分析。若选择债权筹资，按期还本付息是刚性负担，企业现金流压力较大；若选择股权筹资，虽然股利支付压力较小，但股权筹资成本比较高，并且面临较大控制权风险。

(5) 重大筹资方案应当形成可行性研究报告，全面反映风险评估情况。企业可以根据实际需要，聘请具有相应资质的专业机构进行可行性研究。

3. 审批筹资方案

通过可行性论证的筹资方案，需要在企业内部按照分级授权审批的原则进行审批，重点关注筹资用途的可行性和偿债能力。

该环节的主要风险：缺乏完善的授权审批制度，审批流程不规范，审批不严。

主要管控措施如下。

(1) 企业应当按照分级授权审批的原则进行审批，重点关注筹资用途的可行性，重大筹资方案，应贯彻集体决策的原则，应当按照规定的权限和程序实行集体决策或者联签制度。

(2) 筹资方案需经有关部门批准的，应当履行相应的报批程序。

(3) 审批人员与筹资方案编制人员应适当分离。

(4) 筹资方案发生重大变更的，应重新进行可行性研究并履行相应审批程序。

4. 筹资计划编制与执行

企业应根据审核批准的筹资方案，编制筹资计划，严格按照相关程序筹集资金。

该环节的主要风险：筹资计划不完善，不能按期支付筹资利息，缺乏对筹资活动进行跟踪管理等。

主要管控措施如下。

(1) 企业应当根据批准的筹资方案，编制较为详细的筹资计划，严格按照规定权限和程序筹集资金。

(2) 企业通过银行借款方式筹资的，应当与有关金融机构进行洽谈，明确借款规模、利率、期限、担保、还款安排、相关的权利义务和违约责任等内容。双方达成一致意见后签署借款合同，据此办理相关借款业务。

(3) 企业通过发行债券方式筹资的,应当合理选择债券种类,对还本付息方案作出系统安排,确保按期、足额偿还到期本金和利息。

(4) 企业通过发行股票方式筹资的,应当依照《中华人民共和国证券法》等有关法律、法规和证券监管部门的规定,优化企业组织架构,进行业务整合,并选择具备相应资质的中介机构协助企业做好相关工作,确保符合股票发行条件和要求。

(5) 企业应当加强债务偿还和股利支付环节的管理,对偿还本息和支付股利等作出适当安排。企业应当按照筹资方案或合同约定的本金、利率、期限、汇率及币种,准确计算应付利息,与债权人核对无误后按期支付。企业应当选择合理的股利支付方式,兼顾投资者的短期与长期利益,调动投资者的积极性,避免分配不足或过度。股利分配方案最终应经股东(大)会批准,并按规定履行披露义务。

(6) 按照岗位分离与授权审批制度,各环节和各责任人正确履行审批监督责任,实施严密的筹资程序控制和岗位分离控制。

5. *筹资活动评价与责任追究*

企业要加强筹资活动的监督检查,严格按照筹资方案确定的用途使用资金,确保款项的收支、股息和利息的支付、股票和债券的保管等符合有关规定。筹资活动完成后要按规定进行筹资后评价,对存在违规现象的,严格追究责任。

该环节的主要风险:缺乏严密筹资跟踪管理制度,导致资金管理失控;资金被挪用而导致财务损失;没有及时支付利息而被银行罚息,企业面临财务风险。

主要管控措施如下。

(1) 促进各部门严格按照确定的用途使用资金。

(2) 督促各环节严密保管未发行的股票和债券。

(3) 监督检查,督促正确计提和支付利息。

(4) 加强债务偿还和股利支付环节的监督管理。

(5) 评价筹资活动过程,追究违规人员责任。

6. *会计控制*

企业应按国家统一会计准则和制度,正确核算和监督筹资活动,确保筹资活动符合筹资方案要求。

该环节的主要风险:会计记录和处理不及时、不准确。

主要管控措施如下。

(1) 企业应当加强筹资业务的会计系统控制,建立筹资业务的记录、凭证和账簿,按照国家统一会计准则制度,正确核算和监督资金筹集、本息偿还、股利支付等相关业务。

(2) 妥善保管筹资合同或协议、收款凭证、入库凭证等资料,定期与资金提供方进行账务核对,确保筹资活动符合筹资方案的要求。

(3) 财会部门应编制贷款申请表、内部资金调拨审批表等,严格管理筹资程序;财会部门应通过编制借款存量表、借款计划表、还款计划表等,掌握贷款资金的动向;财会部门还应与资金提供者定期进行账务核对,以保证资金及时到位与资金安全。

(4) 财务部门还应协调好企业筹资的利率结构、期限结构等,力争最大限度地降低企业的资金成本。

第二节　投资活动控制

一、投资活动控制内容与要求

1. 投资活动的含义

为了促进企业正常组织资金活动，防范和控制资金风险，保证资金安全，提高资金使用效益，根据有关法律、法规和《企业内部控制基本规范》，制定《企业内部控制应用指引第6号——资金活动》。该指引所称资金活动，是指企业筹资、投资和资金营运等活动的总称。其中，投资活动是企业投放资金的行为与过程，包括厂房、机器设备的购置、新建、改建、扩建活动，也包括科研开发，创办企业，购买股票、债券以及以联营方式向其他单位投入资金等活动。

2. 投资活动总体风险

(1) 投资活动与企业战略不符带来的风险。

(2) 投资与筹资在资金数量、期限、成本与收益上不匹配的风险。

(3) 投资活动忽略资产结构与流动性的风险。

(4) 缺乏严密的授权审批制度和不相容职务分离制度的风险。

(5) 缺乏严密的投资资产保管与会计记录的风险。

3. 投资活动控制的总体要求

(1) 结合发展战略，确定投资目标。考虑宏观政策和市场环境等因素，结合企业发展战略，科学确定投资目标和规划，及时准确地反映投资运行状况和风险，提高决策的科学性与资金管理的及时性。

(2) 强化投资活动规章制度建设。完善投资授权、批准、审验等相关管理制度，明确投资环节的职责权限和不相容岗位分离要求，动态评价投资活动，完善投资管理制度，强化投资活动内控管理。

(3) 合理设计投资业务控制流程。根据生产经营活动流程，设计合理的投资业务控制流程，确定具体工作内容和程序，落实到具体部门和人员。

(4) 有效控制投资关键风险。在投资活动较为复杂的情况下，明确关键业务、关键程序、关键人员和关键岗位，识别并关注主要风险来源和主要风险控制点，集中精力管控关键风险。

二、投资活动业务流程与风险管理

(一) 投资活动业务流程

企业投资活动是筹资活动的延续，也是筹资的重要目的之一。企业投资活动的内部控制，应该根据不同投资类型的业务流程，以及流程中各个环节体现出来的风险，采用不同的具体措施进行投资活动的内部控制。通常情况下，投资活动业务流程一般包括拟订投资方案，论证筹资方案，投资方案决策审批，投资计划编制、审批与实施，投资项目的到期处置等。投资活动的业务流程如图2-2所示，该流程适用于各类企业的一般投资活动，具有通用性。企业在实际开展投资活动时，可以参照此流程，并结合自身情况予以扩充和具体化。

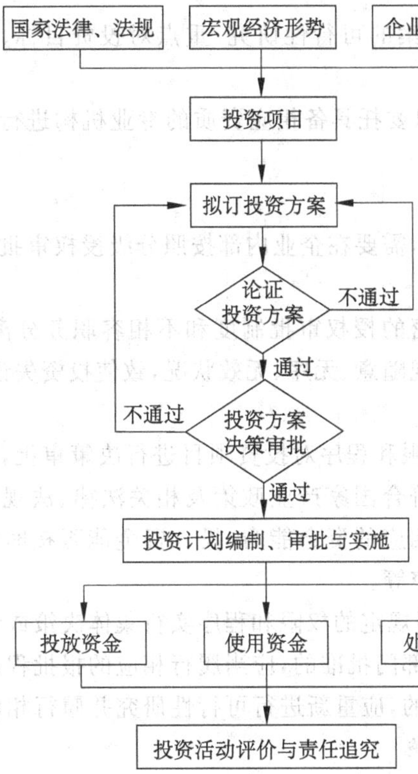

图 2-2　投资活动的业务流程

（二）各环节的主要风险点及管控措施

投资活动作为企业的一种盈利活动，对于筹资成本补偿和企业利润创造具有举足轻重的意义。

1. 拟订投资方案

结合企业实际情况，科学确定投资项目，拟订投资方案。

该环节的主要风险：投资活动与企业战略不符、投资项目主业不突出、盲目投资可能导致并购风险、对企业实现战略目标不利。

主要管控措施如下。

(1) 企业应当根据发展战略、投资目标和规划，合理安排资金投放结构，科学确定投资项目，拟订投资方案，重点关注投资项目的收益和风险。

(2) 企业选择投资项目应当突出主业，谨慎从事股票投资或衍生金融产品等高风险投资。境外投资还应考虑政治、经济、法律、市场等因素的影响。

(3) 企业采用并购方式进行投资的，应当严格控制并购风险，重点关注并购对象的隐性债务、承诺事项、可持续发展能力、员工状况及其与本企业治理层及管理层的关联关系，合理确定支付对价，确保实现并购目标。

2. 论证投资方案

投资的风险性决定了企业必须做好投资方案的可行性研究与论证工作。

该环节的主要风险：论证不严密、不全面、不科学，评价不客观。

主要管控措施如下。

(1) 企业应当加强对投资方案的可行性研究，重点对投资目标、规模、方式、资金来源、风险与收益等作出客观评价。

(2) 企业根据实际需要，可以委托具备相应资质的专业机构进行可行性研究，提供独立的可行性研究报告。

3. 投资方案决策审批

通过可行性论证的筹资方案，需要在企业内部按照分级授权审批的原则进行审批，重点关注筹资用途的可行性。

该环节的主要风险：缺乏严密的授权审批制度和不相容职务分离制度，审批不严格，导致投资活动中舞弊行为发生，出现随意、无序、无效状况，致使投资失误和生产经营失败。

主要管控措施如下。

(1) 企业应当按照规定的权限和程序对投资项目进行决策审批，不得越权，重点审查投资方案是否可行、投资项目是否符合国家产业政策及相关法律、法规的规定，是否符合企业投资战略目标和规划、是否具有相应的资金能力、投入资金能否按时收回、预期收益能否实现，以及投资和并购风险是否可控等。

(2) 重大投资项目，应当按照规定的权限和程序实行集体决策或者联签制度。

(3) 投资方案需经有关管理部门批准的，应当履行相应的报批程序。

(4) 投资方案发生重大变更的，应重新进行可行性研究并履行相应审批程序。

4. 投资计划编制、审批与实施

企业根据审批通过的投资方案，签订投资合同或协议，编制详细投资计划，落实不同阶段的资金投资数量、投资具体内容、项目进度、完成时间、质量标准与要求等，并按程序报经有关部门批准。

该环节的主要风险：投资计划编制不科学，投资活动忽略资产结构与流动性，可能导致资金周转缓慢、效益低下；对投资项目缺乏跟踪管理，可能导致资产流失、损毁及各种舞弊行为发生，危及投资资产安全与完整。

主要管控措施如下。

(1) 企业应当根据批准的投资方案，与被投资方签订投资合同或协议，明确出资时间、金额、方式、双方权利义务和违约责任等内容，按规定的权限和程序审批后履行投资合同或协议。

(2) 编制详细的投资计划，并根据授权审批制度报有关部门审批。

(3) 根据投资计划进度，严格分期、按进度适时投放资金，严格控制资金流量和时间。对项目实施过程进行监督和控制，防止各种舞弊行为，保证项目建设的质量和进度要求。

(4) 企业应当指定专门机构或人员对投资项目进行跟踪管理，及时收集被投资方经审计的财务报告等相关资料，定期组织投资效益分析，关注被投资方的财务状况、经营成果、现金流量以及投资合同履行情况，发现异常情况，应当及时报告并妥善处理。

(5) 做好跟踪分析工作，及时评价投资进展，将分析和评价结果反馈给决策层，以便及时调整投资策略或制定投资退出策略。

5. 投资项目到期处置

对已到期投资项目的处置同样要经过相关审批流程，妥善处置并实现企业最大的经济收益。

该环节的主要风险：投资资产退出企业机制不完善，可能导致串通舞弊行为，造成资产价值低估、流失，损害企业利益。

主要管控措施如下。

(1) 对已到期投资项目的处置同样要经过相关审批流程，妥善处置并实现企业最大的经济收益。

(2) 企业应当加强投资收回和处置环节的控制，对投资收回、转让、核销等决策和审批程序做出明确规定。企业应当重视投资到期本金的回收。转让投资应当由相关机构或人员合理确定转让价格，报授权批准部门批准，必要时可委托具有相应资质的专门机构进行评估。选择相应的资产评估方法，客观评估投资价值，同时确定处置策略。

(3) 投资资产的处置必须经过董事会的授权批准。

(4) 核销投资应当取得不能收回投资的法律文书和相关证明文件。

(5) 企业对于到期无法收回的投资，应当建立责任追究制度。

第三节　营运活动控制

一、营运活动控制内容与要求

(一) 营运活动的含义

为了促进企业正常组织资金活动，防范和控制资金风险，保证资金安全，提高资金使用效益，根据有关法律、法规和《企业内部控制基本规范》，制定《企业内部控制应用指引第6号——资金活动》。该指引所称资金活动是指企业筹资、投资和资金营运等活动的总称。其中，资金营运是企业生产经营过程中资金组织、调度、平衡、利用和管理的行为与过程。对于资金的高效利用是资金营运的目的，对资金的组织、调度、平衡和管理是为资金利用服务的，是为了提高资金利用效率而采取的管理手段和措施。

(二) 营运活动总体风险

(1) 资金调度不合理、营运不畅，可能导致企业陷入财务困境或资金冗余。

(2) 资金活动管控不严，可能导致资金被挪用、侵占、抽逃或遭受欺诈。

(三) 营运活动控制的总体要求

1. 强化营运活动规章制度建设

完善资金授权、批准、审验等相关管理制度，加强资金活动的集中归口管理，明确营运等各环节的职责权限和不相容岗位分离要求，定期或不定期检查和评价资金活动情况，完善资金管理制度，强化资金内控管理，落实责任追究制度。

2. 合理设计营运业务控制流程

资金业务伴随生产经营活动而展开，根据生产经营活动流程，设计合理的营运业务控制流程，确定工作内容和程序，落实到具体部门和人员。

3. 实行资金集中管控

资金集中管理是母子公司和集团公司在资金管理上的重要手段，通过建立资金结算中心、财务公司、内部银行等资金集中管控模式，依托现代化网络信息技术，实现资金统一筹集、调配、管理，有效监督、控制资金收支、营运和结存，有效避免资金沉淀，达到资金使用效率的最大化。

4. 严格执行制度，发挥会计作用

为了加强对资金活动的管控，促使资金活动内部控制制度有效实施，企业财会部门应负责资金活动日常管理。

二、营运活动业务流程与风险管理

（一）营运活动业务流程

企业资金营运活动是一种价值运动，为保证资金价值运动的安全、完整、有效，企业资金营运活动应按照设计严密的流程进行控制。通常情况下，营运活动的业务流程如图 2-3 所示，该图列示的营运活动流程适用于各类企业。一般包括制作或取得原始凭证、授权审批、复核凭证、资金收付、登记账簿、核对账目等。企业在实际开展营运活动时，可以参照此流程，并结合自身情况予以扩充和具体化。

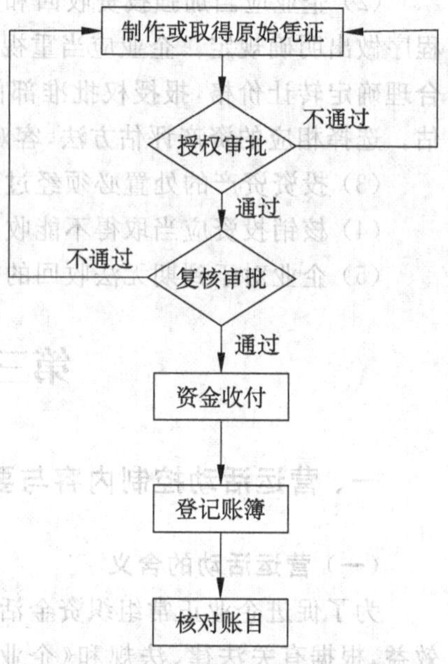

图 2-3 营运活动的业务流程

（二）各环节的主要风险点及管控措施

企业资金营运过程是企业经营活动所占用资金在各种形态下的不断转化，并且最终达到其增值目的的过程，是通过一系列资金营运活动来完成的。企业应当加强资金营运全过程的管理，统筹协调内部各机构在生产经营过程中的资金需求，切实做好资金在采购、生产、销售等各环节的综合平衡，全面提升资金营运效率。

1. 制作或取得原始凭证

企业按照实际发生的经济业务，填制或取得相关原始凭证，开展业务处理。

该环节的主要风险：缺乏真实相关原始凭证、原始凭证与实际业务不符等。

主要管控措施如下。

（1）以实际发生的资金收支业务为基础，并制作或提交有关原始凭证，切实做到“收款有凭据，付款有依据”。

（2）企业应当充分发挥全面预算管理在资金综合平衡中的作用，严格按照预算要求组织协调资金调度，确保资金及时收付，实现资金合理占用和营运良性循环。

（3）企业应当严禁资金的体外循环，切实防范资金营运中的风险。

2. 授权审批

企业应当加强对营运资金的管控，严格规范资金的收支条件、程序和审批权限。

该环节的主要风险：资金调度不合理、营运不畅，可能导致企业陷入财务困境或资金冗余；资金活动管控不严、措施不力，可能导致资金被挪用、侵占、抽逃或遭受欺诈。

主要管控措施如下。

（1）企业通过授权控制措施明确资金收付经办人员的权力和责任，制定资金的限制接近措施，没有得到授权的部门或个人无权办理资金收付业务；获得授权的部门或个人应当在授权范围内行使资金收付职权和承担责任，明确不同级别管理人员的权限。

(2) 各项资金支付应当严格履行授权审批制度，不同责任人应该在自己授权范围内，审核有关业务及凭证的真实性、准确性和合法性，以及申请人提交票据或者证明的合法性，严格监督资金支付活动。

(3) 使用资金的部门应提出用款申请，记载用途、金额、时间等事项；经办人员在原始凭证上签章；经办部门负责人、主管总经理和财务部门负责人审批并签章。收款方应该向对方提交相关业务发生的票据或者证明，收取资金。资金支付涉及企业经济利益流出，应严格履行授权分级审批制度。

3. 复核凭证

复核控制是通过纵向复核和横向复核有效减少错误和舞弊的重要措施。

该环节的主要风险：缺乏有效稽核措施、凭证复核责任制未能落实等。

主要管控措施如下。

(1) 财务部门收到经企业授权部门审批签字的相关凭证后或证明后，应由稽核人员复核业务的真实性、金额的准确性，以及相关票据的齐备性、相关手续的合法性和完整性，并签字认可。

(2) 落实凭证复核责任制，会计人员对相关凭证进行全面复核，会计对相关凭证进行横向复核和纵向复核，保证资金凭证真实合法。

(3) 资金营运活动会计主管审查原始凭证反映的收支业务是否真实合法，经审核通过并签字盖章后才能填制原始凭证；审查凭证上的主管、审核、出纳和制单等印章是否齐全。

4. 资金收付

资金的收付导致资金流入流出，反映资金的来龙去脉。

该环节的主要风险：资金入账不及时、票据与印鉴管理不当、账实不符等。

主要管控措施如下。

(1) 企业在生产经营及其他业务活动中取得的资金收入应当及时入账，不得账外设账，严禁收款不入账、设立“小金库”。

(2) 企业办理资金支付业务，应当明确支出款项的用途、金额、预算、限额、支付方式等内容，并附原始单据或相关证明，履行严格授权审批程序后，方可安排资金支出。

(3) 企业办理资金收付业务，应当遵守现金和银行存款管理的有关规定，不得由一人办理货币资金全过程业务，严禁将办理资金支付业务的相关印章和票据集中一人保管。

(4) 出纳人员根据审核无误的收付款凭证收款和付款，出纳或资金管理部门在收款人签字后，按照凭证列示的金额收付资金，对已完成收付的凭证加盖“收讫”或“付讫”戳记，并登记日记账，主管会计人员及时准确地记录在相关账簿中，定期与出纳人员的日记账核对。

(5) 加强资金安全防范，定期或不定期进行安全检查。

(6) 通过短期融资等方式，避免资金冗余或资金链断裂；通过购买国债等方式，融通富余资金，提高资金使用效益。

5. 登记账簿

资金的凭证和账簿是反映企业资金流入流出的信息源，如果记账环节出现管理漏洞，很容易导致整个会计信息处理结果失真。

该环节的主要风险：记账凭证编制不准确、账证不符等。

主要管控措施如下。

(1) 及时填制记账凭证，准确登记日记账、明细账和总账。

(2) 出纳人员根据资金收付凭证登记日记账。

(3) 会计人员根据资金收付款原始凭证编制记账凭证并登记有关明细账。

(4) 主管会计登记相关总账。

6. 核对账目

对账是账簿记录系统的最后一个环节，也是报表生成前的一个环节，对保证会计信息的真实性起着重要作用。

该环节的主要风险：未能及时对账与盘点现金，导致账实不符、账账不符。

主要管控措施如下。

(1) 会计人员定期或不定期与银行、往来单位核对有关账目。

(2) 授权专人保管资金，并进行资金盘点，保证账账相符、账实相符。

(3) 做到账证核对、账账核对、账表核对、账实核对等。

营运活动业务流程与风险控制

(三) 蓝丰生化内控案例

2015 年 5 月，蓝丰生化(002513)以 11.8 亿元收购方舟制药全部股权，使其成为全资子公司，初步确立“农化＋医药”双产业格局。2016 年方舟制药并表以后，蓝丰生化实现净利润 1.07 亿元，实现扭亏为盈。其中，方舟制药净利润 0.92 亿元，占蓝丰生化净利润 85.98%。在农化主业经营不善的情况下，蓝丰生化将转型希望寄托于方舟制药。然而，方舟制药虽被收购，但控制权仍掌握在原董事长王宇手中，蓝丰生化难以向方舟制药派驻董事长和财务总监，仅仅派驻一名财务人员，还被隔离在财务体系之外。2016 年 4 月 15 日，蓝丰生化公告称，王宇与国元证券于 2016 年 4 月 13 日签署《股票质押式回购交易初始交易协议书》，王宇将持有的公司首发后个人类限售股 2 600 万股质押给国元证券，用于办理股票质押式回购业务，初始交易日为 2016 年 4 月 13 日，购回交易日为 2019 年 4 月 13 日，用途为“满足投融资需求”。2016 年 9 月 21 日，蓝丰生化召开紧急董事会议商讨董监高换届，其中，王宇以处于业绩对赌期，影响方舟制药经营为由，提出暂缓公司架构改革和成立财务中心议题。2017 年，蓝丰生化在《控股股东及其他关联方占用资金情况的专项报告》中披露，王宇控制的方舟制药 2016 年期初对蓝丰生化经营性资金占用 11 566 万元，2016 年发生新占用 180 万元，累计偿还 0 万元，2016 年期末占用 11 746 万元，为购置房产和购房保证金。

2017 年 3 月 18 日，江苏公证天业会计师事务所会计师王刚受蓝丰生化委托，对其全资子公司方舟制药进行年报审计。王刚仔细查阅企业账目、银行对账单和日记账。3 月 21 日，王刚现场询证方舟制药的开户行(宁夏银行西安分行大庆路支行)。方舟制药 2016 年余额 2 亿多元，在各家开户行余额不是很多，但 2016 年 12 月，在宁夏银行西安分行大庆路支行又开设一个账户，用于存放公司 3.8 亿元余额中的 3.63 亿元。现场询证结果显示，银行余额与账面余额核对不符，少了 3 亿多元。王刚遂即以书面函的形式紧急告知蓝丰生化审计委员会，并转蓝丰生化高管。3 月 28 日，蓝丰生化高管李明、公司财务总监、控股股东苏化集团财务总监、律师等人立刻将方舟制药公章控制，同时向宁夏银行总行、西安分行、大庆路支行寄发审计协助函。宁夏银行总行和西安分行没有回应，大庆路支行以客户机密为由拒绝配合。4月2日，深交所向蓝丰生化发出关注函，要求公司自查并说明方舟制药银行存款账实不符的详细情况，包括发现时间、发现过程、具体情形及相关资金流向等。4月9日，蓝丰生化召开临时董事会通过：一是《关于免去王宇方舟制药董事职务的议案》，委派公司总经理刘宇担任方舟制药董事长；二是《关于制定〈整顿处置账实不符工作方案〉的议案》，成立以杨振华为组长的整顿处置工作小组，查实账实不符的具体原因和金额；采取诉讼和财产保全措施；做好企业内部稳定和客户沟通解释工作；制定、完善内部控制规范。

2017年7月，蓝丰生化出纳王某因车祸长期住院治疗，其工作被接替。在银行对账过程中，蓝丰生化发现，王某存在通过扣留每月部分银行利息，挪用公司资金的行为。王某这种"蚂蚁搬家"行为已持续5年，涉案金额约1 300万元。王某2011年入职后，2012年开始挪用公司资金，后来便将生育补助之类的款项直接划走。2016年，蓝丰生化也调查过，之后无果而终。2017年，王某就直接挂账了。2017年8月王某东窗事发，蓝丰生化向公安机关报案，并启动财产追索程序，已经追索财产1 044.94万元。在此过程中，公司的付款制单和付款审核均由王某掌控，两枚银行印鉴均由王某保管，完全违背不相容职务相互分离的原则。而3亿元资金不翼而飞，无论是蓝丰生化还是方舟制药的财务总监，竟对方舟制药的财务状况无法掌握。为此，蓝丰生化意识到公司内控制度确实存在重大缺陷，并进行了两项整改：一是公司财务部门严格落实不相容职务相互分离原则，形成岗位相互制衡机制。付款制单和付款审核网银操作由两人分开执行；银行印鉴由两人分开保管、授权使用；开具支票须经过财务部部长签字同意。二是安排专岗专人负责银行对账单与公司银行日记账的稽核，月终编制银行存款余额调节表，由稽核会计和财务部部长签字确认。

资料来源：http://news.10jqka.com.cn/20180410/c603820886.shtml.

本章小结

本章详细分析了资金活动主要风险与管理控制，阐述了资金活动的含义、分类、业务流程、风险与对策等内容。

能力训练

一、单选题

1. 筹资活动是企业资金活动的起点，也是企业整个经营活动的(　　)。

A. 计划　　B. 基础　　C. 环节　　D. 目标

2. 企业应当根据筹资目标和规划，结合年度全面预算，拟订筹资方案，明确筹资用途、规模、结构和方式等相关内容，对(　　)和潜在风险作出充分估计。

A. 筹资成本　　B. 筹资方式　　C. 筹资计划　　D. 筹资期间

3. 资金营运是企业对生产经营过程中各项资金利用、调度和(　　)的行为与过程。

A. 计划　　B. 使用　　C. 管理　　D. 控制

4. 企业应当重视投资到期本金的回收。转让投资应当由相关机构或人员合理确定( )，报授权批准部门批准，必要时可委托具有相应资质的专门机构进行评估。

A. 转让价格 B. 协议价格 C. 合同价格 D. 市场价格

5. 企业应当对筹资方案进行科学论证，不得依据未经论证的方案开展筹资活动。重大筹资方案应当形成( )，全面反映风险评估情况。

A. 可行性研究报告 B. 审批报告 C. 调查报告 D. 论证报告

6. 企业对筹资方案的分析论证可从筹资方案的战略评估、筹资方案的经济性评估和( )3 个方面进行。

A. 筹资方案的风险评估 B. 筹资方案的规划评估

C. 筹资方案的成本评估 D. 筹资方案的计划评估

7. 企业在营运过程中出现临时性资金短缺的，可以通过( )等方式获取资金。资金出现短期闲置的，在保证安全性和流动性的前提下，可以通过购买国债等多种方式，提高资金效益。

A. 短期融资 B. 长期融资 C. 国债融资 D. 股票融资

8. 投资方案需经有关管理部门批准的，应当履行相应的报批程序。投资方案发生重大变更的，应当重新进行可行性研究并履行相应( )。

A. 审批程序 B. 投资合同 C. 投资协议 D. 可行性研究报告

9. 企业采用( )进行投资的，应当严格控制并购风险，重点关注并购对象的隐性债务、承诺事项、可持续发展能力、员工状况及其与本企业治理层及管理层的关联关系，合理确定支付对价，确保实现并购目标。

A. 并购方式 B. 联合方式 C. 整合方式 D. 合资方式

10. 企业应当按照规定的权限和程序对投资项目进行决策审批，重点审查( )是否可行、投资项目是否符合国家产业政策及相关法律、法规的规定，是否符合企业投资战略目标和规划、是否具有相应的资金能力、投入资金能否按时收回、预期收益能否实现，以及投资和并购风险是否可控等。

A. 筹资方案 B. 营运方案 C. 发展战略 D. 投资方案

二、多选题

1. 资金活动是指企业( )等活动的总称。

A. 筹资活动 B. 投资活动 C. 贷款决策 D. 资金营运

2. 企业( )负责资金活动的日常管理，参与投融资方案等可行性研究。( )或分管会计工作的负责人应当参与投融资决策过程。

A. 财会部门 B. 内审部门 C. 总会计师 D. 总经理

3. 企业应当对筹资方案进行严格审批，重点关注筹资用途的可行性和相应的偿债能力。重大筹资方案，应当按照规定的权限和程序实行( )。

A. 集体决策 B. 联签制度 C. 审批 D. 审核

4. 企业通过( )方式筹资的，应当与有关金融机构进行洽谈，明确借款规模、利率、期限、担保、还款安排、相关的权利义务和违约责任等内容。双方达成一致意见后签署借款合同，据此办理相关借款业务。

A. 银行借款 B. 发行债券 C. 发行股票 D. 企业借款

5. 下列选项中，属于企业资金活动应当关注的风险是(　　)。

A. 决策失误风险　　B. 资金缺口风险

C. 资金营运不善风险　　D. 资产处置不善风险

6. 企业财会部门对于被投资方出现(　　)等情形的，应当根据国家统一的会计准则制度规定，合理计提减值准备、确认减值损失。

A. 财务状况恶化　　B. 市价当期大幅下跌

C. 市场价格暴涨　　D. 盈利

7. 企业应当定期组织召开资金调度会或资金安全检查，对资金预算执行情况进行综合分析，发现异常情况，及时采取措施妥善处理，避免(　　)。

A. 资金冗余　B. 资金链断裂　C. 资金结余　D. 资金集中结算

8. 企业应当加强筹资业务的会计系统控制，建立筹资业务的记录、凭证和账簿，按照国家统一会计准则制度，正确核算和监督(　　)等相关业务，妥善保管筹资合同或协议、收款凭证、入库凭证等资料，定期与资金提供方进行账务核对，确保筹资活动符合筹资方案的要求。

A. 资金筹集　B. 本息偿还　C. 股利支付　D. 筹资方案

9. 企业筹资活动的主要业务流程包括(　　)。

A. 论证筹资方案　　B. 编制与执行筹资计划

C. 筹资活动洽谈　　D. 监督、评价筹资活动与责任追究

10. 企业在生产经营及其他业务活动中取得的资金收入应当及时入账，不得(　　)，严禁(　　)。

A. 账外设账　B. 收款不入账　C. 设立“小金库”　D. 资金冗余

三、判断题

1. 企业资金营运过程是企业经营活动所占用资金在各种形态下的不断转化，并且最终达到其增值目的的过程。(　　)

2. 企业有子公司的，应采取合法有效措施，强化对子公司资金业务的统一监控。有条件的企业集团，应当探索财务公司、资金结算中心等资金分布管控模式。(　　)

3. 企业可以根据实际需要，聘请具有相应资质的专业机构进行可行性研究。(　　)

4. 境外投资还应考虑政治、经济、法律、市场等因素的影响。(　　)

5. 资金活动是指企业筹资、投资和资金营运等活动的总称。(　　)

6. 企业应当严禁资金的体外循环，切实防范资金营运中的风险。(　　)

7. 企业应当加强对投资项目的会计系统控制，根据对被投资方的影响程度，合理确定投资会计政策，建立投资管理台账，详细记录投资对象、金额、持股比例、期限、收益等事项，妥善保管投资合同或协议、出资证明等资料。(　　)

8. 企业应当充分发挥全面预算管理在资金综合平衡中的作用，严格按照预算要求组织协调资金调度，确保资金及时收付，实现资金的合理占用和营运良性循环。(　　)

9. 企业对于到期无法收回的投资，应当建立责任追究制度。(　　)

10. 资金调度不合理、营运不畅，可能导致资金被挪用、侵占、抽逃或遭受欺诈。(　　)

章节案例

H公司挪用资金案例

H股份有限公司(以下简称H公司)始创于1994年,目前拥有总资产16亿元、员工2 000余人,拥有浙江、上海、江苏三大生产基地,形成了缝纫机铸造、机壳加工、涂装、装配四大工艺全部自动化的现代化股份制企业。2004年7月在深交所挂牌上市,是中国缝制机械行业第一家上市的民营企业。2006年4月,H公司发布公告,称其股权激励方案已获得证监会备案批复,成为首家获得批准实行股权激励的上市公司。根据当时公告,总经理李瑞元获得75万份股票期权,占14.71%,财务总监唐为斌获得55万份,占10.78%,李瑞元和H公司实际控制人蔡开坚为连襟关系。2006年度公司实现净利润同比增长29.58%,2007年度公司净利润再次同比增长27.50%。高效的业绩,帮助H公司的高管们成功获得了整个股权激励方案中的80%股票期权。2007年实现二次增发5 000万股,募集资金投入技术创新项目。注册会计师对H公司年报进行审计时,根据银行提供的询证函,发现其银行存款实际与账面严重不符。浙江证监局接到事务所通报后,立即会同负责H公司审计的立信会计师事务所进行核查,初步掌握了H公司董事长私下挪用上市公司资金且未入账的证据。挪用事件被调查后,H公司的股价一路下跌。为防止风险进一步扩大,经与深交所沟通,决定自4月17日起H公司停牌。4月28日,蔡开坚发表了关于违规占用上市公司资金的检讨书,承认违规占用上市公司资金,并且分析了主观原因和客观原因,向投资者公开道歉。

1. 管理者独断专行,资金活动内部控制形同虚设

H集团与H公司的实际控制人蔡开坚指使原出纳蔡秋红(蔡开坚的侄女)使用"捡来"的对账单,伪造财务信息,导致财务信息严重失真。蔡开坚采用各种欺骗手段,避开上市公司监控程序,未经正常审批手续,多次将H公司资金转出,由大股东H集团使用,2006年、2007年、2008年分别占用H公司资金15 117.65万元、25 405.46万元、17 600万元,涉及金额超过5亿元。在蔡开坚观念中,"上市公司的钱只是借用一下,反正会还的,没有损害上市公司健康发展。把其他产业培育好后,在适当时机还可装入上市公司"。H公司内控制度、公司治理等方面的制度形式上是健全的,但管理者独断专行,人员互相勾结,内外串通,内部控制措施很难真正执行。

2. 独立董事形同虚设

由于独立董事多是通过大股东的渠道推荐的,所以独立董事发挥作用先天不足。在H公司中,四名已辞职的董事、独立董事在之前基本对公司"发挥不了作用"。上市前所有决策都是董事长一人说了算,上市之后原有运行机制也很难改变。在实际工作中独立董事多以对公司某些违法行为并不知情来逃避处罚,独立董事形同虚设。作为公司的独立董事,应该对公司的某些重大事情主动询问,这是独立董事应尽的责任和义务,独立董事应主动加强自己的义务。

3. 会计控制不完善

根据相关指引规定,企业在生产经营及业务活动中取得的资金收入应当及时入账,不得账外设账,严禁收款不入账、设立"小金库"。但是本案例中,H公司董事私下挪用上市公司资金且未入账,致使资金发生了体外循环,加大了营运风险。企业办理资金支付业务,应当明确支出款项的用途、金额、预算、限额、支付方式等内容,并附原始单据或相关证明,履行严

格的授权审批程序后，方可安排资金支出。本案例中，蔡开坚未经正常审批手续，多次将H公司资金转出，严重影响了H公司自身的发展。企业办理资金收付业务，应当遵守现金和银行存款管理的有关规定，不得由一人办理货币资金全过程业务，严禁将办理资金支付业务的相关印章和票据集中一人保管。公司的出纳由蔡秋红（蔡开坚的侄女）担任，并且在蔡开坚的指使下，一人经办了货币资金的全过程业务，伪造了财务信息，导致财务信息严重失真。

4. 融资渠道不畅，多元化投资战略导致资金紧张

蔡开坚为了实现战略转型，选择水暖卫浴、钢铁物流作为多元化经营的产业切入点，培育了H厨卫股份和环洲钢业股份两个控股子公司。但受人民币过快升值、劳动力成本上升及美国次贷危机等综合影响，H公司的利润已严重下滑。在产业转移与升级的背景下，国家实施经济宏观调控，采取从紧货币政策，中小民营企业不能顺畅地得到银行贷款支持，导致融资缺口也需要资金投入，H集团与H公司之间形成关联方关系，正是在这种大背景下，蔡开坚非法挪用上市公司资金。

5月15日，深交所纪律处分委员会对负有主要责任的H公司、控股股东H集团，实际控制人蔡开坚及H公司相关董事、监事、高级管理人员17人予以公开谴责，通报批评；认定董事长蔡开坚、财务总监唐为斌不适合担任上市公司董事、监事、高级管理人员。证监会于6月30日发布行政处罚决定书，对该公司给予警告，并处以30万元的罚款；对原公司董事蔡开坚给予警告，并处以30万元罚款；对原公司董事、财务总监唐为斌给予警告，并处以5万元的罚款。同时，证监会认定：蔡开坚为市场禁入者，自中国证监会宣布决定之日起，5年内不得从事证券业务或担任上市公司董事、监事、高级管理人员职务。

资料来源：刘晓波．基于中捷股份内部控制失败案例研究——以H公司为例[J]．财会学习，2009.

请结合上述材料完成下列事项：

1. 学生分组，建议每组5人左右，注意搭配。
2. 选择组长与发言人，可以固定或轮流担任。
3. 分析讨论H公司挪用资金案例，形成小组案例分析报告。
4. 发言人代表本组发言，并回答教师及同学提问。

参考规范

1.《关于印发企业内部控制配套指引的通知》（财会〔2010〕11号）。
2.《企业内部控制应用指引第6号——资金活动》。

第三章 销售业务控制

【学习目标】

1. 理解和熟悉销售的含义。
2. 理解和熟悉销售业务的总体风险。
3. 理解和熟悉销售业务控制的总体要求。
4. 理解和掌握销售业务流程。
5. 理解和掌握销售业务的主要风险点与管控措施。

【思维导图】

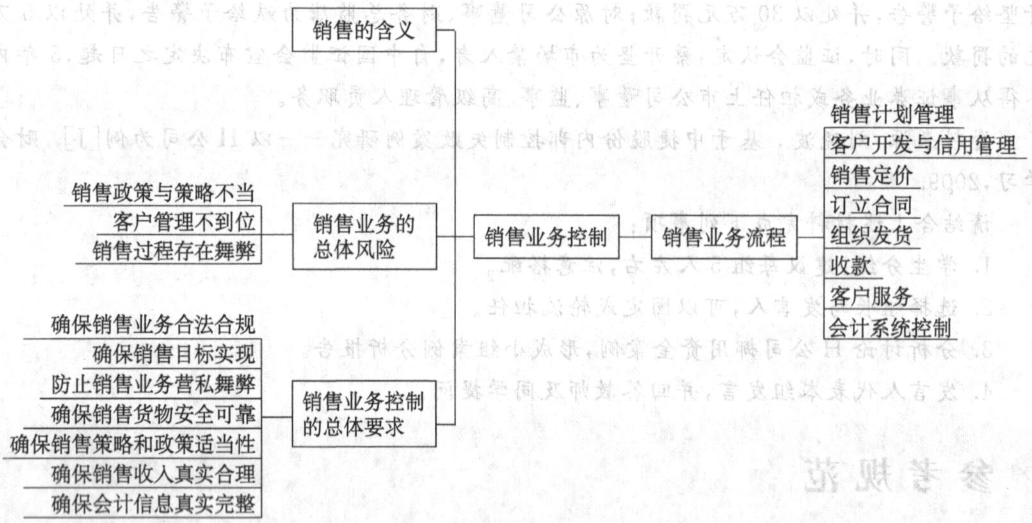

◆ 引导案例

渤海公司破产倒闭

渤海公司生产销售白炽灯产品，客户全部为有关城市的照明灯具批发市场。其产品销售业务按以下程序和规定办理。

(1) 每月 25 日，销售部编制下月份的销售计划和货款回收计划，经计划部审核、平衡后上报公司领导，公司领导召集会议，审议批准包括销售计划和货款回收计划在内的下月生产经营计划。

(2) 销售部门将公司批准的销售计划和货款回收计划分解落实给每个销售人员。

(3) 进入下月，销售人员根据各自的任务，将白炽灯发往各个照明灯具批发市场，同时运输车辆返回时顺便拉回需要换货的已经损坏的白炽灯。

(4) 销售人员负责应收账款的核对与货款回收，接近月末时，销售人员将回收的货款汇入渤海公司的银行账户。

实行上述销售业务程序和规定的后果如下。

(1) 每个月都有大量损坏的白炽灯被退回企业。

(2) 批发商大肆拖欠企业货款，企业组织清债人员追讨货款时，根本找不到欠款客户。

最终渤海公司破产倒闭，2 000名职工下岗失业。

资料来源：https://www.docin.com/p-2288971770.html.

思考问题：如何解决渤海公司存在的销售问题？

一、销售业务控制内容与要求

企业生存、发展和壮大的过程，在相当程度上就是不断加大销售力度、拓宽销售渠道、扩大市场占有的过程。生产企业的产品或流通企业的商品如不能实现销售的稳定增长，售出的货款如不能足额收回或不能及时收回，必将导致企业持续经营受阻、难以为继。

（一）销售的含义

促进企业销售稳定增长，扩大市场份额，规范销售行为，防范销售风险，根据有关法律、法规和《企业内部控制基本规范》的要求制定《企业内部控制应用指引第9号——销售业务》，该应用指引中所称的销售，是指企业出售商品（或提供劳务）及收取款项等相关活动。

企业内部控制应用指引第9号——销售业务

（二）销售业务的总体风险

(1) 销售政策和策略不当，市场预测不准确，销售渠道管理不当等，可能导致销售不畅、库存积压、经营难以为继。

(2) 客户信用管理不到位，结算方式选择不当，账款回收不力等，可能导致销售款项不能收回或遭受欺诈。

(3) 销售过程存在舞弊行为，可能导致企业利益受损。

（三）销售业务控制的总体要求

1. 确保销售业务合法合规

确保企业销售业务符合国家法律、法规和国际惯例要求，恰当执行销售业务流程，遵循有关销售及资金管理制度规定，确保销售业务按照规定程序和权限进行。

2. 确保销售目标的实现

销售目标是企业的核心指标，直接决定着企业生产目标、利润目标和其他经营目标的实现，关系到企业生产经营活动能否顺利进行。

3. 防止销售业务营私舞弊

销售业务链条长，环节多，极易发生舞弊行为，防止销售环节过程中违法违纪、信用诈骗、中饱私囊、损害企业利益等行为，避免基于个人私利的不恰当销售活动给企业造成经济损失。

4. 确保销售货物安全可靠

保证销售货物在装卸、运输、验收等环节的质量和数量安全，保证应收账款的真实性和货款收取的严密性，确保企业售出货物的回款安全完整。

5. 确保销售策略和政策的适当性

实现既能达成促进销售,及时收回货款的目的,又能有效防止通过销售政策串通舞弊、损公肥私等损害企业利益行为的发生。

6. 确保销售收入真实合理

完整反映企业销售的全过程,及时准确地记录销售收入,防止少计、不计、漏计销售收入或虚增销售收入,防止收到的货款被挪用或贪污,确保会计核算质量。

7. 确保会计信息真实完整

会计信息要合理揭示销售业务执行的销售政策,恰当反映三包服务、货物赔偿、返利、折扣和折让等销售政策的实际情况,为信息使用者提供有用的会计和管理信息,杜绝信息失真、凭证虚假等现象,实现账账相符、账实相符。

二、销售业务流程与风险管理

(一) 销售业务流程

强化销售业务管理,应当对企业现行销售业务流程进行全面梳理,查找漏洞和薄弱环节,并加以改进和优化。销售一般分为现销和赊销两种基本方式,在市场经济高度发达和商业信用广泛使用的今天,为了促进销售,赊销已成为各企业普遍采用的销售方式。通常企业的销售活动主要包括销售计划管理、客户开发与信息管理、销售定价、订立合同、组织发货、收款、客户服务、会计系统控制等环节。在实际操作中,企业所从事的行业不同、产品性质不同、产品消费群体不同,其销售活动的业务流程会有所差异,企业应结合自身业务特点和管理要求,对销售业务流程进行优化。企业销售业务流程如图 3-1 所示,该图列示的销售流程具有通用性,企业可以参照此流程,并结合自身情况予以扩充和具体化。

(二) 各环节的主要风险点及其管控措施

1. 销售计划管理

销售计划是企业制订的在一定时期内的销售目标额。销售计划通常由企业计划管理部门结合企业生产能力,综合平衡供、产、销各项计划的基础上编制而成,除了目标销售额,销售计划还包括为实现该销售目标而设定的具体营销方案和实施计划。

该环节的主要风险:销售计划安排不合理、审核把关不严格或越权审批,可能导致产品结构和生产安排不合理,造成库存产品短缺或积压;制定销售策略不科学、不恰当,销售计划缺乏动态管理,可能导致市场开发困难,产品销售不畅,生产经营活动难以为继,或者导致企业资产损失或资产运营效率低下,难以实现企业生产经营的良性循环。

主要管控措施如下。

(1) 企业应当根据市场预测、经营目标、生产供货能力编制年度销售计划;结合客户订单情况,制订月度销售计划,对月度销售计划进行分解,并按规定的权限和程序审批后下达执行。

(2) 销售计划必须与生产、采购计划以及库存情况相互衔接、综合平衡,并将销售计划纳入全面预算管理。

(3) 销售计划应根据实际情况适时调整,定期对各产品的市场供求状况、销售额、毛利润、销售计划完成情况等进行分析,结合企业生产现状,及时调整销售计划,调整要履行严格的授权审批程序。

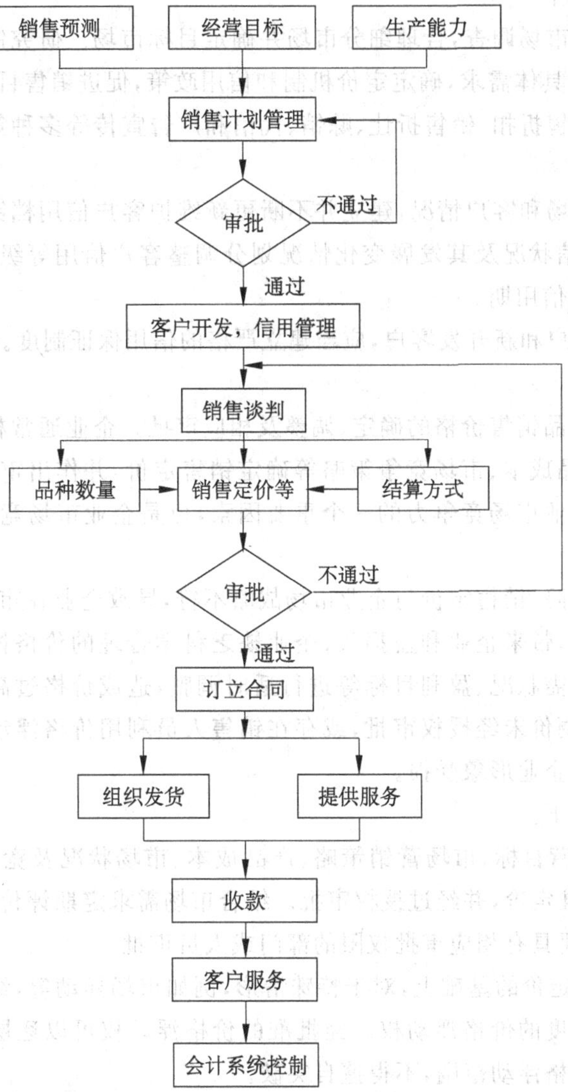

图 3-1　销售业务流程

2. 客户开发与信用管理

企业开拓新市场和维持现有市场份额，需要加强现有客户维护，开发潜在目标客户。客户开发与管理的主要内容包括通过广告、展销、推介等活动推介产品，了解市场和客户情况，建立客户信息档案和信用档案，对有购买意向的客户进行资信评估，根据企业自身风险接受程度确定目标客户的具体信用等级等。健全有效的客户管理决定了企业的市场份额，也决定了企业最终的销售能否顺利完成，进而影响到企业资金流转和正常经营。

该环节的主要风险：市场预测不准确导致市场策略制定不当，造成市场定位错误，破坏销售渠道，丢失优质客户，新客户开发不利，导致销售不畅；现有客户管理不足，潜在市场需求开发不够，可能导致现有客户流失或市场拓展不力；客户档案不健全，缺乏日常的信用积累记录和合理的资信评估，可能导致客户选择不当，销售款项不能收回或遭受欺诈，从而导致企业遭受经济损失。

主要管控措施如下。

(1) 进行充分的市场调查,合理细分市场并确定目标市场。研究制定适当的销售策略,根据不同目标群体的具体需求,确定定价机制和信用政策,促进销售目标的实现。

(2) 灵活运用销售折扣、销售折让、赊销、代销和广告宣传等多种策略和营销方式,不断提高市场占有率。

(3) 深入了解市场和客户情况,建立并不断更新维护客户信用档案,对客户信用进行动态管理,根据客户资信状况及其发展变化情况划分调整客户信用等级,依据客户信用等级,确定客户赊销限额和信用期。

(4) 对于境外客户和新开发客户,应当建立严格的信用保证制度。

3. 销售定价

销售定价是指商品销售价格的确定、调整及相应审批。企业通常根据客户订单需求、市场供求状况、自身产品成本、市场竞争策略等确定销售定价,并作出审批授权。企业销售定价合理与否是影响企业市场竞争力的一个重要因素,也是企业市场竞争策略得以实施的重要环节。

该环节的主要风险:销售定价与企业市场战略不符,导致企业在市场竞争及以后的长期经营中处于市场劣势,带来企业利益损失;企业缺乏科学合理的价格控制体系,商品定价或调价未能结合市场供需状况、盈利目标等进行适时调整,造成价格过高或过低,影响企业销售绩效;商品定价或调价未经授权审批,或存在销售人员利用价格浮动权进行舞弊,可能导致企业经济利益或者企业形象受损。

主要管控措施如下。

(1) 根据企业经营目标、市场营销策略、产品成本、市场状况及竞争对手情况等多方面因素,确定产品的基准定价,并经过授权审批。结合市场需求定期评价产品基准价格的合理性,定价或调价均需要具有相应审批权限的部门或人员审批。

(2) 在执行基准定价的基础上,对于特殊情形,例如市场异动等,结合产品的市场特点,授予销售部门一定限度的价格浮动权。经批准的价格浮动权可以逐层向下递减分配,且必须严格遵守规定的价格浮动范围,不得擅自突破。

(3) 给予客户的销售折扣、销售折让等应由具有相应权限的部门或人员审核批准,对实际授予的销售折扣、销售折让的数量、金额、原因及对象应予以详细记录,并立档备查。

4. 订立合同

销售合同的主要条款包括合同标的、数量、质量、价款、结算方式、履行期限、地点、方式、违约责任、双方的权利和义务等内容。订立销售合同可以合理保障企业的权益和商业利益,通过订立销售合同,明确双方的权利和义务,并以此作为开展销售活动的基本依据。

该环节的主要风险:销售方急于成交,为了节约交易时间,未对客户背景进行调查,也未对销售合同内容进行仔细审查,合同内容存在重大疏漏和欺诈,由此产生法律风险,进而给企业带来直接或间接的经济损失;未经授权对外订立销售合同,可能导致企业合法权益受到侵害;销售价格、收款期限违背企业销售政策,可能导致企业经济利益受损。

主要管控措施如下。

(1) 合同签订准备阶段,企业应当指定专门人员与客户进行业务洽谈,重点关注客户信用状况，做好客户信用调查，确保赊销客户是企业信用管理部门批准赊销的客户。重大的销售业务谈判还应当吸收财会、法律等专业人员参加。

(2) 正式签订合同前，经过授权的专门人员就销售定价、信用政策、结算方式、发货及收款方式等具体事项与客户进行仔细磋商。建立健全销售合同订立及审批管理制度，明确审核、审批程序和所涉及的部门人员及相应权责。销售价格、付款条件、运费和销售折扣的确定以及销售部门之外的具备审批权限的部门和人员授权批准，不得超越审批权限。特殊情形需要超出企业既定的销售政策和信用政策的业务，须经集体决策。重要的销售合同，应当征询法律专业人员的意见。

(3) 销售合同谈判阶段，主要参与谈判人员应在两人以上，合同谈判人员与合同签订人员相分离。销售谈判的全过程应有完整的书面记录和重大事项报告制度。

(4) 销售合同草案经审批同意后，企业应授权有关人员与客户签订正式销售合同。

5. 组织发货

发货是根据销售合同向约定客户提供商品的环节。销售部门要根据销售合同组织货源，向发货部门下达备货通知，发货部门对销售发货单进行审核，按照发货通知单所列的发货品种、规格、数量、发货时间、发货方式等组织发货；销售部门还要向财务部门开具产品销售开票通知单，财务部根据开票通知单向客户开出销售发票；仓储部门依据销售发票的提货联办理出库手续。

该环节的主要风险：发货部门未根据销售通知单发货，或未经授权发货，发货不符合合同约定，发货过程中出现装运错误，可能导致货物损失或客户与企业的销售争议，销售款项不能收回，损害企业的商业利益。

主要管控措施如下。

(1) 制定科学、规范的货物出库、发货管理制度和操作规程，并严格执行。

(2) 销售部门应当依据审核后的销售合同开具相关的销售通知单，交仓储部门和财会部门。

(3) 仓储部门对销售通知单进行审核，依据销售通知单落实出库、发货、运输等环节的岗位责任和安全保护措施，严格按照通知单所列的发货品种和规格、发货数量、发货时间、发货方式、接货地点等，按规定时间组织发货，形成相应的发货凭据并连续编号。

(4) 以运输合同条款的形式明确运输方式，商品短缺，毁损或变质的责任、到货验收方式、运输费用承担、保险等内容。与客户在货物交接环节做好装卸和检验工作，确保货物安全交到客户并得到验收确认。

(5) 做好发货各环节的记录，填制相应的凭证，设置发货台账，实现销售业务的全过程登记制度。

6. 收款

货款回收是企业组织发货后按照销售合同约定的时间与收款方式向客户收取货款的环节，也是企业销售成果兑现的环节。按照发货时是否收到货款，可将销售方式分为预收、现销和赊销，因此具体收款方式包括预收货款、现销、分期收款、延期收款等。其中预收货款和现销方式收款环节较为简单，赊销业务收款与发货不同步，因此需要对货款回收进行动态的跟踪与管理，到期及时催收，谨防形成呆坏账，给企业造成经济损失。

该环节的主要风险：企业信用管理不到位，盲目赊销，导致货款回收困难；结算方式选择不当导致回款困难;未按照销售发票通知开具发票、丢失发票导致税务风险;因票据管理不善,账款回收不力,导致销售款项不能收回或遭受欺诈:销售人员收款过程中存在私设账户截留回款等舞弊行为,使企业经济利益受损。

主要管控措施如下。

(1) 建立主要客户定期访问制度,掌握客户背景信息和可能形成的付款风险,准确掌控客户信用状况,对逾期应收账款适时启动诉讼程序。

(2) 结合企业销售政策,选择恰当的结算方式,加快款项回收,提高资金的使用效率。

(3) 建立票据管理制度,加强商业汇票的管理,明确应收票据的受理范围和管理措施,对票据的取得、贴现、背书、保管等活动予以明确规定,严格审查,专人保管,及时办理托收,防止票据欺诈;定期核对盘点票据,票据背书应经过恰当审批手续。

(4) 完善应收款项管理制度和应收款项的催收制度,需要赊销的商品应由信用管理部门按照客户信用等级审核;赊销商品必要时可要求客户办理资产抵押、担保等收款保证手续;落实销售及收款人员的岗位职责和责任追究制度,销售部门负责应收款项的催收,实行货款回收绩效奖惩,催收记录应妥善保存。

(5) 收取的现金、银行本票、汇票等应及时缴存银行并登记入账,防止由销售人员直接收取款项。

(6) 严格按照职权范围和审批程序处理呆账和坏账。

7. 客户服务

客户服务是在企业与客户之间建立信息沟通机制,对客户提出的问题,持续向客户提供解答或反馈、咨询、处理等服务,不断改进商品质量和服务水平,以提升客户满意度和忠诚度。客户服务包括产品维修、销售退回、维护升级等,对存在质量问题的售出货物给予客户退换货及销售折让等。提供客户服务是提升产品附加价值的重要手段,市场竞争越激烈的产品,客户服务质量的高低就越重要,客户对服务的要求也越高。

该环节的主要风险:对客户需求响应不及时,或者因为与客户缺乏联系,不了解客户需求,导致对客户的需求未响应;售后服务水平低,售后质量问题处理不及时,消费者满意度不足,影响公司市场形象,造成客户流失。

主要管控措施如下。

(1) 在充分市场调查的基础上,建立客户服务制度,规范客户服务工作流程,明确客户服务内容、标准、方式与程序。

(2) 客户服务专门部门,安排专人负责客户服务工作,对客户服务进行跟踪和回访,及时解答、反馈和处理客户提出的产品问题,实行客服人员薪酬与客户满意度挂钩。

(3) 建立产品质量管理制度,加强销售、生产、研发、质量检验等相关部门之间的沟通协调,规范售出产品退回、更换、维修、赔偿和销售折让制度,严格操作规程和授权审批制度。

(4) 做好客户回访工作。定期或不定期开展客户满意度调查,建立客户投诉制度,记录所有的客户投诉,并分析原因,提出改进措施。

8. 会计系统控制

销售业务的会计系统控制包括完成发货和开票业务以后,企业财务部门依据销售合同、销售通知单、发货凭据和运输单据等对销售收入进行确认,对应收款项的管理,以及坏账准备的计提和冲销、销售退回、销售折让等销售业务的会计处理。

该环节的主要风险：缺乏有效的销售业务会计系统控制，可能导致企业账实不符、账证不符、账账不符或者账表不符，形成账外资金或发生坏账损失，影响销售收入、销售成本、应收款项等会计核算的真实性和可靠性。

主要管控措施如下。

(1) 按照国家统一的会计准则，对销售业务进行准确的会计核算与账务处理，要通过相应的会计账户准确核算销售收入、存货发出、应收账款增减和货款收取等业务活动，及时、准确地计提核算坏账准备，准确反映售出产品的退回、维修、换货、赔偿及折让业务。

(2) 财务部门要对销售业务的合同、出库凭证、收款凭证、对账记录、各种票据、退货、换货、折让、维修、赔偿情况等文件资料登记造册、专人负责、妥善保管，以备查用。

(3) 财务部门要实行销售资金预算管理制度，督促销售部门按预算、按合同条款及时、足额回收货款，确保企业全面预算管理活动的顺利进行。

(4) 财务部门的应收账款核算岗位要定期向客户寄发对账函，或面对面核对应收账款、应收票据、预收账款等往来款项，确保实现账账相符；存货核算岗位要定期与仓库保管员核对库存产品账目，确保会计记录、销售记录与仓储记录核对一致、账实相符。

赊销业务内部控制 1

赊销业务内部控制 2

本章小结

本章详细分析了销售业务内部控制的总体要求、业务流程、业务管理主要风险与控制措施等内容。

能力训练

一、单选题

1. 企业开具销售发票由(　　)负责。

A. 信用管理部门　B. 销售部门　C. 仓库部门　D. 会计部门

2. 企业应以销售预测为基础，在全面预算总方针的指导下，由(　　)编制销售预算。

A. 销售部门　B. 会计部门　C. 仓库部门　D. 信用管理部门

3. 企业应当建立逾期应收账款制度，(　　)应当负责应收账款的催收。

A. 会计部门　B. 销售部门　C. 仓库部门　D. 信用管理部门

4. 赊销的批准由(　　)信用管理部门依据赊销政策和已授权给顾客的信用额度来进行。

A. 会计部门　B. 仓库部门　C. 信用管理部门　D. 销售部门

5.（　）应定期编制并向顾客寄送应收账款对账单，与顾客核对账面记录。

A. 会计部门　　B. 信用管理部门

C. 销售部门　　D. 仓库部门

6. 企业应当健全（　），关注重要客户资信变动情况，采取有效措施，防范信用风险。

A. 客户信用档案　　B. 客户原始档案

C. 客户变动审核　　D. 客户评估

7. 企业应当做好销售业务各环节的记录，填制相应的凭证，设置销售台账，实行全过程的（　）制度。

A. 销售登记　　B. 销售审核　　C. 销售确认　　D. 销售计量

8. 重大的销售业务谈判应当吸收（　）、法律等专业人员参加，并形成完整的书面记录。

A. 财会　　B. 销售　　C. 审计　　D. 仓储

9. 企业应当加强应收款项（　）的管理。应收款项全部或部分无法收回的，应当查明原因，明确责任，并严格履行审批程序，按照国家统一的会计准则制度进行处理。

A. 坏账　　B. 确认　　C. 计量　　D. 记录

10. 企业应当结合实际情况，全面梳理销售业务流程，完善销售业务相关管理制度，确定适当的销售政策和策略，明确销售、发货、收款等环节的职责和审批权限，按照规定的权限和程序办理销售业务，（　）检查分析销售过程中的薄弱环节，采取有效控制措施，确保实现销售目标。

A. 定期　　B. 不定期　　C. 按月　　D. 按年

二、多选题

1. 以下属于销售与收款业务内容的是（　）。

A. 批准赊销信用　　B. 开具销售发票

C. 审批销售退回和折让　　D. 发送货物

2. 企业的信用政策包括（　）等方面内容。

A. 授信方式　　B. 授信标准

C. 销售退回管理　　D. 收账政策坏账准备制度

3. 应收账款日常管理控制包括（　）。

A. 应收账款账龄分析　　B. 应收账款催收制度

C. 应收账款追踪分析　　D. 应收账款坏账准备制度

4. 按内部控制要求，销售退回的货物应当由（　）清点后方可入账。

A. 会计部门　　B. 仓储部门　　C. 销售部门　　D. 质检部门

5. 企业给予客户的授信方式一般包括（　）。

A. 信用期限　　B. 现金折扣　　C. 批准权限　　D. 折扣期限

6. 企业应当指定专人通过函证等方式，定期与客户核对（　）等往来款项。

A. 应收账款　　B. 应收票据　　C. 预收账款　　D. 应付账款

7. 企业对于（　），应当建立严格的信用保证制度。

A. 境外客户　　B. 新开发客户　　C. 老客户　　D. 集团客户

8. 企业应当加强对(　　)业务的会计系统控制，详细记录销售客户、销售合同、销售通知、发运凭证、商业票据、款项收回等情况，确保会计记录、销售记录与仓储记录核对一致。

A. 销售　　B. 发货　　C. 收款　　D. 付款

9. 企业应当加强商业票据管理，明确商业票据的受理范围，严格审查商业票据的(　　)，防止票据欺诈。

A. 真实性　　B. 合法性　　C. 有效性　　D. 合规性

10. 企业应当加强市场调查，合理确定定价机制和信用方式，根据市场变化及时调整销售策略，灵活运用(　　)等多种策略和营销方式，促进销售目标实现，不断提高市场占有率。

A. 销售折扣　　B. 销售折让　　C. 信用销售　　D. 代销和广告宣传

三、判断题

1. 退货验收的人员与退货记录的人员可以是同一人。(　　)

2. 顾客要求退货或折让，应由负责收款和记录应收账款以外的人员，根据退回货物的验收报告和入库单批准退货。(　　)

3. 企业应收票据的取得和贴现必须经保管票据的主管人员的书面批准。(　　)

4. 应收账款无法收回时，经批准后方可作为坏账注销，会计部门不需要对已注销的应收账款备查登记。(　　)

5. 信用管理岗位与销售业务岗位应当分设。(　　)

6. 客户信用管理不到位，结算方式选择不当，账款回收不力等，可能导致销售款项不能收回或遭受欺诈。(　　)

7. 企业应当严格按照发票管理规定开具销售发票，严禁开具虚假发票。(　　)

8. 企业应当关注商业票据的取得、贴现和背书，对已贴现但仍承担收款风险的票据以及逾期票据，应当进行追索监控和跟踪管理。(　　)

9. 企业应当完善客户服务制度，加强客户服务和跟踪，提升客户满意度和忠诚度，不断改进产品质量和服务水平。(　　)

10. 销售合同应当明确双方的权利和义务，审批人员应当对销售合同草案进行严格审核。重要的销售合同，应当征询法律顾问或专家的意见。(　　)

章节案例

柳州长虹机器制造公司舞弊案例

2003年年初，A集团柳州长虹机器制造公司审计处在对公司2002年年报审计中发现了一个反常现象：2001年、2002年公司废品销售收入分别为4 563万元、5 323万元，呈上升趋势；财务反映的废旧物资数量863t、510t，废旧物资销售收入分别是78万元、45万元，呈下降趋势。正常情况下，生产过程中发生的边角余料等废旧物资应该与生产规模同比例增长或下降。审计处重点审计了公司物资处的废旧物资回收、销售、收款等，发现物资处处长、综合室主任、仓库主任、废旧回收站长、计划员等人为了小团体利益，与某个体经营者串通，通过收买门卫、“开阴阳收据”等手法擅自降价将废旧物资销售给没有业务往来、没有签订合同的个体经营者，并要求其将销售货款不交财务而直接交物资处。最终查明，由此擅自出售废旧物资约81.5t，涉款额高达9.12万元，给企业造成损失约1.4万元。审计查明，案件责任人利用了以下几种手法进行舞弊。

(1) 擅自出售废旧物资并全部截留货款。主要是与租赁公司厂房的湖南个体经营者串通,擅自将废旧物资销售给没有此项业务来往,也没有签订合同的湖南个体经营者,并要求其将销售货款不交财务而直接交物资处;私自销售的废旧物资出门时,借湖南个体经营者的名义,由湖南个体经营者以自己在锻工房加工的少许产品掩盖,或以其加工的产品或废料需要出门为由,堂而皇之地将盗卖的废旧物资办理出门手续。

(2) 私自截留出售废旧物资款。主要是通过与签有合同业务的柳州个体经营者截留收入,物资处处长要求柳州个体经营者在销售废旧物资过程中,一部分销售的废旧物资款交财务,另一部分销售的废旧物资款截留下来,交到物资处作小金库(即通俗说的开阴阳收据)。私自截留出售废旧物资出门时,以部分销售的废旧物资办理出门手续,即以少量的废旧物资申报并取得出门单,然后以超过出门单标明的废旧物资实际数量的舞弊手法出门。

(3) 收买门卫。为了能将违规销售的废旧物资顺利办理出门,物资处处长指使综合室主任,通过给门卫送钱物等好处,致使门卫在违规废旧物资办理出门时玩忽职守,大开方便之门。

(4) 擅自决定降价。物资处处长明知道废旧物资销售及其售价变动要经过有关部门审核并履行合同手续,但其却擅自决定将废旧物资销售价格降价,造成损失 1.4 万元。由于舞弊性质恶劣,这起案件的主要责任人物资处处长被给予党内严重警告处分和行政免去物资处处长职务的处理,其他人员也受到相应的处理。

资料来源:黄文娟. 物资处废旧物资处理内部控制设计——基于柳州长虹机器制程公司的案例分析[J]. 中国商界,2009(5).

请结合上述材料完成下列事项:

1. 学生分组,建议每组 5 人左右,注意搭配。

2. 选择组长与发言人,可以固定或轮流担任。

3. 分析讨论柳州长虹机器制造公司破产倒闭原因,形成小组案例分析报告。

4. 发言人代表本组发言,并回答教师及同学提问。

参考规范

1.《关于印发企业内部控制配套指引的通知》(财会〔2010〕11 号)。

2.《企业内部控制应用指引第 9 号——销售业务》。

第四章　采购业务控制

【学习目标】

1. 理解和熟悉采购的含义。
2. 理解和熟悉采购业务的总体风险。
3. 理解和熟悉采购业务控制的总体要求。
4. 理解和掌握采购业务流程。
5. 理解和熟悉采购业务的主要风险点与管控措施。

【思维导图】

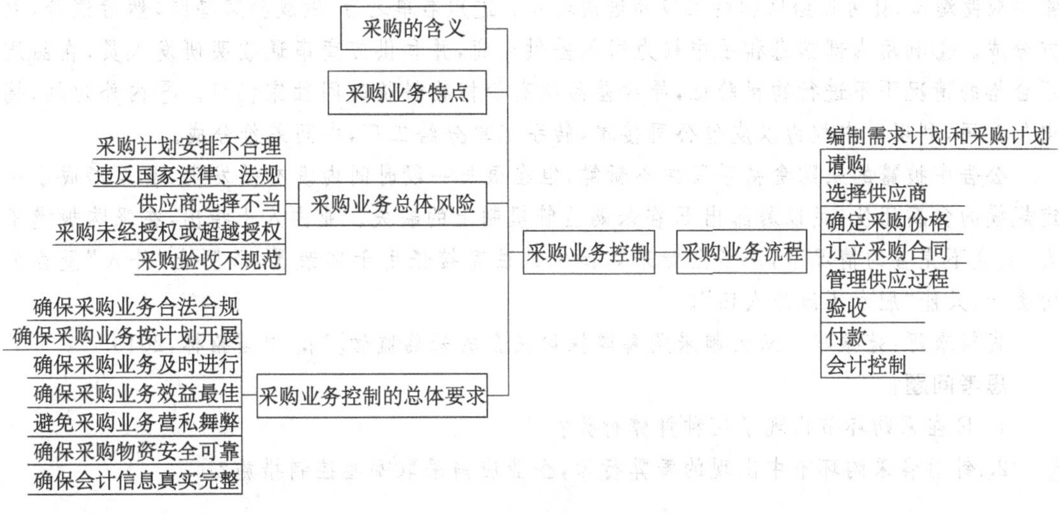

◆ **引导案例**

E 采购舞弊案例

深圳市 E 科技有限公司(以下简称 E),由汪滔等人于 2006 年创立,致力于用技术与创新力为世界带来全新视角,以“未来无所不能”为主旨理念,在无人机系统、手持影像系统与机器人教育领域成为业内领先的品牌,以一流的技术产品重新定义“中国制造”的创新内涵。E 是全球领先的无人飞行器控制系统及无人机解决方案的研发和生产商,客户遍布全球 100 多个国家,2011—2015 年,E 销售额增长近 100 倍。12 年间,通过不断革新技术和产品,公司开启了全球“天地一体”影像新时代;在影视、农业、地产、新闻、消防、救援、能源、遥感测绘、野生动物保护等多个领域,重塑了人们的生产和生活方式。目前,全球消费级无人机市场中,E 的产品占据了 7 成,更令“中国制造”在高科技领域崭露头角。2015 年 2 月,美国权威商业杂志《快公司》评选出2015年十大消费类电子产品创新型公司，E是唯一一家中国本土企业，在谷歌、特斯拉之后位列第三。2015年12月，推出智能大疆MG-1农业植保机，正式进入农业无人机领域。截至2016年，E在全球已提交专利申请超过1 500件，获得专利授权400多件，涉及领域包括无人机各部分结构设计、电路系统、飞行稳定、无线通信及控制系统等。2017年6月，入选《麻省理工科技评论》"2017年度全球50大最聪明公司"榜单。2017年6月，E荣获中国商标金奖的商标创新奖。

近年来，许多快速扩张的民营企业，无论是在体量还是在员工数量上都日趋庞大，原有的"人情模式"和"小农经济思维"，已不再适合此等规模的企业。而当企业的管理思路、制度机制和管理工具跟不上企业规模的发展，问题就不可避免地爆发出来。2019年1月，E内部反腐公告称：2018年大疆由于供应链贪腐造成平均采购价格超过合理水平的20%，保守估计造成超过10亿元人民币的损失。目前已有45人被查处，其中涉及供应链决策腐败的研发、采购人员最多，共计26人；销售、行政、设计、工厂共计19人。问题严重、移交司法处理的有16人，直接开除的有29人，还有牵扯到的数百人正在调查。大疆公告还公布了主要舞弊方式：①让供应商报底价，然后伙同供应商联系人往上加价，加价部分双方按比例分成。②利用手中权力，以技术规格要求为由指定供应商或故意以技术不达标把正常供应商踢出局，把可以给一定比例回扣的供应商压标进短名单，长期拿回扣。③故意以降价为借口，把所有正常供应商淘汰，让可以给回扣的供应商进短名单。进短名单之后，做成独家垄断，然后涨价，双方分成。④利用内部信息和手中权力引入差供应商，并和供应商串通收买研发人员，在品质不合格的情况下不进行物料验证，导致差品质高价格物料长时间独家供应。⑤内外勾结，搞皮包公司，利用手中权力以皮包公司接单，转手把单分给工厂，中间差价分成。

公告中披露的采购贪腐手段并不新鲜，但在很长一段时间内没有被发现，甚至形成了一定规模的贪腐团伙，足以暴露出E在采购监管机制上的缺失。业内人士指出，在采购规模不大、制度不完善的情况下，许多企业采购岗位往往直接任用干部亲属，既防止"外人"侵吞公司资产，又能"肥水不流外人田"。

资料来源：范振华．从大疆采购舞弊探讨民企的采购监管[J]．中国招标，2019.

思考问题：

1. E在采购环节出现了何种舞弊行为？
2. 针对各采购环节中出现的舞弊行为，企业应当采取哪些控制措施？

一、采购业务控制内容与要求

（一）采购的含义

根据有关法律、法规和《企业内部控制基本规范》的要求制定《企业内部控制应用指引第7号——采购业务》，该应用指引中所称的采购，是指企业购买物资（或接受劳务）及支付款项等相关活动。其中，物资主要包括企业的原材料、商品、工程物资、固定资产等。

企业内部控制应用指引第7号——采购业务

（二）采购业务的特点

采购环节是企业生产经营活动的起点，它既是企业"实物流"的重要组成部分，又与"资金流"密切关联。为销售而生产，为生产而采购是企业生产经营活动环环相扣的物料输入输出的动态过程，采购业务涉及采购计划、物资请购、物资质量、物资数量和价格、供应商选择、采购合同订立、物资运输、验收入库、货款支付等活动，出现舞弊和差错的风险较大。同时采购业务是企业支付货币取得物资的过程，是企业生产经营管理中的重要环节，也是薄弱环节。

1. 采购需要在生产和销售计划指导下进行

采购处于企业生产的准备阶段，应以生产需要为依据。采购部门应在熟悉整个企业生产经营情况的前提下，使采购材料的品种、数量既满足生产需要，又能够最低限度地占用企业的资金，因此采购业务应同生产和销售计划密切联系起来，根据计划指导采购业务。

2. 采购业务控制与货币资金控制密切相关

购买商品或劳务的后续环节是款项的支付，企业偿付货款的方式多种多样，通常会带来货币资金的减少。采购环节要防止因实物计量、会计计算错误使企业在支付货款后，不能及时得到相应的采购物资，还要防范采购人员将企业本应享有的折扣隐匿起来据为己有的行为。因此，在采购环节，要将采购业务控制与货币资金支出控制密切联系起来。

3. 采购业务顺利开展与企业资信密切相关

企业为了扩大销售，往往采取赊销的方式。对采购方来说，如果能够争取到赊购，则意味着在信用期内可以无偿占用销售方的资金。但是赊购业务如果频繁发生，赊购量较大，赊购所带来的负债会增加企业的负债总额，从而对企业偿债能力产生一定的影响，通常也对企业资信提出较高的要求。因此，采购业务顺利开展需要将企业负债的增加控制在一定水平，以维持企业良好的资信。

（三）采购业务的总体风险

（1）采购计划安排不合理，市场变化趋势预测不准确，造成库存短缺或积压，可能导致企业生产停滞或资源浪费。

（2）采购行为违反国家法律、法规，可能遭受处罚、经济和信誉损失。

（3）供应商选择不当，采购方式不合理，招投标或定价机制不科学，授权审批不规范，可能导致采购物资质次价高，出现舞弊或遭受欺诈。

（4）采购未经适当的审批或超越授权审批，出现舞弊或遭受欺诈。

（5）采购验收不规范，付款审核不严，付款方式不恰当，付款金额控制不严，可能导致采购物资、资金损失或信用受损。

（四）采购业务控制的总体要求

1. 确保采购业务合法合规

采购业务应该符合国家法律、法规和国际惯例要求，遵守企业相关采购与资金管理制度规定，严格按照采购业务流程、规定的程序和权限进行。

2. 确保采购业务按计划开展

企业的采购活动必须按计划进行，杜绝无计划、超计划采购，避免物资积压和浪费。计划包括需求计划和采购计划，需求计划由需求部门根据生产经营需要向采购部门提出，采购计划由采购部门根据需求计划汇总并平衡现有库存后，统筹安排。

3. 确保采购业务及时进行

采购业务必须满足生产、销售和管理的需要，避免因采购不及时或不符合要求等影响生产经营活动的正常进行。实际生产经营活动中,企业面临的市场环境瞬息万变,如果不能及时采购,造成物资短缺,生产停滞,错失市场良机,就会带来较大的经营损失。

4. 确保采购业务效益最佳

市场经济条件下,企业应在采购物资的质量、价格、供货方式和信誉等方面认真权衡,在满足需要的前提下,尽量降低采购成本,减少采购资金的占用,从而减少开支,增加企业利润,避免采购环节的损失,以实现效益最佳。

5. 避免采购业务营私舞弊

采购业务涉及供应商的选择,采购物资的质量、价格、服务、货款结算、折扣等众多环节,极易发生舞弊行为,因此要规范采购流程,不仅要防止采购环节中违法乱纪、信用诈骗、中饱私囊、损害企业利益等违法舞弊行为发生,还要避免基于个人私利的不恰当采购活动给企业造成的经济损失。

6. 确保采购物资安全可靠

确保企业在支付货款后能取得相应的货物,以及应付账款真实准确和货款支付严密无误,确保装卸、运输、验收等环节质量、数量安全,以及支付资金的安全。

7. 确保会计信息真实完整

采购业务会计信息与实际采购业务活动保持一致、真实和完整,实现账账相符、账实相符,会计记录和财务报告要合理揭示采购业务享有的优惠政策,完整准确地反映采购业务活动中的货物索赔、返利、折扣和折让等优惠政策。

二、采购业务流程与风险管理

(一) 采购业务流程

采购是企业生产经营活动的起点,采购业务流程是指采购活动的业务流向和先后顺序,包括工作环节、步骤和程序。企业的采购业务流程一般包括准备和实施两个基本阶段。其中,准备阶段主要包括编制需求计划和采购计划、请购、选择供应商、确定采购价格、订立采购合同等环节;实施阶段主要包括管理供应过程、验收、付款、会计系统控制等环节。采购两个阶段的内容相互衔接、相互作用,形成一个循环。采购业务对企业生存与发展具有重要影响,因此需要对采购业务流程进行梳理,及时发现采购业务的薄弱环节,并加以改进优化,提高采购效能,具体流程如图 4-1 所示。企业可以参照此流程,并结合自身情况予以扩充和具体化。

(二) 各环节的主要风险点及其管控措施

企业采购业务面临较多风险,在采购内部控制活动中应注意识别关键风险,有效进行风险防范,针对采购业务各环节主要风险点进行分析并提出相应管控措施。

1. 编制需求计划和采购计划

采购业务从需求计划和采购计划开始,需求部门一般根据生产经营需要向采购部门提出物资需求计划,采购部门将需求计划归类汇总,综合平衡现有库存物资后,统筹安排采购计划,并按规定的权限和程序审批后执行。

该环节的主要风险:需求或采购计划不合理、不按实际需求安排采购或随意超计划采购,甚至与生产经营计划不协调等,造成企业资源浪费或库存成本上升,从而影响企业正常生产经营;不按规定维护安全库存、未按照要求及时调整采购计划,影响企业正常运行。

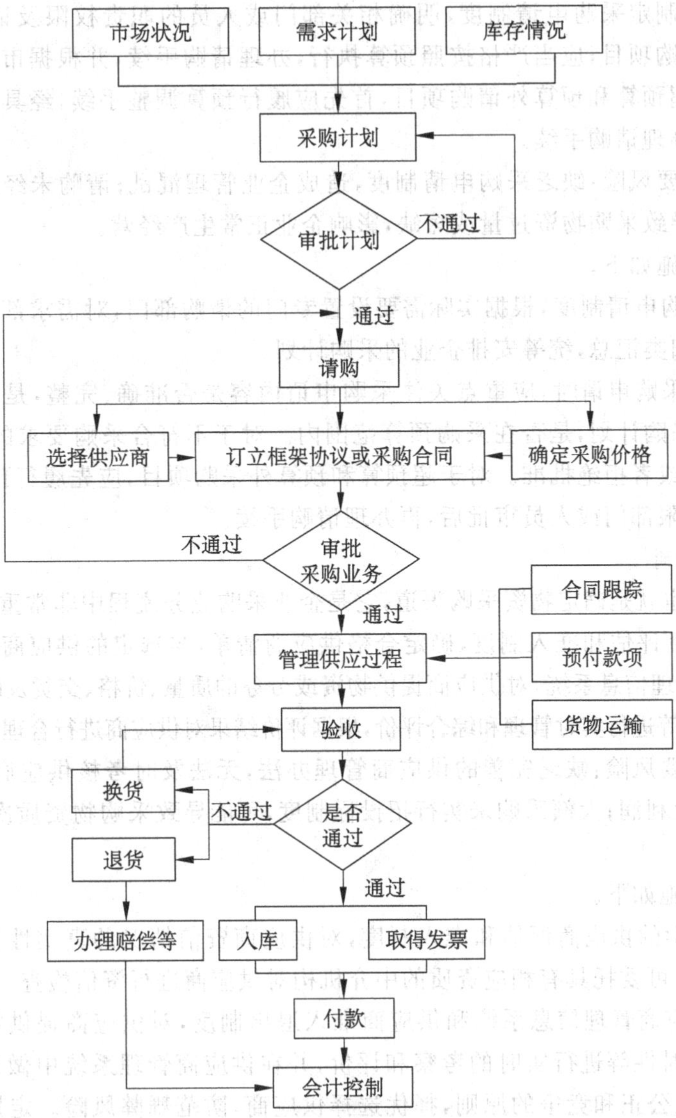

图 4-1 采购业务流程

主要管控措施如下。

(1) 生产经营部门应根据实际需求情况，准确及时地编制需求计划。需求部门提出需求计划时，不能指定或变相指定供应商。对独家代理、专有、专利等特殊产品应提供独家、专有资料，经技术部门研讨后，再经具备审批权限的部门或人员审批。

(2) 采购计划是企业年度生产经营计划的一部分，在制订生产经营计划时，企业根据发展目标和实际需要，结合库存和物资在途情况，科学安排采购计划。

(3) 采购计划应纳入采购预算管理，经相关负责人审批后，作为企业刚性指令严格要求。

(4) 企业的采购业务应当集中，避免多头采购或分散采购，以提高采购业务效率，降低采购成本，堵塞管理漏洞。

2. 请购

请购是指企业采购部门根据采购计划和实际需要，向有关部门提出物资采购申请的过程。企业通常会制定采购申请制度，明确相关部门或人员的职责权限及请购和审批程序。对于预算内的请购项目，应当严格按照预算执行，办理请购手续，并根据市场变化提出合理采购申请；对于超预算和预算外请购项目，首先应履行预算调整手续，经具备相应审批权限部门审批后，再办理请购手续。

该环节的主要风险：缺乏采购申请制度，造成企业管理混乱；请购未经适当审批或超越授权审批，可能导致采购物资过量或短缺，影响企业正常生产经营。

主要管控措施如下。

(1) 建立采购申请制度，根据实际需要设置专门的请购部门，对需求部门提出的采购计划进行审核，并归类汇总，统筹安排企业的采购计划。

(2) 在审批采购申请时，应重点关注采购申请内容是否准确、完整，是否符合生产经营需要，是否符合采购计划，是否在采购预算范围内。对于不符合采购要求的，应要求请购部门调整请购内容或者拒绝批准。对于超预算和预算外采购项目，应先履行预算调整程序，经具备相应审批权限部门或人员审批后，再办理请购手续。

3. 选择供应商

选择供应商也就是确定物资采购渠道，它是企业采购业务流程中非常重要的环节。企业应建立合格供应商评估和准入制度，确定合格供应商清单，与选定的供应商签订质量保证协议，建立供应商管理信息系统，对供应商提供物资或劳务的质量、价格、交货及时性、供货条件及其资信、经营状况等进行实时管理和综合评价，根据评价结果对供应商进行合理选择和调整。

该环节的主要风险：缺乏完善的供应商管理办法，无法及时考核供应商，导致供应商选择不当，影响企业利润；大额采购未实行招投标制度，可能导致采购物资质次价高，甚至出现舞弊行为。

主要管控措施如下。

(1) 建立科学的供应商评估和准入制度，对供应商资信情况的真实性和合法性进行审查。必要时，企业可委托具有相应资质的中介机构对供应商进行资信检查。

(2) 建立供应商管理信息系统和供应商准入退出制度，对供应商提供物资或劳务的质量、价格、交货及时性等进行实时的考察和评价，并在供应商管理系统中做出相应记录。企业应当按照公平、公正和竞争的原则，择优选择供应商，防范舞弊风险。定期对供应商进行考核，根据考核结果，提出供应商淘汰和更换的名单，对供应商进行合理选择和调整。

4. 确定采购价格

企业有关部门通过询价、报价、谈判、核价等程序确定物资采购价格的过程。企业应当建立采购物资定价机制，采取协议采购、招标采购、谈判采购、询比价采购等多种方式合理确定采购价格，最大限度地降低市场变化对企业采购价格的影响。大宗采购应当采用招标方式，合理确定招投标的范围、标准、实施程序和评标规则；一般物资或劳务等的采购可以采用询价或定向采购的方式并签订合同协议；小额零星物资或劳务等的采购可以采用直接购买等方式。

该环节的主要风险：采购定价机制不科学，采购定价方式选择不当，缺乏对重要物资品种价格的跟踪监控，引起采购价格不合理，可能造成企业资金流失；内部稽核制度不完善，采购回扣现象等造成企业损失。

主要管控措施如下。

(1) 建立采购定价机制，采取协议采购、招标采购、比价采购、动态竞价采购等多种方式，科学合理地确定采购价格，降低市场变化对采购价格的影响。

（2）分析研究大宗重要物资的市场价格变化趋势，确定采购参考价格。

（3）建立采购价格数据库，定期开展重要物资的市场需求形势及价格走势商情分析并合理利用。

5．订立采购合同

采购合同是企业根据采购物品、采购数量、采购方式、采购价格、结算方式等情况与供应商签订的具有法律约束力的协议，一般适用于大宗物资采购业务和标的金额较大的物资采购业务。

该环节的主要风险：未经授权对外订立采购合同，合同对方主体资格、履约能力等未达要求，合同内容存在重大疏漏或欺诈，可能导致企业合法权益受到损害；未能根据市场情况及时调整合同内容，造成企业采购行为脱离市场供需情况。

主要管控措施如下。

（1）对拟签订采购合同的供应商进行主体资格、信用状况的风险评估，确保供应商具备履约能力。

（2）根据确定的供应商、采购方式、采购价格等情况，准确描述合同条款，明确双方权利、义务和违约责任，按照规定权限签署采购合同。

（3）采购合同的洽谈人员、订立人员和采购人员不能由一人同时担任。

6．管理供应过程

在采购过程中，企业应当建立严格的采购合同跟踪制度，科学评价供应商的供货情况，合理选择运输方式，妥善办理运输保险事宜，实时掌握物资采购供应全过程。

该环节的主要风险：缺乏对采购合同履行情况的有效跟踪，运输方式选择不合理，忽略运输过程的风险，导致物资损失或无法保证供应；未对供应商的供应过程做好记录，导致供应商过程评价缺少原始资料。

主要管控措施如下。

（1）加强采购供应过程的管理，跟踪采购合同的履行情况，对于有可能影响采购合同履行的异常情况及时采取必要措施，保证物资供应。

（2）对重要物资建立并执行合同履约过程中的巡视、点检和监造制度。

（3）选择合理的运输工具和运输方式，办理运输、投保等事宜。

（4）实行全过程的采购登记制度或信息化管理，确保采购过程的可追溯性。

7．验收

验收是指企业对采购物资入库前的品种、规格、数量、质量等相关内容进行质量检验、计量验收工作，以确保采购物资符合合同规定或者生产经营要求。物资验收要依据质量检验单、过磅单和采购计划等核对所收物资与请购单、发票账单上的品名、规格、数量、单价是否相符，检查物资有无损坏、使用性能的优劣。对验收不合格的物资要实施退货程序，办理索赔事宜。

该环节的主要风险：验收标准不明确，验收程序不规范，导致不合格品流入企业；对验收过程中的异常情况未及时处理，导致账实不符，给企业造成损失。

主要管控措施如下。

（1）严格实行不相容职务分离，物资采购人员不能同时充当物资验收和记账人员。

(2) 制定明确的采购验收标准，结合物资特性确定必检物资目录，规定此类物资出具质量检验报告方可入库。

(3) 验收人员应当根据采购合同及质量检验部门出具的质量检验证明，重点关注采购合同、发票等原始单据与采购物资的数量、质量、规格型号核对一致。对验收合格的物资，要填制入库凭证。验收时涉及技术性强的、大宗的和新特物资，还应进行专业测试，必要时可委托具有检验资质的机构或者聘请外部专家协助验收。

(4) 对于验收过程中的异常情况，及时查明原因并进行处理。对于不合格物资，依据验收结果办理有条件接收、退货、索赔等事宜。

(5) 建立退货管理制度，明确退货条件、退货程序、货物出库、退货款回收等内容。

8. 付款

支付货款是企业在对采购物资、合同、预算、相关单据凭证、审批程序等内容审核无误后，按照采购合同的规定及时向供应商办理货款支付的过程。

该环节的主要风险：付款审核不严格，付款方式不恰当，执行有偏差，退货管理不规范，可能导致企业物资、资金和信用受损。

主要管控措施如下。

(1) 严格审查采购发票的真实性、合法性和有效性，如发现异常情况，应拒绝向供应商付款，以避免资金损失。

(2) 合理选择付款方式，防范因付款方式不当而带来的法律风险，保证资金安全。

(3) 加强预付款项和定金的管理，减少资金占用，规避款项不可回收的风险。涉及大额或长期的预付款项，应当定期进行追踪核查，综合分析预付账款的期限、占用款项的合理性、不可收回风险等情况，发现有疑问的预付款项，应当及时采取措施。

9. 会计控制

会计控制是利用会计系统和会计方法对企业所发生的采购业务实施确认、记录、归集、付款、核算、对账、报告等系统控制措施。企业应当详细记录采购业务各环节的记录，确保会计记录、采购记录与仓储记录核对一致。

该环节的主要风险：会计记录与采购记录、仓储记录不一致，不能真实反映采购环节资金流和实物流的情况；缺乏有效的会计控制系统，导致采购物资和资金受损。

主要管控措施如下。

(1) 应按照国家统一的会计准则，对采购业务进行准确的会计核算与账务处理，要通过相应的会计账户准确进行物资采购核算和货款支付等业务活动。

(2) 财会部门要妥善保管采购业务的合同、协议、验收证明、入库凭证、退货情况、商业票据、购货发票、付款凭证等文件资料，登记造册、专人负责、妥善保管，以备查用。

采购业务内部控制

(3) 企业应当加强对购买、验收、付款业务的会计系统控制，详细记录供应商情况、请购申请、采购合同、采购通知、验收证明、入库凭证、商业票据、款项支付等情况，确保会计记录、采购记录与仓储记录核对一致。

(4) 企业应当指定专人通过函证等方式，定期与供应商核对应付账款、应付票据、预付账款等往来款项。

本章小结

本章详细分析了采购的含义、采购业务的内部控制的总体要求、业务流程、采购业务主要风险与控制措施等内容。

能力训练

一、单选题

1. 单位对于重要的采购与付款业务，应当组织专家进行可行性论证，由(　　)审批。

A. 董事长　　B. 总经理
C. 企业领导集体决策　　D. 负责采购的副总经理

2. 整个采购的关键控制环节是(　　)。

A. 采购预算　B. 采购作业　C. 采购验收　D. 采购付款及记录

3. 企业所有采购申请书必须先由(　　)签名批准。

A. 董事长　　B. 总经理
C. 负责采购的副总经理　　D. 部门主管

4. (　　)是采购决策的最关键环节，也是最终确定供应商，签订采购合同的依据。

A. 采购方式的选择　　B. 供应商的选择
C. 验收程序　　D. 价格谈判

5. 企业财会部门有验收报告而未有发票的采购项目，应(　　)。

A. 暂不入账　B. 付款时入账　C. 暂估入账　D. 按照预付金额入账

6. 企业除(　　)物资或服务外，不得安排同一机构办理采购业务全过程。

A. 小额零星　B. 大规模　C. 集中采购　D. 分批采购

7. 企业应当根据市场情况和采购计划合理选择采购方式。大宗采购应当采用(　　)，合理确定招投标的范围、标准、实施程序和评标规则。

A. 招标方式　B. 询价　C. 定向采购　D. 直接购买

8. 企业应当重视采购付款的过程控制和(　　)，发现异常情况的，应当拒绝付款，避免出现资金损失和信用受损。

A. 跟踪管理　B. 坏账管理　C. 付款方式　D. 审批程序

9. 企业可以根据实际需要设置专门的请购部门，对需求部门提出的(　　)进行审核，并进行归类汇总，统筹安排企业的采购计划。

A. 采购需求　B. 请购　C. 采购计划　D. 需求计划

10. 企业应当加强预付账款和定金的管理。涉及(　　)的预付款项，应当定期进行追踪核查，综合分析预付账款的期限、占用款项的合理性、不可收回风险等情况，发现有疑问的预付款项，应当及时采取措施。

A. 大额或长期　B. 小额或长期　C. 关联方　D. 大额或短期

二、多选题

1. 采购业务控制应围绕(　　)环节进行。

A. 采购申请　B. 合同签订　C. 验收入库　D. 货款结算

2. 以下属于请购与审批控制原则的有（　　）。

A. 计划控制原则　B. 预算控制原则　C. 政策控制原则　D. 审批控制原则

3. 企业应通过一定的选择标准确定最终供应商，对供应商评价标准包括（　　）。

A. 能否满足企业采购标的质量、数量、价格、服务等基本标准

B. 资信品质标准

C. 道德规范标准

D. 权重调整标准

4. 企业确定采购价格较常用的方法是结合使用（　　）等手段进行。

A. 询价　B. 比价　C. 议价　D. 投招标

5. 以下属于采购与付款业务流程的有（　　）。

A. 货款结算　B. 采购作业　C. 请购　D. 采购决策

6. 采购业务内部控制的基本内容包括（　　）。

A. 不相容职务分离制度　B. 订货控制制度

C. 请购单控制制度　D. 货物验收控制制度

7. 企业在付款过程中，应当严格审查采购发票的（　　）。发现虚假发票的，应查明原因，及时报告处理。

A. 真实性　B. 合法性　C. 有效性　D. 及时性

8. 企业应当建立退货管理制度，对（　　）等作出明确规定，并在与供应商签订的合同中明确退货事宜，及时收回退货货款。

A. 退货条件　B. 退货手续　C. 货物出库　D. 退货货款回收

9. 企业应当建立采购物资定价机制，采取（　　）等多种方式合理确定采购价格，最大限度地降低市场变化对企业采购价格的影响。

A. 协议采购　B. 招标采购　C. 谈判采购　D. 询比价采购

10. 具有请购权的部门对于预算内采购项目，应当严格按照预算执行进度办理请购手续，并根据市场变化提出合理采购申请。对于（　　）采购项目，应先履行预算调整程序，由具备相应审批权限的部门或人员审批后，再办理请购手续。

A. 超预算　B. 预算外　C. 预算内　D. 无预算

三、判断题

1. 企业小额零星物品或劳务采购可以采取直接购买、事后审批的方式。（　　）

2. 企业超过一定金额的采购需求，可以由领用部门自行采购。（　　）

3. 企业可以由付款审批人和付款执行人单独完成询价与确定供应商工作。（　　）

4. 企业所有的采购必须由企业管理层集体决定审批，再交予采购部门执行。（　　）

5. 企业验收部门应使用顺序连续的验收报告记录收货，对无对应采购申请表的货物进行验收。（　　）

6. 大宗采购等应当采用招投标方式确定采购价格，其他商品或劳务的采购，应当根据市场行情制定最高采购限价，并对最低采购保护价适时调整。（　　）

7. 企业应当根据生产建设进度和采购物资特性，选择合理的运输工具和运输方式，办理运输、投保等事宜。（　　）

8. 企业可委托具有相应资质的中介机构对供应商进行资信调查。（　　）

9. 验收过程中发现异常情况，负责验收的机构或人员应当立即向企业有权管理的相关机构报告，相关机构应当查明原因并及时处理。（　　）

10. 采购计划安排不合理，市场变化趋势预测不准确，造成库存短缺或积压，可能导致企业生产停滞或资源浪费。（　）

章节案例

国际酒店水晶灯饰采购案

2007 年 10 月，由某集团公司投资成立的国际酒店正式对外营业，这是一家装潢豪华、设施一流的涉外星级酒店，主打传统宁波菜和海派家常菜肴，为中外客商提供各式专业和体贴的服务。由于集团公司实力强大，社会各界知名人士到场剪彩庆祝，大批新闻媒体竞相采访报道。最让酒店感到骄傲和荣耀的是酒店大堂的豪华月亮水晶灯，使整个酒店绚丽夺目、熠熠生辉，来往宾客对此赞不绝口，称美不已。水晶灯从瑞士某珠宝公司高价购买，货款总价高达 150 万美元，这样超级豪华水晶灯不仅在全国罕见，即使是在国外，也只有少数几家五星级酒店拥有。经过媒体报道，国际酒店一举成名，当天客房入住率就达到 80%以上。

两个月后，这些高价值的水晶灯饰就出了状况。首先，失去了原来的光泽，变得灰蒙蒙的，即使用清洁布使劲擦拭都不复往日光彩；其次，部分连接的金属灯杆出现了锈斑，还有一些灯珠破裂甚至脱落。这难道就是公司王副总经理亲自组织购买的价值百万美元的高档水晶灯吗？鉴于严重的情况，公司领导责令王副总经理限期内对此事做出合理解释，并停止他一切职务。

经查实，由奥尔公司代理购入的价值不菲的水晶灯根本不是从瑞士某珠宝公司购得，而是赝品水晶灯。国际酒店在未经公开招标的情况下，即与奥尔公司签订了价值为 150 万美元的代购合同。依照合同规定，奥尔公司必须提供瑞士某著名珠宝公司出产的水晶灯，并由奥尔公司向国际酒店出具该公司的验证证明书，其中 200 万元人民币为支付给奥尔公司的代理费。交易发生后，奥尔公司并未向国际酒店出具有关水晶灯的任何品质鉴定资料。该笔交易从签订合同到验收入库再到支付货款都由王副总经理一人操纵，由于收受了奥尔公司的巨额好处费，国际酒店也始终没有同奥尔公司办理必要的查验手续。

王副总经理虽然事后受到了法律的严惩，但国际酒店却因此遭受了数千万元的巨额损失，更为严重的是酒店名誉蒙受重创，成为同行的笑柄，对于新开业的酒店而言，这是一个致命的打击。因此，为避免重大采购潜在的种种风险，企业应当针对采购计划的编制、物资的请购、订货或采购、验收入库、货款结算等各个具体环节的活动，建立完整的采购程序、方法和规范，并严格遵守执行。只有这样，才能防止错弊，保证企业经营活动的正常进行。

资料来源：http://www.tianyangtax.com/article/438.

请结合上述材料完成下列事项：

1. 学生分组，建议每组 5 人左右，注意搭配。
2. 选择组长与发言人，可以固定或轮流担任。
3. 分析讨论国际酒店水晶灯采购环节舞弊原因，形成小组案例分析报告。
4. 发言人代表本组发言，并回答教师及同学提问。

参考规范

1.《关于印发企业内部控制配套指引的通知》(财会〔2010〕11 号)。

2.《企业内部控制应用指引第 7 号——采购业务》。

第五章　资产业务控制

第一节　存货业务控制

【学习目标】

1. 理解和熟悉存货的含义。
2. 理解和熟悉存货业务的总体风险。
3. 理解和熟悉存货业务控制的总体要求。
4. 理解和掌握存货业务流程。
5. 理解和掌握存货的主要风险点与管控措施。

【思维导图】

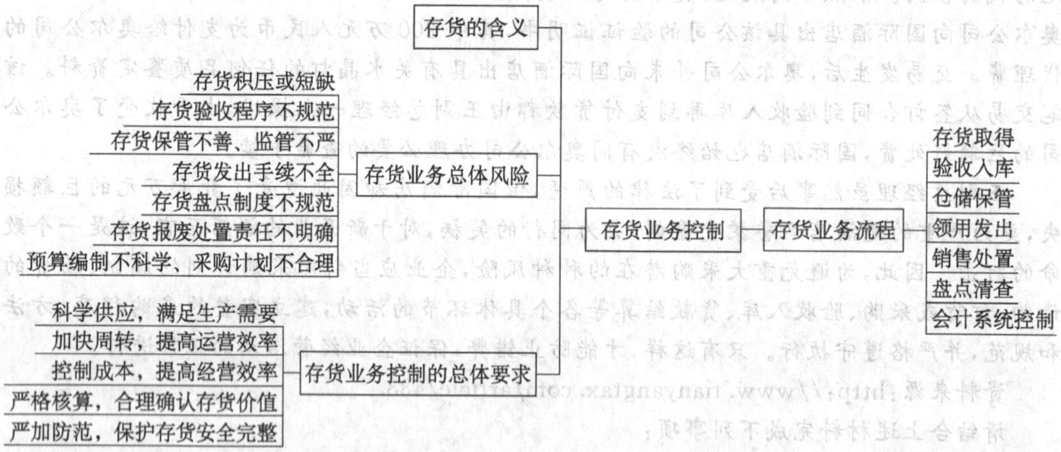

◆ **引导案例**

合信公司存货管理失控案例

资产是企业从事生产经营活动并实现其发展战略的物质基础，本身具有价值，而且能给企业、个人带来经济利益。因此，企业资产具有被偷盗、被侵占、被浪费、被减值、被毁损等风险。这些风险一旦发生，轻者造成企业经济损失，重者危害企业生产经营活动、造成人身伤亡和重大财产损失，甚至导致企业破产倒闭。

合信木制品公司是一家外资企业，从1999—2004年，每年出口创汇位居全市第三，年销售额达4 300万元左右。2005年以后，该企业的业绩逐渐下滑，亏损严重，2007年破产倒闭。这样一家中型企业,从鼎盛到衰败,原因很多,最根本原因就是内部管理混乱、经营管理失控。税务部门检查发现:该企业的产品成本、费用核算很不准确,浪费现象严重,存货的采购、验收入库、领用、保管不规范,归根结底是缺乏良好的内部控制制度。其存货管理上的问题如下。

(1) 存货采购、验收、核算严重脱节。公司董事长常年在国外,但材料采购由董事长个人负责。采购的物资到达入库后,因保管员见不到采购计划和采购合同,无法对物资进行核对验收,只能见货入库,有多少算多少。而物资采购发票往往需要几个月甚至一年以后才能到达财务部门,会计人员只好采取每月估价入账的办法核算材料数量和成本,因而造成材料成本忽高忽低,严重失真。

(2) 期末盘点由保管员自己点数,没人监盘。盘点结果与会计账簿核对不一致的,既不查找原因,也不进行处理,使存货盘点流于形式。

(3) 材料领用没有建立规范的领用制度。车间在生产中随用随领,没有计划,多领不办理退库手续;生产过程中残次料随处可见,随用随拿,浪费十分严重。

很显然,内部管理失控是合信公司倒闭的主要原因。

(1) 企业内部控制环境极差,董事长不懂内部控制或者故意为之。按照公司治理规定,董事长作为最高决策层,不能负责具体采购业务,更不能随心所欲地一人从事采购活动,在董事长眼里,采购计划、采购预算、采购合同、采购审批、采购发票都无所谓,这已经为企业的破产倒闭埋下了伏笔。

(2) 企业没有规范的内控制度,更谈不上规范的控制流程。无论是生产企业,还是流通企业,存货取得、验收入库、仓储保管、领用发出、盘点清查、销售处置是存货业务流程的共有环节,而且每个环节都有严格的控制目标和控制措施,以确保各环节之间既相互衔接配合,又相互牵制制约。然而,这一切放到本案例中却都显得风马牛不相及。

(3) 企业财务负责人的管理素质较低。在企业内部控制体系建设中,财务负责人的作用是不可忽视的。在本案例中,存货采购、入库、入账、领用、盘点、核对等环节的内部控制严重缺失,足以说明该公司财务负责人缺乏足够的管理素质和掌控能力。

资料来源:https://ishare.iask.sina.com.cn/f/32WoamexDz4.html.

思考问题:

1. 合信木制品公司存货管理在哪些环节出现了舞弊或不规范行为?

2. 企业采取哪些控制措施可以有效规避存货管理失控风险?

一、存货业务控制内容与要求

(一) 存货的含义

为了提高资产使用效能,保证资产安全,根据有关法律、法规和《企业内部控制基本规范》,制定《企业内部控制应用指引第 8 号——资产管理》,该指引所称资产,是指企业拥有或控制的存货、固定资产和无形资产。其中,存货是指企业在日常活动中持有以备出售的产成品或商品、处在生产过程中的在产品、在生产过程或提供劳务过程中耗用的材料和物料等,主

企业内部控制应用指引第 8 号——资产管理

要包括原材料、在产品、产成品、半成品、商品及周转材料等。企业代销、代管、代修、受托加工的存货，虽然所有权不归企业，也应纳入企业存货管理的范畴。

（二）存货业务的总体风险

(1) 存货积压或短缺，可能导致流动资金占用过量、存货价值贬损或生产中断。

(2) 存货验收程序不规范、标准不明确，可能导致资产损失、账实不符。

(3) 存货保管不善、监管不严，可能导致存货损坏变质、价值贬损、资源浪费。

(4) 存货发出手续不全、审核把关不严格，可能导致存货浪费或流失。

(5) 存货盘点清查制度不规范，可能导致盘点流于形式、无法查清存货真实状况。

(6) 存货报废处置责任不明确、审批不到位、存在商业贿赂等舞弊行为，可能导致企业利益受损。

(7) 预算编制不科学、采购计划不合理，可能导致存货积压或短缺，甚至导致生产经营中断。

（三）存货业务控制的总体要求

1. 科学供应，满足生产经营活动需要

不管是生产活动，还是销售活动，都需要大量的存货供应。如果存货供应在时间、品种、质量、数量上出现问题，轻者会给企业带来经济损失，严重的会造成企业停产事故、安全事故，甚至威胁到企业的持续经营和长久发展。因此，从时间、品种、质量、数量等方面保证生产经营活动的存货供应是存货控制的首要目标。

2. 加快周转，提高存货运营效率

如果存货储存不足，会影响生产和销售活动的正常进行；如果存货储备过多，会加大资金占用、降低存货运营效率，导致资金周转困难，最终影响企业的经济效益。因此，加快存货周转，提高存货运营效率是存货内部控制的重要目标。

3. 控制成本，提高经营效率和效果

存货成本的高低，不仅影响产品成本高低，也影响着产品的市场竞争力，并直接影响到企业的经营效率和效果。因此，企业应当在存货采购、保管、使用、销售、运输各环节控制存货的订购成本、采购成本、储存成本、使用成本、运输成本和销售成本，以实现提高经营效率和效果的目标。

4. 严格核算，合理确认存货价值

企业要按照企业会计准则和会计制度的规定进行存货的会计核算，要根据存货的特点及管理需要，在会计准则允许的范围内确定存货计价方法，合理确认存货价值，防止通过人为调节存货计价方法操纵当期损益。存货计价方法一经确定，未经批准，不得随意变更。

5. 严加防范，保护存货安全完整

存货具有流动性大、分布面广、形态不断转换的特性，防止存货短缺、浪费、侵占、损毁、失窃，保护存货安全完整是存货管理中的重要内容。因此，企业应当加强存货制度建设，完善存货采购、验收、保管、领用、入库、出库、盘点和核算等方面的管理制度和业务流程，防止并及时发现和纠正存货业务中的各种差错和舞弊，确保存货的安全完整。

二、存货业务流程与风险管理

（一）存货业务流程

不同类型的企业有不同的存货业务特征和管理模式，即使是同一家企业，不同类型的存货业务流程和管理模式也不尽相同。一般生产企业存货主要包括取得、验收、储存、生产和盘点等业务环节，因此存货的业务流程可分为存货取得、验收入库、仓储保管、领用发出、盘点清查、销售处置等主要环节。具体到某个特定企业存货业务流程可能会更加复杂，不仅包括上述环节，还有更多、更细致的业务流程。例如，原材料经过采购验收入库、生产领用，形成半成品，半成品入库或在生产现场保管，接着半成品领用、生产加工至产成品，产成品再入库储存保管，然后销售发出，存货在企业内部经过多次循环。还有一些企业生产经营环节简单，存货管理只包括上述业务环节的一部分。例如，商品流通企业，其存货管理通常不包括生产领用环节。此外，企业经营模式的不同也会带来存货管理业务流程的不同。例如，有些企业产品销售采用产地直发模式，存货不经过入库直接发出，存货管理的业务流程大大简化。企业存货管理的业务流程如图 5-1 所示，企业在实际开展筹资活动时，可以参照此流程，并结合自身情况予以扩充和具体化。

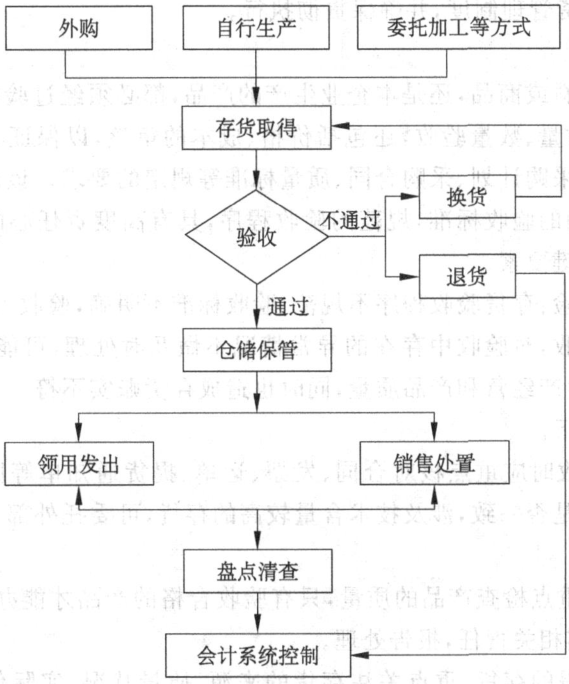

图 5-1　存货业务流程

（二）各环节的主要风险点及其管控措施

一般而言，无论是生产企业，还是商品流通企业，存货业务共有的环节主要包括存货取得、验收入库、仓储保管、领用发出、销售处置、盘点清查等，主要风险及针对性管控措施如下。

1. 存货取得

企业一般通过外购、委托加工或自行生产等多种方式取得存货。应当根据行业特点、生产经营计划、预算安排和市场因素等综合考虑，本着成本效益原则，确定不同类型存货最佳取得方式，并严格按照库存定额、采购计划、生产计划和销售计划采购、生产、委托加工各种存货。该环节是存货控制的基础环节，合理确定所需的存货数量尤为关键，既要保证生产经营活动的顺利进行，又要避免存货积压，造成资源浪费。

该环节的主要风险：采购部门没有根据已经批准的采购计划或请购单进行采购，盲目采购或采购不及时，不按实际需求安排采购或随意超计划采购，采购预算编制不科学、采购计划不合理，与企业生产经营计划不协调，采购合同管理不严格，采购审批不严，这些都有可能导致存货积压或短缺，造成供应脱档，甚至导致生产经营中断，并由此给企业带来损失。

主要管控措施如下。

(1) 实施存货预算管理，根据仓储计划、资金筹措计划、生产计划、销售计划制订科学严密的采购计划。

(2) 科学确定安全存货水平和经济采购批量，保持合理的采购间隔期和库存量。

(3) 采购申请须经具备审批权限的部门或人员审批后实施。

(4) 严格按照存货预算和各项计划采购、生产各类存货。

(5) 建立健全存货管理制度，并确保贯彻执行。

2. 验收入库

不论是外购原材料或商品，还是本企业生产的产品，都必须经过验收环节。该环节既包括计量验收，也包括质量、数量验收，还包括价格、成本的审核，以保证存货在数量、质量、价格和成本等方面符合采购计划、采购合同、质量标准等规定的要求。该环节是存货质量控制的重要环节，科学明确的验收标准，规范的验收程序，具有高度责任心的专职验收人员是存货验收入库环节的关键要素。

该环节的主要风险：存货验收程序不规范、验收标准不明确，验收人员玩忽职守，对采购材料不能严格进行验收，对验收中存在的异常情况不做及时处理，可能导致存货数量短缺、以次充好，影响企业生产经营和产品质量，同时也造成存货账实不符。

主要管控措施如下。

(1) 外购存货验收时应重点核对合同、发票、运单、提货通知单等原始单据与存货的数量、质量和规格、型号是否一致，涉及技术含量较高的存货，可委托外部专家或具备检验资质的机构验收。

(2) 自制存货应重点检查产品的质量，只有验收合格的产品才能办理入库手续；不合格产品应查明原因，落实相关责任，报告处理。

(3) 其他方式取得的存货，重点关注存货的来源、质量状况、实际价值是否符合合同或协议的约定。

(4) 建立健全存货验收入库制度，规范入库流程，入库必须附有质量检验单等凭证依据，杜绝不符合计划、合同、质量、数量要求的违规入库。入库记录真实、完整，并定期与相关部门进行核对，不得擅自修改。

3. 仓储保管

一般而言，生产企业为保证生产过程的连续性，需要对存货进行仓储保管；商品流通企业的存货从购入到销往客户之间也需要仓储保管环节。存货仓储保管基本是按定额储存、按计划储存的，根据存货不同性质和特点分门别类妥善保管，采取各项措施，确保仓储存货安全。该环节应按照存货所要求的储存条件进行储存，避免存货发生被盗、变质和毁损；对于单位价值较高的贵重物品、生产用的关键备件、精密仪器和危险品要严格按照储存条件和审批制度进行存储和保管。

该环节的主要风险：仓储保管方法不适当、监管不严密，其他部门人员接触存货时，未履行特别授权；对于贵重物品、危险品和需保密的物品，没有制定严格的接触限制条件，可能导致存货损坏变质、丢失、被盗、价值贬损，从而带来企业资源浪费。

主要管控措施如下。

(1) 建立存货管理岗位责任制，切实做到不相容岗位相互分离、制约和监督。

(2) 非仓储保管人员，未经授权不得接触存货。

(3) 加强存货出、入库管理，存货在不同的仓库间流动、由生产车间直接发至客户、采购后直接发至使用现场的存货，均需采取适当办法办理出、入库手续。

(4) 严格控制库存定额，及时处理超储物资。

(5) 采用妥善的方法，按照仓储物资所要求的条件进行储存，建立健全防火、防盗、防鼠、防潮和防质变等措施。贵重物品、精密仪器和危险品的仓储，实行严格的审批制度。

(6) 每日巡查，定期巡检，对入库存货建立明细账，详细登记存货的类别、编号、名称、规格型号、数量等内容，并定期与财务部门对存货的品种、数量、金额进行核对。

(7) 加强存货投保，降低存货意外损失风险。

(8) 落实安全责任，杜绝安全责任事故。

4. 领用发出

由于存货的性质、价值、用途、用量不同，企业在存货的领用出库规定上会有所不同，领用人员和保管员都必须严格遵守相关规定，确保存货发出的准确无误。该环节是保证存货数量准确无误的关键环节，因此需要严格执行存货领用发出的授权审批制度，财会部门、生产部门、销售部门和仓储部门经常性的账实核对、账证核对、账表核对、账账核对等日常核对工作是保证此环节顺利进行的必要手段。

该环节的主要风险：存货领用发出手续不完备、审核把关不严格，超限额领用、大批商品、贵重物品、危险品领用没有特别授权，可能导致存货浪费或流失。

主要管控措施如下。

(1) 建立健全存货出库制度，明确存货发出和领用的审批权限，加强存货出库手续、领用记录的管理，规范出库流程。

(2) 建立定额限额领料等存货领用制度，超出领料限额的，应当经过特别授权。

(3) 实行存货领用、发出人员定职定责管理，认真审核领料单和发货通知单的内容，当面核对，点清交付，单据齐全，并序时登记出库记录。

(4) 仓储部门、财务等与有关部门定期核对凭证和账目，避免已入库存货未入账或已发出存货未出账的情形。

5. 销售处置

销售处置是指存货退出企业生产经营活动的环节，包括商品和产成品的正常对外销售以及存货因变质、毁损等原因进行的变价处理，经过此环节，存货一般会退出企业生产经营活动，商品资金转化为货币资金。

该环节的主要风险：未准确掌握各种存货的储存状况，未及时处置积压、变质和毁损存货，可能导致存货在保管环节发生价值损失；因为存货报废处置责任不明确、审批不到位、存在商业贿赂等舞弊行为，导致企业利益受损。

主要管控措施如下。

(1) 严格执行存货销售业务控制制度，确保销售目标实现。

(2) 盘盈、盘亏、毁损、闲置及需要报废的存货，及时查明原因、追究相关责任人责任，按照规定权限批准后处置。

6. 盘点清查

存货盘点清查是存货管理的重要内容，通过盘点清查，一方面要核对存货的实物数量，核实账账相符、账实相符情况；另一方面要关注存货的保存质量，看其是否有减值、损坏、过期变质情况。另外，还要摸清存货有无超储、积压和报废情况。盘点清查一般采取定期与不定期相结合的方式，年度终了必须开展全面的存货盘点清查，并将盘点清查结果形成书面报告，分析盘盈、盘亏的原因，提出处理意见，经相关部门审批后进行会计处理。

该环节的主要风险：因为盘点清查制度不完善、清查计划不可行，可能导致盘点工作流于形式、无法查清存货真实状况。

主要管控措施如下。

(1) 建立健全存货盘点清查制度，明确盘点周期、盘点流程、盘点方法，实行定期盘点与不定期抽查盘点相结合。

(2) 制订详细的盘点计划，安排相关人员使用科学方法进行盘点，保证盘点的真实性和有效性。

(3) 根据盘点清查结果及时编制盘点报告明细表，对盘点过程中发现的账实不符的情况详细记录，相关人员签字进行确认。

(4) 分析盘盈、盘亏的原因，提出处理意见，及时处理盘点清查中发现的问题，落实盘点清查工作责任制。

(5) 年度终了实行全面盘点清查，确保账账、账实、账证相符。

7. 会计系统控制

财会部门要根据企业会计准则的规定，结合本企业的实际情况和存货管理要求，制定本企业的存货核算制度，明确存货计价方法，对存货的取得、保管、领用、销售等环节进行准确的会计核算，和仓储保管人员进行经常性的账实核对工作，以保证账实相符、账账相符。

该环节的主要风险：会计记录和处理不及时、不准确，不能正确核算各类存货采购成本、生产成本和销售成本；不能正确地进行会计账务处理，真实反映企业存货状况，为存货管理专项评估和综合分析提供依据；未进行经常性的账实核对工作，导致账实不符、账账不符，不能明确相关责任人的责任。

主要管控措施如下。

(1) 财会部门应当安排专人负责存货核算工作，对存货业务的采购申请、采购合同、采购通知、验收证明、发票、出入库凭证、退货情况、商业票据、款项支付等凭证资料登记严格审核、妥善保管，以备查用。

(2) 按照企业会计准则和会计制度的要求，对存货的取得、保管、领用、销售等环节进行准确的会计核算，正确核算各类存货采购成本、生产成本和销售成本，为存货管理专项评估和综合分析，及时发现存货管理薄弱环节，优化存货管理提供依据。

(3) 建立健全存货账目核对和财产盘点清查制度，会计人员每月和仓储保管人员进行经常性的账实核对工作，保证账实相符、账账相符；年度终了对存货进行一次全面盘点，就存货品种、数量、金额等进行核对。

(4) 按照会计准则的要求，合理计提存货跌价准备，及时准确地进行会计账务处理，真实反映企业存货状况。

存货的采购流程和风险控制

本节小结

本节详细分析了存货业务主要风险与管理控制，阐述了存货的含义、业务流程、风险与措施等内容。

能力训练

一、单选题

1. 存货发出记录保管部门需要定期与(　　)部门核对。

A. 生产　　B. 采购　　C. 财务　　D. 管理

2. 审批人应当根据存货授权审批准度规定在授权范围内进行审批，不得超越审批权限。经办人应当在职责范围内，按照审批人的批准意见办理存货业务，属于(　　)的控制活动。

A. 授权控制　　B. 不相容职务分离控制

C. 会计记录控制　　D. 资产保护控制

3. 企业应当建立存货管理岗位责任制，明确内部相关部门和岗位的职责权限，切实做到(　　)相互分离、制约和监督。

A. 不相容岗位　　B. 专人专岗　　C. 一人多岗　　D. 一岗多人

4. 存货采购申请应由(　　)部门提出。

A. 生产需求　　B. 采购　　C. 财务　　D. 管理

5. 委托生产的存货，应根据生产请求编制计划书，委托生产计划应经过相关授权的人员进行审核，审核包括计划的有效性、(　　)等内容。

A. 成本收益性　　B. 可行性　　C. 符合性　　D. 相关性

6. 销售退货增加的存货，由(　　)根据验收情况编制退货接收报告，报告应包括所退货物的品种、名称、客户的名称等，并交由相关的主管部门进行审核。

A. 财务部门　　B. 销售部门　　C. 接受部门　　D. 仓储部门

7. 仓储部门应当定期对存货进行检查，重视(　　)的材料、低值易耗品、半成品等物资的管理控制，防止浪费、被盗和流失。

A. 仓库　　B. 生产现场　　C. 运输环节　　D. 销售环节

8. 根据《企业内部控制应用指引第8号——资产管理》的要求，下列关于存货内部控制的说法中不正确的是(　　)。

A. 外购存货的验收，应当重点关注合同、发票等原始单据与存货的数量、质量、规格

等核对一致

B. 自制存货的验收，应当重点关注产品质量

C. 其他方式取得存货的验收，应当重点关注存货来源、质量状况、实际价值是否符合有关合同或协议的约定

D. 存货在不同仓库之间流动时无须办理出入库手续

9. 企业内部除存货管理、监督部门及仓储人员外，其他部门和人员接触存货，应当经过相关部门（　　）。

A. 特别授权　　B. 一般授权　　C. 特别审批　　D. 一般审批

10. 企业应当根据各种存货采购间隔期和当前库存，综合考虑企业生产经营计划、市场供求等因素，充分利用信息系统，合理确定存货采购日期和数量，确保存货处于（　　）。

A. 最佳库存状态　　B. 最低库存状态

C. 不缺货状态　　D. 最高库存状态

二、多选题

1. 企业内部除存货管理部门及仓储人员外，其余部门和人员接触存货时，应由相关部门特别授权，体现了（　　）控制活动。

A. 授权控制　　B. 会计记录控制　　C. 财产保护控制　　D. 定期轮岗控制

2. 存货业务的不相容岗位主要包括（　　）。

A. 请购与审批　　B. 采购与验收、付款

C. 保管与相关会计记录　　D. 发出的申请与审批

3. 企业应当建立存货盘点清查制度，结合本企业实际情况确定盘点周期、盘点流程等相关内容，核查存货数量，及时发现存货减值迹象。企业至少应当于每年年度终了开展（　　），盘点清查结果应当形成（　　）。

A. 全面盘点清查　　B. 书面报告　　C. 口头报告　　D. 不定期盘点

4. 企业应当建立存货保管制度，定期对存货进行检查，重点关注下列事项（　　）。

A. 存货在不同仓库之间流动时应办理出入库手续

B. 应按仓储物资所要求的储存条件贮存，并健全管理规范

C. 加强生产现场物资管理，防止浪费、被盗和流失

D. 对代管、代销、暂存、受托加工的存货，应单独存放和记录

5. 企业仓储部门应当详细记录存货（　　）情况，做到存货记录与实际库存相符，并定期与财会部门、存货管理部门进行核对。

A. 入库　　B. 出库　　C. 库存　　D. 处置

6. 盘点清查中发现的（　　）以及需要报废的存货，应当查明原因、落实并追究责任，按照规定权限批准后处置。

A. 存货盘盈　　B. 存货盘亏　　C. 存货毁损　　D. 存货闲置

7. 企业应当重视存货验收工作，规范存货验收程序和方法，对入库存货的（　　）等方面进行查验，验收无误方可入库。

A. 数量　　B. 质量　　C. 技术规格　　D. 单价

8. 外购存货的验收，应当重点关注合同、发票等原始单据与存货的数量、质量、规格等核对一致。涉及技术含量较高的货物，必要时可委托具有检验资质的（　　）或聘请（　　）

协助验收。

A. 机构　B. 外部专家　C. 企业专家　D. 专业人员

9. 自制存货的验收，应当重点关注产品质量，通过检验合格的半成品、产成品才能办理入库手续，不合格品应及时(　　)。

A. 查明原因　B. 落实责任　C. 报告处理　D. 审查批准

10. 企业应当采用先进的存货管理技术和方法，规范存货管理流程，明确存货取得、原料加工、(　　)等环节的管理要求，充分利用信息系统，强化会计、出入库等相关记录，确保存货管理全过程的风险得到有效控制。

A. 验收入库　B. 仓储保管　C. 领用发出　D. 盘点处置

三、判断题

1. 盘点清查中发现的存货盘盈、盘亏、毁损、闲置以及需要报废的存货，应当查明原因、落实并追究责任，按照规定权限批准后处置。(　　)

2. 企业仓储部门应当详细记录存货入库、出库及库存情况，做到存货记录与实际库存相符，并定期与财会部门、存货管理部门进行核对。(　　)

3. 存货在不同仓库之间流动时应当办理出入库手续。(　　)

4. 对代管、代销、暂存、受托加工的存货，应单独存放和记录，避免与本单位存货混淆。(　　)

5. 企业应当根据各种存货采购间隔期和当前库存，综合考虑企业生产经营计划、市场供求等因素，充分利用信息系统，合理确定存货采购日期和数量，确保存货处于最佳库存状态。(　　)

6. 企业应当建立存货盘点清查制度，结合本企业实际情况确定盘点周期、盘点流程等相关内容，核查存货数量，及时发现存货减值迹象。(　　)

7. 由存货实物管理的人员根据盘点情况清查存货盘盈、盘亏产生的原因，并编制存货盘点报告。(　　)

8. 企业应当建立存货管理岗位责任制，明确内部相关部门和岗位的职责权限，切实做到不相容岗位相互分离、制约和监督。(　　)

9. 企业至少应当于每年年度终了开展全面盘点清查，盘点清查结果应当形成书面报告。(　　)

10. 结合企业实际情况，加强存货的保险投保，保证存货安全，合理降低存货意外损失风险。(　　)

章节案例

ABC公司存货案例

ABC公司是工程机械行业的大型企业，存货占其总资产的比重为40%左右，加强存货管理是公司提高资产运营效率的主要途径。存货主要分为原材料、在产品、产成品三大类。产成品占比较高，并呈上升趋势，主要是业内竞争加剧和备货增加，原材料和在产品占比逐年下降。公司采用事业部制组织结构，对存货实行分级管理，通过制度规范存货的业务操作流程，明确各事业部、各资产管理单位的权责范围，以提高存货质量，规避“存货负债”风险。

(1) 存货流程制度。公司制定了《存货内控制度》《资产管理制度》《物资出入库管理制度》《仓储外来人员管理规定》《财产清查制度》等，以制度规范存货流程，以流程指导存货业务操作。

(2) 存货责任主体。公司存货管理的责任主体有销售部、财务部、采购部、物流部和各分厂。采购部负责原材料采购，销售部负责产成品管理，物流部负责材料收、发、存，各生产厂负责在产品管理。各主体之间是一个有机的系统，在存货决策业务方面相互配合与协同。

(3) 存货管理工具。ABC公司从2002年开始实行先进的信息化管理。ERP信息平台的搭建，极大地加快了信息处理速度，提高了存货周转率。为进一步提高信息化管理水平，实现财务与业务的无缝对接，公司正在实施SAP信息化系统。

(4) 存货管理方法。ABC公司对有储存期限的存货采取先进先出法计价，对大额材料推行"零存货"管理。各存货管理单位每月进行实地盘点，财务部门每年组织两次全面存货清点。每季末由财务负责人牵头召开资产分析会，按存货类别对存货账龄、储存状态、周转速度、积压原因等进行详尽的分析，找出存货管理存在的问题，提出相应的改进措施。

(5) 存货跌价准备的确认标准及计提方法。公司于每年中期期末及年度终了，在存货全面盘点基础上，对遭受损失、全部或部分陈旧过时或销售价格低于成本的存货，采用成本与可变现净值孰低计量，按照可变现净值低于成本的差额计提存货跌价准备，计入当期损益。公司产成品(整机)按单个存货项目计提跌价准备，其他存货按照类别计提存货跌价准备。

资料来源：傅胜，池国华．企业内部控制规范指引操作案例点评[M]．北京：北京大学出版社，2011：126.

请结合上述材料完成下列事项：

1. 学生分组，建议每组5人左右，注意搭配。
2. 选择组长与发言人，可以固定或轮流担任。
3. 分析讨论ABC公司存货内控存在的问题，形成小组案例分析报告。
4. 发言人代表本组发言，并回答教师及同学提问。

参考规范

1.《关于印发企业内部控制配套指引的通知》(财会〔2010〕11号)。
2.《企业内部控制应用指引第8号——资产管理》。

第二节 固定资产业务控制

【学习目标】

1. 理解和熟悉固定资产的含义。
2. 理解和熟悉固定资产的总体风险。
3. 理解和熟悉固定资产控制的总体要求。
4. 理解和掌握固定资产业务流程。
5. 理解和掌握固定资产的主要风险点与管控措施。

【思维导图】

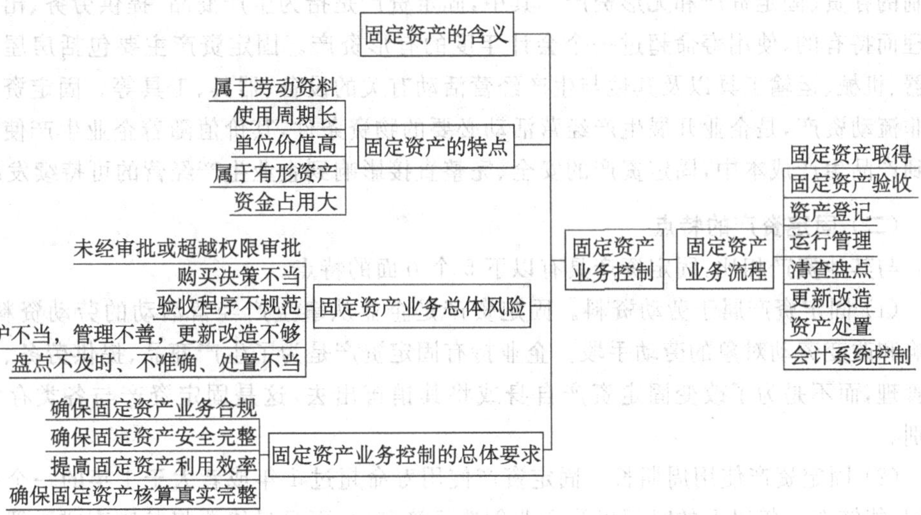

◆ 引导案例

鑫源公司案例

鑫源公司是从家庭作坊发展起来的大型民营企业，主要生产机械铸造产品。董事长擅长经营与管理，为了防范资产流失，制定了严格的物资出入厂制度，员工如有偷窃行为，一经发现，立即送交公安机关处置。

然而，公司的固定资产总是账实不符，每到年底清查盘点，盘盈、盘亏、毁损比比皆是，换了几任财务总监也无济于事。董事长聘请了一个管理专家帮助会诊，管理专家经过调研发现鑫源公司固定资产管理存在以下问题。

(1) 固定资产重购置、轻管理。固定资产购置都是由董事长亲自决策，并安排专门部门进行采购或建造。但是，固定资产投入使用后就放松了监督管理，只是在大门口严加盘查，平常的使用、转移、调拨则无人管理。

(2) 固定资产的会计核算与实物管理严重脱节。财务部门设有一个固定资产核算岗位，只是照凭证记账、按月计提折旧，年末根据清查盘点结果处理盘盈盘亏。缺乏日常管理措施，公司下设的五个分厂也没有建立固定资产台账和卡片。

(3) 造成固定资产盘盈、盘亏的主要原因。一是分厂之间设备经常调动，只要董事长或总经理一句话，设备就可以搬家。因此，造成有的分厂固定资产盘盈，有的盘亏；二是分厂固定资产有很多是模具和周转箱，不仅流动性大，而且经常需要更新，分厂操作工人为了降低原料消耗，提高出铁率，就将这些报废的模具和周转箱直接化成铁水，变成了一个个铸件产品。

资料来源：https://www.docin.com/p-2288971773.html.

思考问题：鑫源公司固定资产内部控制存在何种问题？

一、固定资产业务控制内容与要求

（一）固定资产的含义

为了提高资产使用效能，保证资产安全，根据有关法律、法规和《企业内部控制基本规范》，制定《企业内部控制应用指引第8号——资产管理》，该指引所称资产，是指企业拥有或控制的存货、固定资产和无形资产。其中，固定资产是指为生产商品、提供劳务、出租或经营管理而持有的，使用寿命超过一个会计年度的有形资产。固定资产主要包括房屋、建筑物、机器、机械、运输工具以及其他与生产经营活动有关的设备、器具、工具等。固定资产是企业的非流动资产，是企业开展生产经营活动必要的物资条件，其价值随着企业生产使用逐渐转移到产品生产成本中，固定资产的安全、完整直接影响到企业生产经营的可持续发展。

（二）固定资产的特点

与其他资产相比，固定资产具有以下5个方面的特点。

(1) 固定资产属于劳动资料。固定资产是企业从事生产经营活动的劳动资料，是用来影响和改变劳动对象的劳动手段。企业持有固定资产是为了生产商品、提供劳务、出租或经营管理，而不是为了改变固定资产自身或将其销售出去，这是固定资产与各类存货的本质区别。

(2) 固定资产使用周期长。固定资产使用寿命超过1年或者大于1年的一个生产经营周期，能够在一年以上的时间里为企业创造经济利益，而且最终要将其废弃或重置。企业为了获得固定资产并把它投入生产经营活动所发生的支出，属于资本性支出而非收益性支出，这是固定资产支出与流动资产支出的重要区别。

(3) 固定资产单位价值高。从性质上讲，计算器、电话机、订书机等也属于劳动资料，如果将其作为固定资产来管理，会大大增加固定资产管理难度。因此，根据企业经营规模大小、固定资产性质和管理要求，企业一般都要给各类固定资产制定一个单位价值标准，只有达到这个价值标准的才能作为固定资产来管理，这是固定资产与低值易耗品的重要区别。

(4) 固定资产属于有形资产。固定资产一般表现为房屋建筑物、机器、机械、运输工具以及其他与生产经营有关的设备、器具、工具等。固定资产具有实物形态，这是固定资产与无形资产，以及有关债权的本质区别。

(5) 固定资产资金占用大。现代企业需要现代化的劳动资料，随着生产技术和科技水平的快速发展，越来越多的传统手工业、半手工业被机械化所取代，而且传统机械化也越来越多向设备自动化、智能化发展。固定资产的这一特征表明固定资产控制是企业内部控制的重要内容。

（三）固定资产业务总体风险

(1) 固定资产业务未经审批或超越权限审批，导致重大差错、舞弊和资产流失。

(2) 固定资产购买决策不当，不符合企业发展战略，投资规模超出企业实际生产经营需要和筹资能力，造成企业资源浪费。

(3) 固定资产验收程序不规范，导致不合格资产进入企业，造成资产损失浪费。

(4) 固定资产使用维护不当，管理不善，更新改造不够，造成资产使用效率低下或资产损失。

(5) 固定资产盘点不及时、不准确、处置不当，可能造成资产损失和利益受损。

（四）固定资产控制的总体要求

1. 确保固定资产业务合规

固定资产内部控制的首要目标就是要保证取得、使用维护、更新改造、报废处置等各个环节的固定资产业务活动符合国家法律、法规，符合企业制定的固定资产管理制度和业务流程。

2. 确保固定资产安全完整

固定资产易受到侵占、盗窃、破坏、流失、使用不当、保护不良等损害，一旦遭受损害，将影响某个环节或者整个企业生产经营活动，给企业造成的经济损失将远远超过一般的流动资产。因此，企业应当采取有效措施保护固定资产的安全完整。

3. 提高固定资产利用效率

固定资产利用效率是指固定资产利用的有效性和充分性，固定资产利用效率的高低、效果的好坏与企业经济效益息息相关，企业应当合理配置固定资产的种类与数量，及时处置闲置固定资产，加强日常维修与保养，保证完好状态，努力提高固定资产利用效率。

4. 确保固定资产核算真实完整

固定资产核算涉及固定资产增减、清查盘点、盘盈盘亏、计提折旧和资产减值等会计业务，企业应当制定科学规范的固定资产核算制度，严格划分资本性支出与收益性支出，正确提取折旧，定期进行减值测试和盘点，确保账账相符、账实相符、会计信息真实完整。

二、固定资产业务流程与风险管理

（一）固定资产业务流程

固定资产管理是一项复杂的经营管理工作，通常包括固定资产取得、验收移交、日常维护、更新改造和报废处置等业务环节，涉及的部门主要包括基建部门、财务部门、后勤部门等。为了保证固定资产安全、完整、高效运行，这些部门需要共同参与管理，配备工作责任心强、业务素质高的专职人员，并根据固定资产的特点，设计合理的业务流程，查找管理的薄弱环节，健全全面风险管控措施。企业固定资产管理的业务流程如图 5-2 所示，该流程具有通用性，企业可以参照此流程，并结合自身情况予以扩充和具体化。

（二）各环节的主要风险点及管控措施

固定资产是企业资产的重要组成部分，是企业开展生产经营必不可少的物质基础，也是企业赖以生存和发展的重要物质资源。固定资产管理可以提高企业资产的利用率，防止固定资产流失，维护公司资产的安全和完整，使固定资产的效能达到最大化，企业固定资产管理的主要风险点及管控措施包括以下几个方面。

1. 固定资产取得

企业一般通过外购、自行建造、非货币性资产交换换入等方式取得固定资产。企业应当根据行业特点、发展规划、投资计划、预算安排和市场因素等综合考虑，认真进行固定资产项目的可行性研究，做好固定资产投资决策，确定不同类型固定资产取得的最佳方式。

该环节的主要风险：新增固定资产计划不周、预算不当，不符合企业的发展战略，投资规模超过企业实际生产需求和筹资能力，盲目上马，仓促采购，存在固定资产重复购置、产能过剩，影响固定资产正常运行和效能发挥；对供应商没有进行有效评价，缺乏监督，投资可行性分析不足，容易导致较大的投资损失和资源浪费；固定资产取得方式不当，采用预付款方式采购时，对预付款的使用范围和跟踪核查缺乏详细规定，导致预付款资金占用时间超出合理范围，也不利于及时取得相应凭据进行会计账务处理。

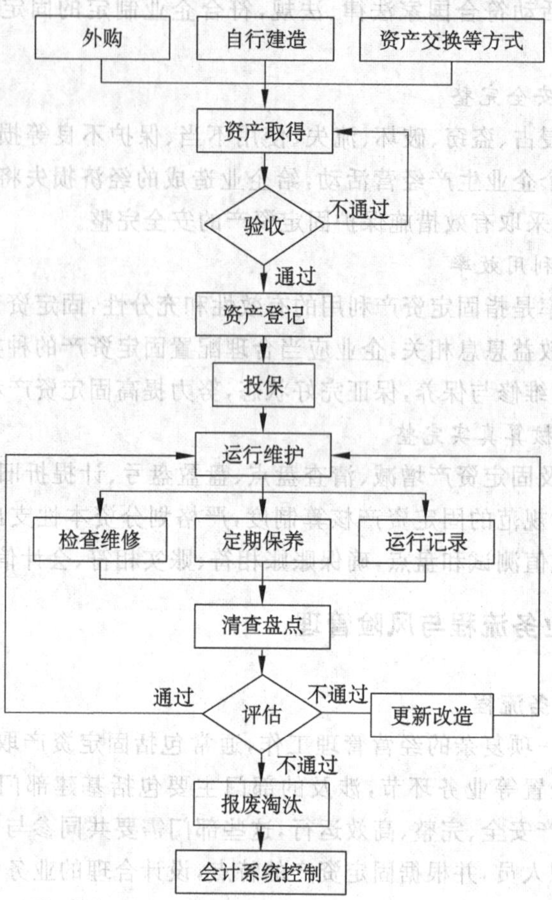

图 5-2 固定资产业务流程

主要管控措施如下。

(1) 重大固定资产投资应根据企业生产经营目标和发展战略拟定，考虑聘请专业机构或专业人士进行可行性研究，实行集体决策和审批，避免决策失误导致资产损失。

(2) 建立固定资产预算管理制度，预算内固定资产投资项目按照规定程序进行审批，预算外固定资产投资项目应先提出申请，经审批后严格按照预算取得固定资产。

(3) 建立固定资产采购管理办法，明确请购、审批等相关部门人员的权限与职责，通过正规渠道、采取合法方式取得固定资产。

(4) 重大固定资产采购应通过招标方式进行，成立由工程部、审计部、财务部等部门人员和专家组成的招标工作小组，对招标项目进行论证，并公开招标。

2. 固定资产验收

通过各种渠道取得或建造的固定资产在交付使用前要严格检查验收，确保固定资产的种类、数量、质量、性能符合使用要求。外购固定资产应当根据合同协议、供应商发货单等对所购固定资产的品种、规格、数量、质量、技术要求及其他内容进行验收；自行建造固定资产应由制造部门、固定资产管理部门、使用部门共同填制固定资产移交使用验收单，验收合格后移交使用部门投入使用；对投资者投入、接受捐赠、债务重组、企业合并、非货币性资产交换、企业无偿划拨转入以及其他方式取得的固定资产均应办理相应的验收手续。房屋建筑物、生产设备、运输工具、办公家具、工具器具等不同类型的固定资产有不同的验收程序和验收标准，即使是同一类资产，也会因其标准化程度、技术难度等不同而对验收工作提出不同要求。通常，办公家具、计算机等标准化程度较高的固定资产验收程序也较简单，而复杂的生产设备、高精仪器设备因技术含量较高，对验收工作的规范性提出了较高要求。该环节是保证固定资产质量的关键环节，验收程序不规范，有可能导致资产质量不过关，为企业未来的生产经营活动顺利开展埋下隐患。

该环节的主要风险：固定资产验收人员选择不当，达不到技术要求，验收程序不规范，可能导致新增固定资产质量、性能不符合企业生产经营活动要求。

主要管控措施如下。

(1) 建立规范的固定资产交付使用验收制度，外购的固定资产根据合同、发货单对固定资产的品种、规格、质量、数量和技术要求等进行验收，必要时，财务部门人员也可参与重大固定资产的验收工作。

(2) 验收合格的固定资产，根据合同验收并出具验收单，自行建造的固定资产由固定资产建造部门、管理部门和使用部门共同填制固定资产交接单，并登记固定资产台账。

(3) 对投资者投入、接受捐赠、债务重组、企业合并、非货币性资产交换、无偿划拨转入的固定资产办理相应的验收手续，未通过验收一律不得接收。

(4) 加强固定资产投保工作，办理投保手续，规范投保行为，避免固定资产损失。

3. 资产登记

企业从各种渠道取得的固定资产需要纳入会计核算系统进行明细核算外，还需要进行详细登记，编制固定资产目录、对每项固定资产进行编号，登记固定资产台账和建立固定资产卡片，详细记录各项固定资产的来源、购建日期、原始价值、使用地点、责任单位和责任人，以及日常运转、维修、改造、折旧、盘点等相关内容。

该环节的主要风险：固定资产账卡登记不及时、不准确、不完整，可能导致资产流失、会计信息失真，账实不符；未及时办理固定资产保险或固定资产投保制度不健全，当自然灾害、意外事故导致固定资产发生毁损时无法得到理赔或索赔不力，从而无法防范资产损失带来的巨大生产经营风险；资产抵押不规范，可能导致资产被查封，影响企业生产经营活动的正常进行，造成资产损失；账目核对、资产清查盘点流于形式，未按规定定期组织固定资产盘点，盘点不及时、不准确、不完整，可能导致固定资产信息失真、账实不符、固定资产流失等风险。

主要管控措施如下。

(1) 实行固定资产账卡登记制度，保证资产管理部门、资产使用部门和财务部门账、卡、物一致。

(2) 编制固定资产目录、建立固定资产卡片，详细记录各项固定资产的来源、验收、使用地点、责任单位、责任人、运转、维修、改造、折旧、盘点等情况。

(3) 资产管理部门、资产使用部门和财务部门定期核对，确保固定资产账、卡、物三相符。

4. 运行管理

固定资产运行管理的内容主要包括定期检查、日常维修、定期保养、资产保险、运行记录、资产抵押等事项。搞好固定资产运行管理，是实现固定资产正常运行的基础和条件，而只有实现固定资产的正常运行，才能充分发挥固定资产的效能。该环节是保证固定资产良性运行，维护正常生产秩序的重要步骤，固定资产运行维护不当，既有可能带来资产使用效率低下，产品残次率较高，生产事故频发，也有可能因维护过剩造成资源浪费。

该环节的主要风险：因固定资产保管不善、操作不当导致固定资产丢失、被盗、损毁和发生事故；固定资产失修，导致使用效率下降，生产的产品残次率较高，产品合格率低下，导致资源浪费，严重时可能导致生产事故的发生；固定资产维护过剩，导致资源浪费；固定资产维护计划编制不当，审批不严格，可能造成维护资金滥用，造成资源浪费；固定资产长期闲置，造成固定资产毁损，失去使用价值，导致资源浪费。

主要管控措施如下。

(1) 固定资产使用和管理部门应当建立固定资产运行管理档案，详细记载固定资产的运行记录，据此编制固定资产日常修理和大修计划，并经过授权审批。

(2) 关键设备必须由专业技术人员操作，编制固定资产使用规范和操作手册，实行操作人员岗前培训，特殊设备操作应持证上岗，同时严格按照使用流程和操作流程实时监控资产运转。

(3) 加强设备保养维护，建立固定资产维修、保养制度，实行设备维护人员责任制。

(4) 制订固定资产年度、月度、季度维修保养计划，定期对固定资产进行检查、维修和保养，降低事故风险。

(5) 制订固定资产大修理计划，及时进行设备大修。

5. 清查盘点

固定资产在使用过程中会发生调拨、转移、流失、盘盈、盘亏、毁损等情况，所以，企业需要定期对固定资产进行清查盘点，及时发现和处理固定资产管理中存在的问题，确保会计核算系统的固定资产明细账与使用部门的固定资产台账、固定资产卡片、固定资产实物之间核对相符。通常企业至少要每年清查一次，避免固定资产丢失、毁损、账实不符或资产价值发生严重贬值。

该环节的主要风险：未按照规定对固定资产进行定期盘点，或者固定资产盘点不及时、不准确、不完整，造成固定资产流失的风险；对于盘点过程中发现的固定资产差异处理不及时、不规范，可能造成资产流失或者账实不符。

主要管控措施如下。

(1) 建立健全固定资产盘点清查制度，明确固定资产盘点范围、盘点时间、盘点程序、盘点人员及盘点差异处理等事项。

(2) 实行固定资产定期盘点与不定期抽查相结合，及时编制固定资产盘点报告，相关人员签字确认，盘点人员应分析盘点差异产生的原因、及时处理盘点差异，落实盘点清查工作责任制。

(3) 年末实行固定资产全面盘点清查，确保账账相符、账实相符和账证相符。

6. 更新改造

更新改造是指以新的固定资产替换旧的固定资产，或以新的技术装备对原有的技术装备进行升级改造。企业只有适时进行固定资产更新改造，不断提高企业的技术装备水平，才能有效提升企业的市场竞争能力，满足产品质量、产品性能、产品生产对技术装备的匹配要求，不断提高产品质量，开发新品种，降低能源消耗，保证产品生产安全环保。因此，企业应当责成专职人员定期或不定期地对固定资产的性能、状态和运行情况进行评估，及时进行固定资产的更新换代或技术改造。固定资产更新有部分更新和整体更新两种情形，部分更新通常包括局部技术改造、更换高性能部件、增加新功能等，这种更新需要在更新成本和未来产生的经济效益增量之间进行权衡，以保证综合效益最高；整体更新是指对现役的陈旧设备进行淘汰并全面升级，整体更新更注重技术水平的先进性，考虑企业未来发展的需要和企业战略的执行。该环节对于保证固定资产技术水平，提高企业核心竞争力具有重要意义。

该环节的主要风险：缺乏固定资产评估机制，固定资产更新改造不符合企业生产经营的实际需要，可能造成重复建设和资源的浪费；固定资产更新改造不够，可能导致企业设备老化、产品线落后，资产价值贬损、使用效能低下、市场竞争力丧失。

主要管控措施如下。

(1) 建立固定资产评估制度，定期对固定资产的技术先进性进行评估，结合企业发展目标和盈利水平，科学制定更新改造决策，并经过审核批准。

(2) 资产使用部门根据需要提出更新改造方案，并经过工程技术人员对更新改造进行技术论证，由财务部门进行预算分析，经过管理部门审批。

(3) 实施更新改造方案，提升装备技术水平，管理部门对更新改造实施过程进行适时监控，加强管理，对更新改造资金进行专项审计。

7. 资产处置

当固定资产因为报废、毁损、淘汰、闲置、转让、投资、置换等原因需要退出企业时，企业固定资产使用管理部门要认真履行固定资产处置审批程序，重大固定资产处置需要经过公司董事会的审查批准。此时固定资产尽管将要退出企业生产流程，仍有可能因为处置方式不合理，从而给企业造成经济损失。因此区分不同的固定资产，健全固定资产处置的相关制度，避免企业资源浪费就显得尤为重要。

该环节的主要风险：固定资产退出机制不完善，缺乏规范的固定资产淘汰处置评审决策制度，职责分工不明确，流程不清晰，或缺乏对固定资产处置的足够重视而任意处置，导致资产流失；资产处置方式不科学、不公开、不合理，企业员工为谋取私利，未经过适当申请、审批鉴定等程序，或擅自确定固定资产评估机构，或超越授权范围审批评估结果，在出售过程中收受回扣以及存在其他可能的串通舞弊和商业贿赂行为，导致固定资产处置价格过低，造成企业经济损失和有关人员经济犯罪。

主要管控措施如下。

(1) 建立并执行固定资产报废处置制度，规范处置程序，明确处置标准，严格划分审批权限，保证固定资产处置的科学性、合理性。

(2) 对于使用期满正常报废的固定资产，要及时处置，经授权部门批准后，予以报废清理，盘活资金。

(3) 对于使用期未满非正常报废的固定资产，企业应组织有关部门进行技术鉴定，重大固定资产处置，应考虑聘请中介机构进行资产评估，采取集体合议审批制度，按规定程序审批后报废处理。

(4) 确保固定资产处置过程的公开、公平和公正，防止舞弊贿赂行为发生。

8. 会计系统控制

固定资产取得、验收入库、日常管理、更新改造、清查盘点和报废处置各个环节都离不开会计系统的控制。会计核算系统要确保固定资产增加、减少和结存记录与实际情况的一致性;要依据企业会计准则和固定资产核算制度规定,合理确定折旧方法、折旧年限、净残值率和固定资产减值准备;保证固定资产的安全与完整。

该环节的主要风险:固定资产取得、验收入库、运行管理、更新改造、清查盘点和报废处置各环节会计处理不适当,可能导致企业资产账实不符或资产损失。

主要管控措施如下。

(1) 制定固定资产核算制度,确定计提折旧的固定资产范围、折旧方法、折旧年限、净残值率等折旧政策,明确固定资产减值准备核算方法,在企业内部统一固定资产的会计科目和会计政策,明确相关会计凭证、会计账簿和财务报告的处理程序与方法,实现固定资产核算有章可循、有法可依。

(2) 应当安排专人负责固定资产核算工作,对固定资产取得、验收、保管、维护、盘点清查、更新改造和处置等业务的合同、协议、发票、调拨单、盘点表、报废单等凭证资料登记严格审核、妥善保管,以备查用。

(3) 对固定资产的取得、保管、使用、维修保养、大修、更新改造、报废处置等环节进行准确的会计核算,根据取得的凭据及时进行账务处理,正确核算各类固定资产的原始价值、折旧、净值、减值准备和使用年限,以真实反映企业固定资产的状况。

(4) 建立健全固定资产账目核对和盘点清查制度,定期对固定资产进行盘点,每年至少应进行一次固定资产清查盘点,按照会计准则的要求,根据固定资产使用部门、技术部门和相关业务部门提供的资料对固定资产进行减值分析,并计提减值准备上报主管部门审批后及时进行账务处理;对盘点清查中发现的盘盈、盘亏、毁损、闲置以及需要报废的固定资产,应当查明原因,及时准确地进行盘点差异报批和会计账务处理。

本节小结

本节详细分析了固定资产主要风险与管理控制,阐述了固定资产的含义、分类、业务流程、风险与措施等内容。

能力训练

一、单选题

1. 固定资产管理的业务流程,一般包括固定资产取得、验收、账卡登记、运行管理、( )、清查盘点、资产处置和会计系统控制等环节。

A. 更新改造　　B. 维修保养　　C. 大修小修　　D. 设备升级

2. 企业应当建立固定资产清查制度,至少( )进行全面清查。对固定资产清查中发现的问题,应当查明原因,追究责任,妥善处理。

A. 每年　　B. 每季　　C. 每半年　　D. 每月

3. 企业应当加强房屋建筑物、机器设备等各类固定资产管理,重视固定资产维护和( ),不断提升固定资产使用效能,积极促进固定资产处于良好运行状态。

A. 更新改造　　B. 抵押　　C. 保养　　D. 质押

4. 企业应当建立固定资产清查制度，至少（　　）进行全面清查。

A. 每年　　B. 每季　　C. 每月　　D. 每旬

5. 企业应当严格执行固定资产投保政策，对应投保的固定资产项目按规定程序进行（　　），及时办理投保手续。

A. 审批　　B. 审核　　C. 稽核　　D. 审计

6. 企业财会部门按照国家统一的会计准则制度的规定，及时确认固定资产的购买或建造成本。这种行为属于以下控制行为（　　）。

A. 会计记录控制　　B. 资产保护控制

C. 内部稽核　　D. 定期轮岗

7. 对于企业重大固定资产处置，应采用以下（　　）方式。

A. 集体合议审批　　B. 保管部门决定

C. 管理部门决定　　D. 销售部门决定

8. 应由以下（　　）部门对当月的折旧费用，尤其是上月新增固定资产本月折旧费用以及计提了减值准备的固定资产，进行合理性复核并提出折旧和摊销分析报告。

A. 生产部门　　B. 采购部门　　C. 财务部门　　D. 管理部门

9. 企业根据固定资产的性质和特点，确定固定资产投保范围和政策。投保范围和政策应足以应对固定资产因各种原因发生损失的风险。这种行为属于以下（　　）控制行为。

A. 授权控制　　B. 不相容职务分离控制

C. 会计记录控制　　D. 资产保护控制

10. 企业应当加强固定资产处置的控制，关注固定资产处置中的（　　）和处置定价，防范资产流失。

A. 关联交易　　B. 非关联交易　　C. 担保交易　　D. 抵押交易

二、多选题

1. 企业应当严格执行固定资产（　　），定期对固定资产进行维护保养，切实消除安全隐患。

A. 日常维修　　B. 大修理计划　　C. 保险　　D. 更新改造

E. 小修理计划

2. 企业固定资产管理应当关注的风险包括（　　）。

A. 固定资产取得验收不当风险　　B. 固定资产使用维修不当风险

C. 固定资产日常管理不善风险　　D. 固定资产淘汰处置不当风险

3. 企业应当规范固定资产抵押管理，确定固定资产（　　）等。

A. 抵押程序　　B. 审批权限　　C. 抵押审批　　D. 抵押担保

4. 企业应当强化对生产线等关键设备运转的监控，严格操作流程，实行（　　）制度，确保设备安全运转。

A. 岗前培训　　B. 岗位许可　　C. 职业资格　　D. 运行监控

5. 企业应当规范固定资产抵押管理，确定固定资产（　　）。

A. 抵押程序　　B. 审批权限　　C. 资产目录　　D. 清查制度

6. 企业应当制定（　　），对每项固定资产进行编号，按照单项资产建立（　　），详细记录各项固定资产的来源、验收、使用地点、责任单位和责任人、运转、维修、改造、折旧、盘点等相关内容。

A. 固定资产目录　　B. 固定资产卡片
C. 固定资产总账　　D. 固定资产明细账

7. 企业应当根据发展战略，充分利用国家有关自主创新政策，加大技改投入，不断促进固定资产技术升级，淘汰落后设备，切实做到保持本企业固定资产技术的(　　)和企业发展的(　　)。

A. 先进性　　B. 可持续性　　C. 创新性　　D. 可行性

8. 固定资产折旧应包括(　　)。

A. 固定资产折旧范围　　B. 折旧方法
C. 折旧年限　　D. 净残值率

9. 固定资产内部控制的关键环节包括(　　)。

A. 职责分工、权限范围和审批程序应当明确规范，机构设置和人员配备应当科学合理
B. 固定资产取得依据应当充分适当，决策过程应当科学规范
C. 固定资产取得、验收、使用、维护、处置和转移等环节的控制流程应当清晰严密
D. 固定资产的确认、计量和报告应当符合国家统一的会计准则制度的规定

10. 企业应当加强房屋建筑物、机器设备等各类固定资产的管理，重视(　　)，不断提升固定资产的使用效能，积极促进固定资产处于良好运行状态。

A. 固定资产维护　　B. 更新改造
C. 固定资产报废　　D. 固定资产保险

三、判断题

1. 企业应当严格执行固定资产投保政策，对应投保的固定资产项目按规定程序进行审批，及时办理投保手续。(　　)

2. 企业应当重视和加强各项资产的投保工作，采用招标等方式确定保险人，降低资产损失风险，防范资产投保舞弊。(　　)

3. 企业应规范固定资产抵押管理，确定固定资产抵押程序和审批权限等。(　　)

4. 固定资产清查中发现的问题，应当查明原因，追究责任，妥善处理。(　　)

5. 固定资产处置由固定资产管理部门和使用部门以外的其他部门或人员办理。(　　)

6. 对于重大的固定资产投资项目，应当考虑聘请独立的中介机构或专业人士进行可行性研究与评价，并由企业实行集体决策和审批。(　　)

7. 公司应制定固定资产投保财产保险的有关制度，明确规定价值较大或风险较高的固定资产投保财产保险的相关政策和程序。(　　)

8. 对于重大的固定资产投资项目，企业可进行可行性研究与评价，并由企业实行集体决策和审批，防止出现决策失误而造成严重损失。(　　)

9. 对于尚未及时办理竣工验收手续，但已达到预定可使用状态的固定资产，及时将在建工程转为固定资产核算。(　　)

10. 固定资产抵押只有在单位确实有资金调度的需求时，经相关部门负责人授权批准，才可以与金融机构商定贷款意向，议定贷款金额及期限，进行担保贷款。(　　)

章节案例

固定资产内部控制案例

归某身为国有企业工作人员，利用职务便利，骗取国有财产 64 万元，面对法院的终审判决，被告人归某不得不吞下自己“精心隐藏”7 年的苦果，等待他的将是 15 年的牢狱生活。

50 岁的归某是原上海某技术工程公司轻纺工程部经理，2000 年 11 月，山东某公司向该公司求购精疏机一套，但当时公司没有购买此类机械的配额，头脑灵活的归某想出一个好办法，利用其他公司的配额到上海纺织总厂定购。随后，归某将本公司的 45 万余元划入上海纺织总厂。然而，2001 年年初，他代表公司到上海纺织总厂核账时发现，“纺织总厂”财务出错：把已提走的设备，当作其他公司购买，而他划入的 45 万余元却变为公司的预付款，于是，一场偷梁换柱的把戏开始上演。

2001 年 3—4 月，归某派人到“纺织总厂”以公司的名义购买混条机等价值 60 余万元的设备。因为有了 45 万余元的“预付款”，归某仅向“纺织总厂”支付了 15 万元。随后，他找到了亲戚经营的某纺织器材公司，开出了公司以 67 万元的价格购买这批设备的发票。而公司不知内情，支付了全部购货款，归某从中得到 52 万元，同年 7—10 月，归某又以相同的手段骗取得公司 11 万余元，据为己有。2001 年年底，归某终于梦想成真，开办了自己的公司——中岛纺织机械成套设备公司，并担任法定代理人。

2008 年上半年，纺织总厂发现 45 万元被骗，向公安机关报案，归某随后被捕，法院认定归某贪污公款 64 万余元，构成贪污罪，判处归某有期徒刑 15 年。

资料来源：https://wenku.baidu.com/view/582f8e59804d2b160b4ec008.html.

请结合上述材料完成下列事项：

1. 学生分组，建议每组 5 人左右，注意搭配。
2. 选择组长与发言人，可以固定或轮流担任。
3. 分析讨论公司固定资产管理的问题，形成小组案例分析报告。
4. 发言人代表本组发言，并回答教师及同学提问。

参考规范

1.《关于印发企业内部控制配套指引的通知》(财会〔2010〕11 号)。

2.《企业内部控制应用指引第 8 号——资产管理》。

第三节　无形资产业务控制

【学习目标】

1. 理解和熟悉无形资产的含义。
2. 理解和熟悉无形资产的总体风险。
3. 理解和熟悉无形资产控制的总体要求。
4. 理解和掌握无形资产业务流程。

5. 理解和掌握无形资产的主要风险点与管控措施。

【思维导图】

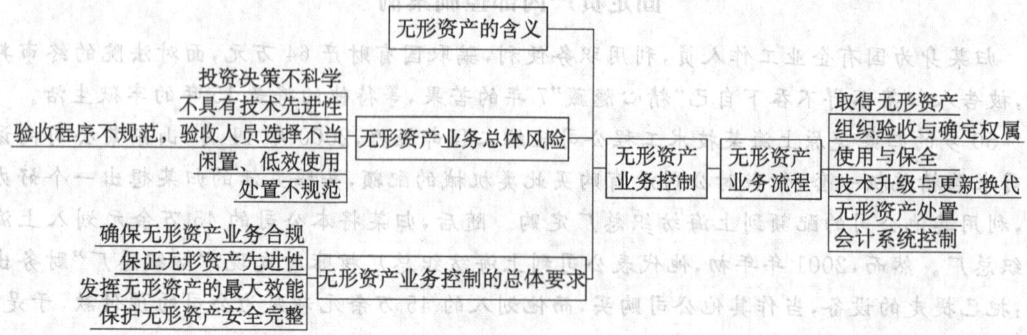

◆ **引导案例**

道化学公司案例

道化学工业公司始创于1897年，是一家在世界化工领域具有领头地位的企业，业务主要集中于基础化学品、专用工业品及专用消费品三个领域，化学品如氯化钙、镁、烧碱氯化溶剂，有Dow、Dowex、Drytech、Filmtec；塑料产品如聚苯乙烯树脂、聚苯乙烯、多聚物黏合剂等；消费用品包括杀虫剂、除莠剂等农用化学产品、药品及消费者产品等；碳氢化合物与能源，产品有烯烃、苯乙烯、芳香剂、苯等。公司的产品主要用于制药、造纸、汽车、家用物品、电子、飞机及其他工业部门。公司也直接向消费者出售诸如塑料膜、Iiploc塑料、神奇清洗剂等。

道化学公司成功的秘诀是围绕化学工业实行谨慎而开放的多样化经营战略，同时，公司也极为重视经营无形资产，通过引入知识产权动态管理模式，对无形资产的核心知识产权进行管理。知识产权动态管理模式是以企业经营战略为核心，通过有组织的、动态的知识产权管理，最大限度实现知识产权资产的价值。道化学公司从专利管理入手，将知识产权资产管理划分为计划、竞争力测评、分类、价值评估、投资和组合6个阶段。

(1) 计划是以公司整体发展战略为核心，制订专利使用与业务部门经营目标实施计划。

(2) 竞争力测评是利用“知识树图”把本企业和竞争对手的知识产权资产情况同时放到综合机会图上，对各自的竞争优势、知识产权资产覆盖范围和发展机会等指标进行综合竞争，对比评估。

(3) 分类是指以公司发展战略为核心，将所有专利经过评估划分为三种：对公司将来发展有关键作用的专利以及在新市场建立滩头堡的专利予以保留，并投入资金进行新技术的开发研究，为核心技术申请专利；对其他公司有益但对本公司意义不大的专利进行合资开发“将其作为知识产权投资或者出售”，对没有销售价值的专利予以削减或放弃，将一部分专利捐赠给大学和非营利组织，一部分专利被许可使用，一部分专利通过经纪人处理，或同其他化学公司进行交换，或任其终止。

(4) 价值评估是指确定知识产权资产的市场价值。道化学公司与咨询机构合作开发名为“技术因子法”的综合性知识产权资产评估方法，能够方便、快速地进行知识产权资产的财务评估，计算知识产权资产在企业资产总值中所占的百分比。

(5) 投资是指根据对企业知识产权状况的分析作出战略决策。加大研究开发投资，开发企业发展所需的专利，通过专利交易建立合资企业，从外部获取技术等。

(6) 组合是指公司通过加强专利的动态管理和有针对性的投资，不断减少专利数量和增强专利质量，最终提高企业竞争力。促进企业长期发展的专利组合，这种专利组合更具针对性，可以为企业创造最佳的经济效益。

道化学公司 1993 年启动对无形资产的管理策略，1994 年道化学公司专利总量即从 29 000 项降到 16 000 项，节省 800 万美元更新手续费和大约 4 000 万美元税款；而专利许可使用费从 1994 年的 2 500 万美元开始以 60%的速度增长，到 2000 年该收入数额达到 1.25 亿美元。对无形资产的有效管理，增加了公司的收入。

资料来源：傅胜，池国华. 企业内部控制规范指引操作案例点评[M]. 北京：北京大学出版社，2011：121.

思考问题：分析道化学公司的无形资产管理。

一、无形资产业务控制内容与要求

（一）无形资产的含义

为了提高资产使用效能，保证资产安全，根据有关法律法规和《企业内部控制基本规范》，制定《企业内部控制应用指引第 8 号——资产管理》，该指引所称资产，是指企业拥有或控制的存货、固定资产和无形资产。其中，无形资产是指企业拥有或者控制的没有实物形态的可辨认的非货币资产，即能够从企业中分离或者划分出来，并能够单独或者与相关合同协议、资产、负债一起用于出售、转移、授权许可、租赁或者交换的，以及源自合同协议性权利或其他法律权利的非货币性资产。

（二）无形资产业务总体风险

(1) 无形资产投资决策不科学，不符合实际经营需要，投资预算未经过规范全面的可行性分析和适当审批，可能产生重大差错、舞弊和欺诈，造成企业资源浪费。

(2) 无形资产不具有技术先进性、导致资源浪费，或存在权属不清，有可能产生法律纠纷。

(3) 无形资产验收程序不规范，验收人员选择不当，可能导致企业账实不符和资产损失。

(4) 无形资产闲置、低效使用或疏于管理，造成企业资产使用效益低下，可能导致资产损失。

(5) 无形资产处置不规范，可能导致企业资产损失或者法律诉讼风险。

（三）无形资产控制的总体要求

1. 确保无形资产业务合规

无形资产的取得、使用、保护和处置必须符合国家法律、法规和国际惯例以及企业有关无形资产管理制度的规定；防止无形资产业务中的串通舞弊、损公肥私等违法乱纪行为。

2. 保证无形资产的先进性

不管是外购无形资产，还是自行研发的无形资产，或者其他途径取得的无形资产，都必须进行鉴定验收，以保证无形资产的先进性。

3. 发挥无形资产的最大效能

企业通过使用无形资产，可以有效提升核心竞争力，给企业带来巨大的经济效益。如果无形资产使用不当或者长期闲置不用，不仅不能发挥无形资产的效能，而且其自身价值也会丧失殆尽。因此，提高无形资产使用效率，发挥无形资产的最大效能，是无形资产内部控制的重要目标。

4. 保护无形资产的安全完整

由于无形资产能够给企业带来经济效益，和其他资产一样时刻面临着泄密、侵权、侵占、毁损、诉讼等安全隐患，因此，企业需要采用恰当的应对策略，有效规避各种风险的发生，保护无形资产的安全完整。

二、无形资产业务流程与风险管理

（一）无形资产业务流程

无形资产通常包括专利权、非专利技术、商标权、著作权、特许经营权和土地使用权等，无形资产对于提高企业技术水平，提升企业创新能力并形成企业核心竞争力具有十分重要的意义。因此加强企业无形资产管理，健全无形资产的分类管理制度，保证无形资产的安全完整，提高无形资产使用效率非常重要。无形资产管理的业务流程主要包括取得无形资产、组织验收与确定权属、使用与保全、技术升级与更新换代和无形资产处置等环节。企业无形资产管理的业务流程如图 5-3 所示。

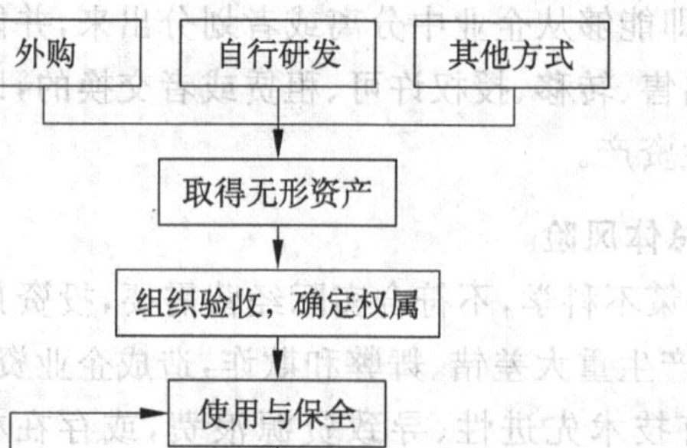

图 5-3　无形资产业务流程

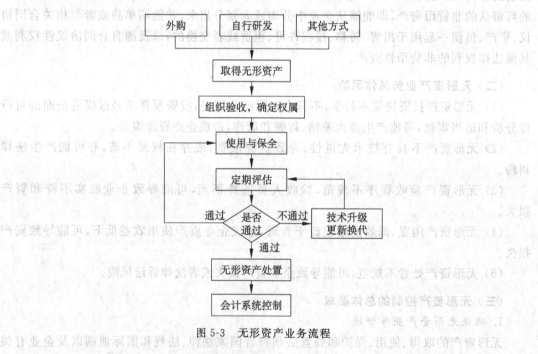

（二）各环节的主要风险点及其管控措施

无形资产是企业生存与发展的必备资源，对无形资产进行有效管理，既能促进无形资产充分发挥作用，也有利于保护无形资产安全，有利于充分发挥无形资产对提升企业创新能力和核心竞争力的作用，使企业在激烈的市场竞争中获得丰厚的回报。企业至少应当关注下列无形资产管理风险，并且采取有针对性的控制措施，避免无形资产发生减损，提高其使用效能。

1. 取得无形资产

企业的无形资产主要通过外部取得和内部自创两种方式取得。外部取得包括外购无形资产、通过非货币交易换入无形资产、投资者投入无形资产、债务重组取得无形资产、接受捐赠取得无形资产；内部自创是企业自行研究、开发取得无形资产。企业应当建立严格的无形资产交付使用验收制度，明确无形资产的权属关系，并及时办理产权登记手续。

该环节的主要风险：无形资产投资预算未经过严谨的可行性分析，不符合企业生产经营需要，投资决策制定未经集体审议，决策失误，可能导致企业资源浪费；自主研发的无形资产缺乏授权审批或超越权限审批，研发目标和计划制订不当，可能导致研发失败；无形资产不具有先进性、缺乏技术自主权，估价过高，可能导致企业资源浪费；无形资产取得方式不当，违反国家法律、法规，导致无形资产权属不清，可能产生法律纠纷，导致企业遭受法律与经济处罚、信誉受损、经济利益遭受损害。

主要管控措施如下。

(1) 应当根据企业发展战略、经营目标和资金供给情况进行无形资产投资决策，并进行严密的可行性分析和调研，重大无形资产投资应聘请独立的专业机构或专业人士进行可行性研究，并编制无形资产投资预算，按照规定程序进行审批。

(2) 外购无形资产应当建立请购与审批制度，明确请购审批权限与程序，重大无形资产的采购，应当通过招标方式进行，对非公开性的无形资产应注意采购过程中保密保全措施。

2. 组织验收与确定权属

企业无论采用哪种方式取得的无形资产，都要经过专门机构和人员的鉴定验收，确认其技术的先进性和适用性。

该环节的主要风险：无形资产验收小组成员选择不当，验收程序不规范，可能导致验收结果不准确，使用风险加大，从而带来经济损失；验收时忽视无形资产权属问题，可能导致无形资产不符合企业需求、企业资源浪费或引发法律诉讼。

主要管控措施如下。

(1) 制定无形资产交付使用验收制度，成立由无形资产管理部门、使用部门、财务部门、法务部门和技术专家组成的验收小组对无形资产进行验收，确保无形资产符合使用要求。

(2) 外购无形资产验收时应重点关注有关的合同协议及证明无形资产所有权权属的有效证明文件的法律合规性，准确鉴定评审无形资产技术的先进性，避免权属不清或技术不先进可能导致的法律诉讼或资源浪费。

(3) 自行开发的无形资产验收时应由研发部门、无形资产管理部门和使用部门共同填制验收单，应注意验收手续的完备性，避免可能产生的责任不清。

(4) 购入的以支付土地出让金方式取得的土地使用权落实权属时应关注能够证明土地使用权的有效证明文件，当权属关系发生变动时，应按照规定及时办理权属转移手续。

3. 使用与保全

企业所拥有的无形资产应当得到充分、合理、有效的使用，充分发挥无形资产对提升企业产品质量和市场竞争力的重要作用。同时，要加强无形资产日常使用与保全管理，保证无形资产的安全与完整。

该环节的主要风险：无形资产在使用过程中，缺乏严格的保密制度，相关人员保密工作不到位，有可能造成无形资产被盗、无形资产中的商业机密泄露，导致企业遭受经济利益损失；无形资产长期闲置或使用效率低下，效能发挥不到位，导致无形资产失去应有的使用价值，影响企业目标的实现；无形资产日常管理松懈，可能导致资产接触人员内外勾结、串通舞弊等行为，导致无形资产被侵权，严重损害企业利益。

主要管控措施如下。

(1) 充分发挥无形资产使用效能，提高使用效率，授权具体部门或人员负责无形资产的日常使用与保全管理，保证无形资产的安全与完整。

(2) 建立健全无形资产核心技术保密制度，重要资料进行电子备份，严格限制未经授权人员直接接触技术资料，建立技术资料等无形资产保管和接触记录，并落实相关责任。

(3) 对可能发生的技术机密资料被窃取应能够实行可溯追查，明确相关责任人的保管责任。

(4) 严肃处理知识产权侵权、泄密行为，对本企业无形资产构成侵害行为的，要积极取证并形成书面调查材料，通过法律途径按照规定程序维护企业合法权益。

4. 技术升级与更新换代

企业应当定期对专利、专有技术等无形资产的先进性进行评估。发现某项无形资产给企业带来经济利益的能力受到重大不利影响时，要及时淘汰落后技术，同时加大研发投入，加强自主创新能力，不断推动无形资产的技术升级与更新换代，确保企业在市场经济竞争中始终处于优势地位。

该环节的主要风险：无形资产使用过程中，未根据使用部门、技术部门提供的资料对无形资产进行定期评估，缺乏无形资产评估机制，可能导致无形资产内含的技术未能及时升级和更新换代，可能导致企业技术落后或存在重大技术安全隐患，企业丧失市场竞争优势。

主要管控措施如下。

(1) 企业应当定期对无形资产的先进性进行评估，重要的无形资产可聘请专业机构进行技术先进性评估，发现无形资产创造经济利益的能力下降或受到重大影响时，应考虑进行技术升级。

(2) 加大研发投入，提升自主创新能力，不断推动企业生产经营中重要技术、关键技术更新换代，保持企业的竞争优势。

5. 无形资产处置

企业自主研发或购入的无形资产长期闲置或低效使用，其使用价值会逐渐降低，直至不再给企业带来经济利益流入，此时需要对无形资产进行处置。

该环节的主要风险：无形资产处置不规范，缺乏授权审批或超越权限审批，处置人员职责分工不明确、流程不清晰，或因为对无形资产处置缺乏足够的重视而任意处置无形资产，导致处置成本增加，处置效率降低，造成企业资产损失；长期闲置或已经失去其使用价值的无形资产处置方式不当，转让合同不符合国家法律、法规和公司内部规章制度的要求，可能引起法律诉讼风险；无形资产处置中可能存在串通舞弊、谋取私利行为，任意评估无形资产的价值，低价处置，造成企业资产流失和浪费。

主要管控措施如下。

(1) 建立无形资产处置管理制度,确定无形资产处置范围、标准、程序和审批权限等。

(2) 对淘汰报废的无形资产,应按照无形资产管理规定对该无形资产进行报废清理;对拟出售或投资转出的无形资产,应由有关部门或人员提出处置申请,列明该项无形资产的原价、已提折旧、预计使用年限、已使用年限、预计出售价格或转让价格等,报经企业授权部门或人员批准后予以出售或转让。

(3) 合理确定资产处置价格,实行授权审批控制。无形资产的处置应当由独立于无形资产管理和使用部门的其他部门按照规定的权限和程序进行办理,并报经企业授权部门或人员进行审批,重大无形资产处置前,应当委托具有资质的中介机构进行资产评估。

6. 会计系统控制

无形资产取得、组织验收与确定权属、使用与保全、技术升级与更新换代、处置等各个环节都离不开会计系统控制。企业财务部门要根据企业会计准则规定,结合本企业实际情况和管理要求,对无形资产业务的各个环节进行会计系统控制,做到真实反映,准确核算。

该环节的主要风险:涉及无形资产业务各环节会计处理不适当,可能导致企业资产账实不符或资产损失。

主要管控措施如下。

(1) 制定无形资产核算制度,明确无形资产相关会计凭证、会计账簿和财务报告的处理程序和方法,确定无形资产的摊销范围、摊销年限和摊销方法,明确无形资产减值准备核算方法,实现无形资产核算有章可循、有法可依。

(2) 安排专人负责无形资产核算工作,对无形资产取得、验收、使用、技术升级和处置业务的合同、协议、权证、发票等凭证资料登记严格审核、妥善保管,以备查用。

(3) 按照会计准则和会计制度的要求,对无形资产的取得、使用、技术升级与更新换代、处置等环节进行准确的会计核算。引进、外购的无形资产,所发生的费用应按规定列入无形资产成本;自行开发并依法申请取得的无形资产,应按照符合开发阶段资本化条件的支出、发生的注册费、律师费等确定;研究阶段和开发阶段不符合资本化条件的支出,应在发生时确认为当期费用。

(4) 建立健全无形资产账目核对清查制度,至少每半年对无形资产进行减值分析,按照会计准则的要求,合理计提减值准备,上报有关部门审核审批后,及时进行账务处理;对核对清查中发现的侵占、闲置以及需要报废的无形资产,应当查明原因,及时准确地进行会计账务处理。

本节小结

本节详细分析了无形资产主要风险与管理控制,阐述了无形资产的含义、分类、业务流程、风险与措施等内容。

能力训练

一、单选题

1.《企业内部控制应用指引第 8 号——资产管理》中,资产指企业(　　)的存货、固定资产和无形资产。

A. 拥有 B. 拥有或控制 C. 控制 D. 管理或使用

2. 无形资产管理的业务流程主要包括无形资产取得、验收与落实权属、( )、技术升级与更新换代和无形资产处置等环节。

A. 明确责任 B. 使用与保全 C. 登记造册 D. 妥善保存

3. 无形资产具有保密性质的，应当采取严格保密措施，严防泄露( )。

A. 商业秘密 B. 国家秘密 C. 私人秘密 D. 核心秘密

4. 企业购入或者以支付土地出让金等方式取得的土地使用权，应当取得( )有效证明文件。

A. 土地使用权 B. 房地产 C. 土地购买合同 D. 契证

5. 企业应当重视和加强各项资产的投保工作，采用( )等方式确定保险人，降低资产损失风险，防范资产投保舞弊。

A. 招标 B. 定向 C. 协商 D. 洽谈

6. 企业应当定期对专利、专有技术等无形资产的( )进行评估，淘汰落后技术，加大研发投入，促进技术更新换代，不断提升自主创新能力，努力做到核心技术处于同行业领先水平。

A. 先进性 B. 可靠性 C. 准确性 D. 低成本

7. 企业应当加强对品牌、商标、专利、专有技术、土地使用权等无形资产的管理，( )无形资产管理办法，落实无形资产管理责任制，促进无形资产有效利用，充分发挥无形资产对提升企业核心竞争力的作用。

A. 分类制定 B. 综合制定 C. 逐一制定 D. 统一制定

8. 重大的无形资产处置，应当委托具有资质的( )进行资产评估。

A. 中介机构 B. 政府部门 C. 事业单位 D. 审计机关

9. 无形资产的处置应由( )于无形资产管理部门和使用部门的其他部门或人员按照规定的权限和程序办理。

A. 独立 B. 职能部门 C. 非独立 D. 会计部门

10. 企业应当在对无形资产取得、验收、使用、保护、评估、技术升级、处置等环节进行全面梳理的基础上，明确无形资产业务流程中的( )，并采用适当的控制措施实施无形资产内部控制。

A. 主要风险 B. 关键控制点 C. 控制措施 D. 审批

二、多选题

1. 企业应当加强对( )土地使用权等无形资产的管理，分类制定无形资产管理办法，落实无形资产管理责任制，促进无形资产有效利用，充分发挥无形资产对提升企业核心竞争力的作用。

A. 品牌 B. 商标 C. 专利 D. 专有技术

2. 企业应当全面梳理( )取得的各类无形资产的权属关系，加强无形资产权益保护，防范侵权行为和法律风险。

A. 外购 B. 自行开发 C. 其他方式 D. 商誉

3. 企业应当定期对专利、专有技术等无形资产的( )进行评估，淘汰落后技术，加大研发投入，促进技术（　　），不断提升（　　），努力做到（　　）处于同行业领先水平。

A. 更新换代　B. 自主创新能力　C. 核心技术　D. 先进性

4. 企业应当重视品牌建设，加强（　　）管理，通过提供高质量产品和优质服务等多种方式，不断打造和培育（　　），切实维护和提升企业品牌的社会认可度。

A. 商誉　B. 主业品牌　C. 无形资产　D. 驰名品牌

5. 无形资产（　　），可能导致企业法律纠纷、缺乏可持续发展能力。

A. 缺乏核心技术　B. 权属不清

C. 技术落后　D. 存在重大技术安全隐患

6. 企业应当加强各项资产管理，全面梳理资产管理流程，及时发现资产管理中的薄弱环节，切实采取有效措施加以改进，并关注（　　），合理确认（　　），不断提高企业资产管理水平。

A. 资产减值迹象　B. 资产减值损失

C. 资产原值　D. 资产净值

7. 企业资产管理至少应当关注下列风险（　　）。

A. 存货积压或短缺

B. 固定资产更新改造不够、使用效能低下、维护不当、产能过剩

C. 无形资产缺乏核心技术、权属不清

D. 无形资产技术落后、存在重大技术安全隐患

8. 企业应当根据发展战略，充分利用国家有关自主创新政策，加大技改投入，不断促进固定资产（　　），淘汰落后设备，切实做到保持本企业固定资产技术的（　　）和企业发展的（　　）。

A. 技术升级　B. 先进性　C. 可持续性　D. 稳定性

9. 为了提高资产使用效能，保证资产安全，根据有关法律、法规和《企业内部控制基本规范》，制定资产管理指引，指企业拥有或控制的（　　）。

A. 存货　B. 固定资产　C. 无形资产　D. 流动资产

10. 企业自行开发的无形资产，应由（　　）共同填制无形资产移交使用验收单，移交使用部门使用。

A. 研发部门　B. 无形资产管理部门

C. 使用部门　D. 法务部门

三、判断题

1. 当无形资产权属关系发生变动时，应当按照规定及时办理权证转移手续。（　　）

2. 企业应当全面梳理外购、自行开发以及其他方式取得的各类无形资产的权属关系，加强无形资产权益保护，防范侵权行为和法律风险。无形资产具有保密性质的，应当采取严格保密措施，严防泄露商业秘密。（　　）

3. 无论是生产企业，还是商品流通企业，其存货业务流程的主要环节是一致的。（　　）

4. 企业应当加强对无形资产的管理，建立健全无形资产分类管理制度，保护无形资产的安全，提高无形资产的使用效率，充分发挥无形资产对提升企业创新能力和核心竞争力的作用。（　　）

5. 企业应当建立无形资产处置的相关管理制度，明确无形资产处置的范围、标准、程序

和审批权限等要求。（　　）

6. 建立健全无形资产核心技术保密制度，严格限制未经授权人员直接接触技术资料，对技术资料等无形资产保管及接触应保有记录，实行责任追究，保证资产安全与完整。（　　）

7. 企业应当选择合理的方式确定处置价格，并报经企业授权部门或人员审批。（　　）

8. 企业对无形资产进行技术升级与更新换代的目的是为了保持无形资产的先进性。（　　）

9. 企业应当重视品牌建设，加强商誉管理，通过提供高质量产品和优质服务等多种方式，不断打造和培育主业品牌，切实维护和提升企业品牌的社会认可度。（　　）

10. 企业购入或者以支付土地出让金等方式取得的土地使用权，应当取得土地使用权有效证明文件。（　　）

章节案例

娃哈哈与达能商标纠纷案

杭州娃哈哈集团始创于1987年，现已发展成为规模、效益均位居前列的大型饮料企业，其饮料产量位居世界前列。已在全国29个省（自治区、直辖市）建有近80个生产基地、180多家子公司，拥有员工3万名。产品主要涵盖蛋白饮料、包装饮用水、碳酸饮料、茶饮料、果蔬汁饮料、咖啡饮料、植物饮料、特殊用途饮料、罐头食品、乳制品、医药保健食品等十余类190多个品种，其中包装饮用水、含乳饮料、八宝粥罐头多年来产销量一直位居全国前列。30年来娃哈哈一直保持稳健发展，企业规模和效益已连续19年位居中国饮料行业前列，成为中国500强企业、中国民营500强企业。“娃哈哈”为中国驰名商标、中国名牌。达能集团创建于1966年，总部设于法国巴黎，全球拥有超过10万名员工，业务遍及全世界120多个国家和地区。旗下拥有众多知名品牌：达能、LU和EVIAN（依云）、脉动、Nutricia、Nutrilon、益力、纽迪希亚、碧悠、波多、富维克、牛栏（Cow Gate）等。达能位列2018年《财富》世界500强排行榜426位、2018年世界品牌500强排行榜133位、2019年《财富》世界500强排行榜432位。达能于20世纪90年代初进军中国，曾拥有乐百氏92%的股权、梅林正广和50%的股权、光明20.1%的股权、汇源22.18%的股权。

1996年，娃哈哈由于在国内上市失败，急于寻觅资金，便与法国达能公司、中国香港百富勤公司共同成立5家合资公司，其中娃哈哈集团以现有厂房、设备、土地出资占49%的股份，另两家外资企业以现金出资共同拥有51%的股份。1997年亚洲金融风暴之后，达能公司收购了破产的百富勤公司的股份，一跃成为合资公司的最大控股方。双方在合作协议中约定，娃哈哈集团同意向合资公司转让价值为1亿元的商标，其中5 000万元作投资，另外5 000万元则向娃哈哈购买商标。但是，这个商标转让协议不符合中国有关法律，未能通过政府审核，后来双方在《商标使用许可合同》中规定：“中方将来可以使用商标在其他产品的生产和销售上，而这些产品项目已提交给娃哈哈与其合营企业的董事会进行考虑。”接下来的几年中，娃哈哈集团先后建立了十几家与达能集团没有合资关系的非合资企业，主要生产饮料和食品，并以“娃哈哈”为商标。

2006年年底，达能要求以40亿元的净资产价格并购娃哈哈非合资企业51%的股权，遭到娃哈哈的强烈抵制。2007年5月，达能正式启动了对娃哈哈的法律诉讼。6月，宗庆后辞去娃哈哈合资企业董事长一职，双方进行了数十起国内外法律诉讼战。12月，在各方协调下，双方终止了法律程序进行和谈，达能要求以约200亿元价格将其在合资公司的股权售给娃哈哈，遭到拒绝。双方合作的过程中，由于合同条款规定“不应许可除娃哈哈与达能建立的合资公司以外的任何其他方使用商标”，达能公司通过合资的方式，控制了“娃哈哈”商标，以此为筹码，要求强行收购娃哈哈集团其他非合资公司。围绕“娃哈哈”商标所有权归属争执不下，分别向国内外相关机构提起仲裁，娃哈哈向媒体声称“可能向达能提起50亿欧元的反诉讼”。2009年5月，杭州中院终审裁定“娃哈哈”商标归属娃哈哈集团。2009年9月，持续3年的“达娃”之争，最终以达能接受娃哈哈3亿欧元和解费同意出售在39家合资公司里的51%的股权结束。

对于此案，国家工商总局的态度是未经批准的商标转让协议无效，商务部的态度是严格按照规定行事。娃哈哈虽然与达能签署了协议，但明显违反了《中华人民共和国商标法》有关须经国家工商总局商标局核准才能生效的规定。由于协议的法律效力受到质疑，因此就不宜强制生效、废除或中止，用政府和法律的信誉去为企业家的失误埋单。

资料来源：傅胜，池国华．企业内部控制规范指引操作案例点评．北京大学出版社，2011:120.

请结合上述材料完成下列事项：

1. 学生分组，建议每组5人左右，注意搭配。
2. 选择组长与发言人，可以固定或轮流担任。
3. 分析讨论娃哈哈与达能商标纠纷案例，形成小组案例分析报告。
4. 发言人代表本组发言，并回答教师及同学提问。

参考规范

1.《关于印发企业内部控制配套指引的通知》(财会〔2010〕11号)。
2.《企业内部控制应用指引第8号——资产管理》。

第六章　工程项目控制

【学习目标】

1. 理解和熟悉工程项目的含义。
2. 理解和熟悉工程项目的总体风险。
3. 理解和熟悉工程项目的分类。
4. 理解和掌握工程项目流程。
5. 理解和掌握工程项目的主要风险点与管控措施。

【思维导图】

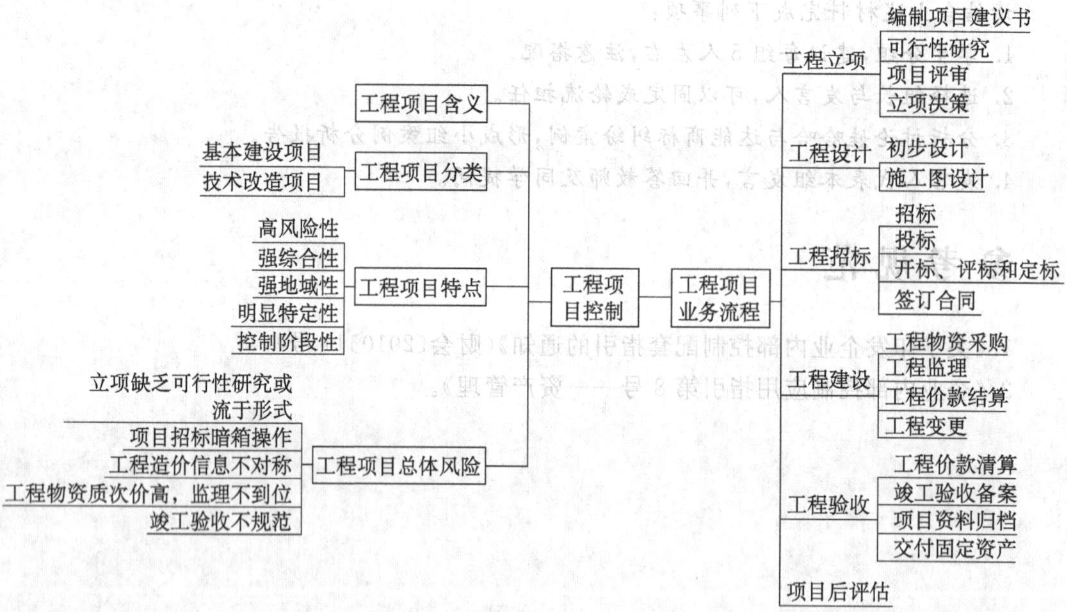

◆ 引导案例

长江河道工程项目黑洞

自新中国成立以来，中央和地方对长江干堤的建设投入了大量资金，其中，1997—2000年，国家通过长江水利委员会界牌河段综合治理护岸工程代表处（以下简称“长委代表处”）共安排了3 680万元的国债资金给洪湖。1999年12月26日，时任荆州市长江河道管理局洪湖分局副局长、同时兼任洪湖监利江堤加固工程建设管理办公室洪湖项目部技术负责人、协调部副部长的杨某，与洪湖分局所属单位洪湖市长江河道工程有限公司签订了洪湖市界牌河段整治水下抛石施工合同，由工程公司负责抛石施工，工程造价 269.99 万元，其中购买石料 206.4 万元。事发后，经审计发现，"工程公司未参加该工程的施工与管理，此工程纯系虚假工程，签订施工合同纯粹是掩人耳目。"

1999 年年底，当长委代表处决定划拨 270 万元专项资金用于"界牌工程"建设时，长委代表处罗某就授意以长委代表处承包经营的九岭山采石场的名义承接该工程的石料项目，实际并没有开展抛石料作业，而是采用虚假水运方单，虚报石方量 17 345m^3。2000 年 5 月，却以九岭山采石场的名义在洪湖市长江河道工程有限公司结算了"工程石料款"，以套取国债资金。

1999 年 12 月，杨某又与湖北省水利水电工程咨询中心洪湖长江干堤加固工程监理处（简称"监理处"）总监魏某签订了监理合同。魏某指示该监理处监理工程师许某负责此项监理工作。但监理处对此未做任何监理记录。2000 年 3 月，许某不仅不勘测核查，还直接在洪湖分局工程技术科科长王某提供的工程量清单和水下抛石单元工程质量评定表签字盖章，并由监理处出具了虚假监理报告。事后，魏某接受工程公司监理费 2 万元，存入个人储蓄账户。在出具监理报告 5 个月后，杨某才想到要准备施工图。2002 年 8 月，杨某等人要求湖北省水利水电勘测设计院的华某等人按照他们提供的数据绘制图纸，将该图纸设计阶段标明为技术施工阶段，出图日期标为 1999 年 12 月。2002 年 9 月，工程公司支付该设计院职工技术协会设计费 4 万元，别某等人当即提走劳务费及奖金 2 万元。而这份图纸，一直被杨某等人充当"工程施工图"来应对审计组的检查。2001 年 12 月，洪湖分局工程技术科科长王某又指示他人凭空编写了建设、监理、设计、施工四家的工程管理工作报告。2002 年 1 月 27 日，杨某以洪湖分局名义邀请了长江水利委员会、湖北省水利水电勘测设计院等有关设计、监理部门的领导、专家，会同其他相关人员组成了一个 11 人的工程验收小组对该工程进行了"验收"，结果是该工程被评为优良工程，而该验收小组成员每人领取了 600 元的验收评审费。

2003 年 6 月 25 日，审计署审计长李金华向全国人大会常委会作《关于 2002 年度中央预算执行和其他财政收支的审计工作报告》中称："湖北省荆州市长江河道管理局洪湖分局某副局长与他人相互勾结，在界牌河段长江干堤综合治理项目建设中，采取捏造项目、签订虚假合同、伪造验收资料等手段，涉嫌骗取私分国债资金 206 万元。"据国家审计署驻武汉特派员办事处审计发现：此案从工程立项套取国债资金，到出图施工，以至监理和最后的评审，所有的环节都是虚构伪造的。

资料来源：刘晖，姚峰．有人大发国难财——长江干堤国债项目黑洞调查[N]. 21 世纪经济报道，2003-08-03.

思考问题：

1. 长江河道工程项目在哪些环节出现了舞弊或不规范行为？
2. 采取哪些控制措施，才能有效堵塞类似工程项目的黑洞？

一、工程项目控制内容与要求

重大工程项目往往体现企业发展战略和中长期发展规划，对于提高企业再生产能力和支撑保障能力、促进企业可持续发展具有关键作用。重大工程项目在调整经济结构、转变经济发展方式、促进产业升级和技术进步中更是举足轻重。由于工程项目投入资源多、占用资金大、建设工期长、涉及环节多、多种利益关系错综复杂。现实中，工程资金高估冒算，招投标环节暗箱操作、"豆腐渣"工程，构成经济犯罪和腐败案例频发，引发社会各界对工程领域的严厉批评和高度关注。

（一）工程项目的含义

为了加强工程项目管理，提高工程质量，保证工程进度，控制工程成本，防范商业贿赂等舞弊行为，根据有关法律、法规和《企业内部控制基本规范》的要求制定《企业内部控制应用指引第 11 号——工程项目》，该应用指引中所称的工程项目，是指企业自行或者委托其他单位所进行的建造、安装工程。

企业内部控制应用指引第 11 号——工程项目

（二）工程项目的分类

1. 基本建设项目

基本建设项目是形成新的固定资产，以扩大生产能力或新增工程效益为主要目的，以建设或购置固定资产为主要内容的经济活动。基本建设项目的形式包括新建、改建、扩建、恢复工程及与之相联系的其他经济活动，它不是零星的、少量的固定资产建设，而是具有整体性的、需要一定量投资额以上的固定资产建设。

2. 技术改造项目

技术改造项目包括：对企业现有生产线的工艺、设备、工程设施的改造；为改进交通运输设施和运输条件而进行的更新改造工程；为节约能源和原材料，治理"三废"污染而对现有企业进行的技术改造工程；对现有供热、供气、供排水和道路、桥梁等市政设施进行改造等。

（三）工程项目的特点

1. 工程项目具有很高风险性

工程项目的根本特征是投资大，筹集巨额资金具有财务风险；建设周期长，很多因素有可能变化，会给工程项目带来经营风险；工程项目投入资源多、涉及环节多、多种利益关系错综复杂，是构成经济犯罪和腐败问题的"高危区"，引发经济犯罪和腐败案的风险大；如果工程项目建设失败，短期内几乎没有重建可能，会给企业带来毁灭性的损失。

2. 工程项目具有很强综合性

综合性是工程项目的内在要求，工程项目建设经历的环节多，涉及的部门与关系复杂，涉及规划、设计、施工、供电、供水、电信、交通、教育、卫生、消防、环境和园林等部门；工程项目的综合性还体现在企业的工程项目建设，必须与本国、本地区各产业部门的发展相协调，脱离了国情、区情，发展速度过快或过缓，规模过大或过小都会给企业及社会发展带来不良影响。

3. 工程项目具有强烈地域性

工程项目建成后一般不可移动，工程项目的投资建设和效益的发挥具有强烈的地域性。在工程项目投资决策、勘探设计和可行性研究的过程中，也必须充分考虑工程项目所在地区和区域的各项影响因素，从微观来看，牵涉到诸如交通运输、地形地质、升值潜力等很多与工程有关的因素，这些因素对工程项目的选址影响极大；从宏观上看，工程项目的地域性因素主要表现在投资地区的社会经济特征对项目的影响。每个地区的投资开发政策、市场需求状况、消费者的支付能力等都不同，应认真研究当地市场，制订相应工程项目建设方案。

4. 工程项目具有明显特定性

不论是生产性建设还是非生产性建设，也不论其规模大小，都是根据特定的用途进行的。每一项工程都是为发挥其特定的用途来设计的。对某项拟建工程都要在事先有明确的概念。即产品或建设的规模多大，选用什么设备、生产流程或标准，建造什么样的建筑物和构筑物等，都要预先设计，才能进行施工和购置。

5. 工程项目控制具有阶段性

工程项目控制是全过程的综合控制，依据工程项目的活动规律和控制管理要求，工程项目周期可分为施工准备阶段、施工阶段、竣工后阶段。施工准备阶段包括工程决策、工程招投标、合同签订管理；施工阶段包括施工进度、施工质量、施工成本及风险管理；竣工后阶段包括工程竣工验收、竣工结算、竣工决算和项目后评价。各阶段之间既有界限又有联系，而且各阶段的业务特点不同，内部控制重点也有所不同。因此，工程项目内部控制是分阶段进行控制的。

（四）工程项目总体风险

（1）立项缺乏可行性研究或者可行性研究流于形式，决策不当，盲目上马，可能导致难以实现预期效益或项目失败。

（2）项目招标暗箱操作，存在商业贿赂，可能导致中标人实质上难以承担工程项目、中标价格失实及相关人员涉案。

（3）工程造价信息不对称，技术方案不落实，概预算脱离实际，可能导致项目投资失控。

（4）工程物资质次价高，工程监理不到位，项目资金不落实，可能导致工程质量低劣，进度延迟或中断。

（5）竣工验收不规范，最终把关不严，可能导致工程交付使用后存在重大隐患。

二、工程项目业务流程与风险管理

（一）工程项目业务流程

企业应当建立和完善工程项目各项管理制度，全面梳理各个环节可能存在的风险点，规范工程立项、招标、造价、建设、验收等环节的工作流程，明确相关部门和岗位的职责权限，做到可行性研究与决策、概预算编制与审核、项目实施与价款支付、竣工决算与审计等不相容职务相互分离，强化工程建设全过程的监控，确保工程项目的质量、进度和资金安全。工程项目的业务流程主要包括工程立项、工程设计、工程招标、工程建设、工程验收和项目后评估六大环节。如图 6-1 所示，该图列示的工程项目流程具有通用性，企业可以参照此流程，并结合自身情况予以扩充和具体化。

（二）各环节的主要风险点及其管控措施

1. 工程立项

工程立项是对拟建项目的必要性和可行性进行技术经济论证，对不同建设方案进行技术经济比较并做出判断和决定的过程。工程立项阶段主要工作包括编制项目建议书、可行性研究、项目评审和立项决策。

1）编制项目建议书

项目建议书是对拟建项目提出的框架性总体设想，是企业（项目建设单位）基于工程投资意向、产业政策、发展战略、经营计划等提出的建设某工程项目的建议文件。对于非重大项目，可以不编制项目建议书，但仍需开展可行性研究。项目建议书的内容一般包括：①项

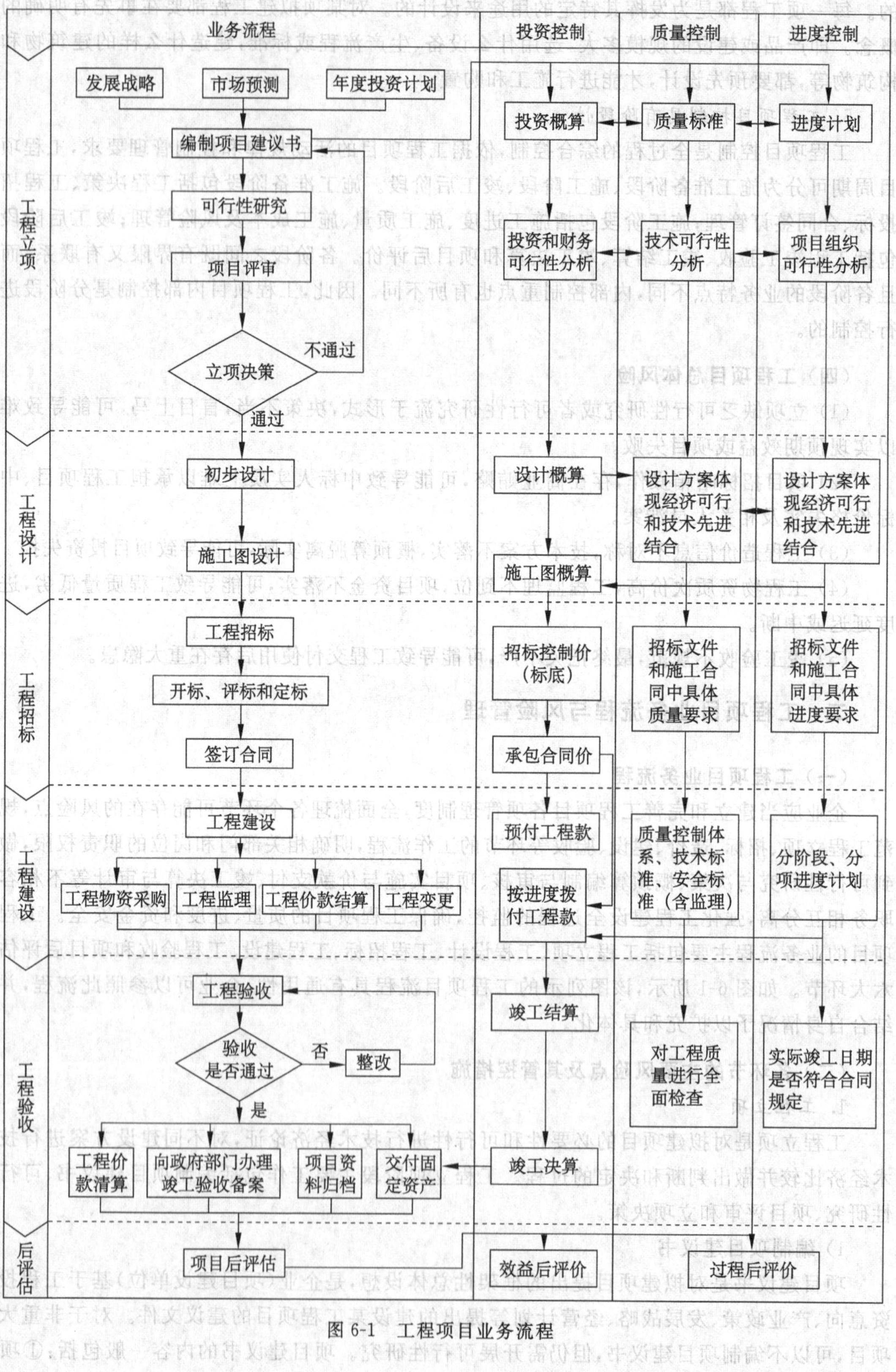

图 6-1　工程项目业务流程

目的必要性和依据；②产品方案、拟建规模和建设地点的初步设想；③投资估算、资金筹措方案设想；④项目的进度安排；⑤经济效果和社会效益的初步估计；⑥环境影响的初步评价等。

项目建议书编制完成后，应报企业决策机构审议批准，并视法规要求和具体情况报有关政府部门审批或备案。

该环节的主要风险：投资意向与企业发展战略和国家产业政策不符；项目建议书内容不合规、不完整，项目拟建规模、用途和标准不明确，投资估算和进度安排不协调。

主要管控措施如下。

(1) 企业应当指定专门机构归口管理工程项目，根据发展战略和年度投资计划，提出项目建议书。对于专业性较强和较为复杂的工程项目，可以委托专业机构进行工程投资分析，编制项目建议书，应当报批的项目建议书必须及时报批并取得有效批文。

(2) 企业应当明确投资分析、编制和评审项目建议书的职责分工，规定项目建议书的主要内容、格式、编制要求，客观分析论证投资机会，确定工程投资意向。

(3) 企业决策机构应当对项目建议书进行集体审议，必要时，可以成立专家组或委托专业机构进行评审；承担评审任务的专业机构不得参与项目建议书的编制。

2) 可行性研究

企业应当根据经批准的项目建议书开展可行性研究、编制可行性研究报告。可行性研究报告的主要内容包括：①项目概况；②项目建设的必要性和市场预测；③项目建设选址及建设条件论证；④建设规模和建设内容；⑤项目外部配套建设；⑥环境保护，劳动保护与卫生防疫，消防、节能、节水；⑦总投资及资金来源；⑧经济、社会效益；⑨项目建设周期及进度安排；⑩招投标法规定的相关内容等。

项目建议书和可行性研究报告中的投资估算是项目立项的重要依据，也是研究、分析项目投资经济效果的重要条件。可行性研究报告一经批准，投资估算就是具体项目投资的最高限额，其误差一般应控制在10%以内。

该环节的主要风险：缺乏可行性研究、可行性研究流于形式、深度达不到质量标准和实际要求，无法为项目决策提供充分、可靠的依据，可能导致难以实现预期效益或项目失败。

主要管控措施如下。

(1) 企业应当明确可行性研究报告的内容、格式、编制要求，深入分析。

(2) 企业可以委托具有相应资质的专业机构开展可行性研究，并按照有关要求形成可行性研究报告。制定专业机构的选择标准，重点关注其业绩、声誉、专业人员素质、相关业务经验等。

3) 项目评审

企业应当组织规划、工程、技术、财会、法律等部门的专家对项目建议书和可行性研究报告进行充分论证和评审，出具评审意见，作为项目决策的重要依据。

该环节的主要风险：项目评审流于形式，评审不够科学，误导项目决策。

主要管控措施如下。

(1) 企业应当组建项目评审组，成员应当熟悉工程业务，具有较广泛的代表性；也可以委托具有相应资质的专业机构对可行性研究报告进行评审，出具评审意见。项目评审组成员不得参与可行性研究，从事项目可行性研究的专业机构不得再从事可行性研究报告的评审。评审决策要兼顾项目投资、质量、进度等多方意见，项目评审应实行问责制，评审组成员要对其出具的评审意见承担责任。

(2) 在项目评审过程中，应当重点关注项目投资方案、投资规模、资金筹措、生产规模、投资效益、布局选址、技术、安全、设备、环境保护等方面，核实相关资料的来源和取得途径是否真实、可靠和完整。特别要对经济技术可行性进行深入分析和全面论证。

4) 立项决策

企业应当按照规定的权限和程序对工程项目进行决策。

该环节的主要风险：决策程序不规范，导致决策失误，给企业带来巨大经济损失。

主要管控措施如下。

(1) 企业应当按照规定的权限和程序对工程项目进行决策，决策过程应有完整的书面记录。

(2) 重大工程项目的立项，应当报经董事会或类似权力机构集体审议批准。总会计师或分管会计工作的负责人应当参与项目决策。任何个人不得单独决策或者擅自改变集体决策意见，防止出现"一言堂""一支笔"。工程项目决策失误应当实行责任追究制度。

(3) 企业应当在工程项目立项后、正式施工前，依法取得建设用地、城市规划、环境保护、安全、施工等方面的许可。

例如，通过"招标、拍卖、挂牌"等方式获得土地使用权，向人防主管部门报批人防规划设计，向园林主管部门报批绿化规划方案，在开工前向建设行政主管部门申请办理施工许可证等。

2. 工程设计

项目立项后，要进行工程设计，一般工业项目设计包括初步设计和施工图设计；对于技术复杂和有设计难度的工程，包括初步设计、技术设计和施工图设计；对于矿区、油田等大型建设项目，包括总体规划设计(或总体设计)、初步设计、技术设计和施工图设计；对于小型工程项目，可简化为施工图设计。

1) 初步设计

初步设计是整个设计构思基本形成的阶段，明确拟建工程的技术可行性和经济合理性，同时确定主要技术方案、工程总造价和主要技术经济指标。建设单位可以自行完成初步设计或委托其他单位进行初步设计。编制设计概算是初步设计阶段的一项重要工作，是编制项目投资计划、确定和控制项目投资的依据，也是签订施工合同的基础依据。

该环节存在的主要风险：设计单位资质不符合要求；初步设计未进行多方案比选；设计人员对相关资料研究不透彻，初步设计出现较大疏漏；设计深度不足，造成施工组织不周密、工程质量存隐患、投资失控以及投产后运行成本过高等。

主要管控措施如下。

(1) 尽量采用招标方式，选择具有相应资质和经验的设计单位。

(2) 一个项目由几个单位共同设计时，要指定一个设计单位为主体设计单位，对建设项目设计的合理性和整体性负责。

(3) 建设单位应当向设计单位提供详细的基础资料，并进行有效的技术经济交流，重大技术方案必须进行技术经济分析比较、多方案比选。

(4) 建立严格的初步设计审查和批准制度，确保评审工作质量。关注初步设计规模是否与可行性研究报告、设计任务书一致；避免夹带项目、超规模、超面积和超标准问题。

2）施工图设计

施工图设计主要是通过图纸把设计者的意图和全部设计结果表达出来，作为施工建造的依据，与施工图设计直接关联的是施工图预算。对建设单位而言，施工图预算是确定工程招标控制价、拨付工程款、办理工程结算的依据。对施工单位而言，施工图预算是施工单位投标报价、安排调配施工力量、组织材料供应的依据。

该环节存在的主要风险：概预算严重脱离实际，导致项目投资失控；工程设计与后续施工衔接不恰当，导致技术方案未能有效落实。

主要管控措施如下。

（1）建立严格的概预算编制与审核制度。建设单位应当组织工程、技术、财会等部门的相关专业人员或委托具有相应资质的中介机构对编制的概算进行审核，重点审查编制依据、项目内容、工程量的计算、定额套用等是否真实、完整和准确。如果施工图预算超过初步设计批复的投资概算规模，应当修正项目概算并经审批。

（2）建立严格的施工图设计管理制度和交底制度。按项目要求进度交付施工图设计深度及图纸，施工图设计基本完成后，召开施工图会审会议，由建设单位、设计单位、施工单位、监理单位等共同审阅施工图文件，修改不符合实际和有错误的图纸，提高设计质量，会议应形成书面纪要。

（3）制定严格的设计变更管理制度。设计单位应当提供全面、及时的现场服务，避免设计与施工相脱节的现象发生，对确需设计变更的，应尽量控制在设计阶段，使投资得到有效控制。因设计单位的过失造成设计变更的，应由设计单位承担相应责任。杜绝出现边勘察、边设计、边施工的现象。

3. 工程招标

企业的工程项目一般应当采用公开招标的方式，择优选择具有相应资质的承包单位和监理单位。工程招标一般包括招标、投标、开标、评标和定标五个主要环节。

1）招标

招标阶段包括招标前期准备、招标公告、资格预审公告编制与发布。

该环节存在的主要风险：招标人肢解建设项目，逃避公开招标，投标资格条件不公平、不合理，违法违纪泄露标底，相关人员存在舞弊行为。

主要管控措施如下。

（1）不得违背工程施工组织设计和招标设计方案，将应当由一个承包单位完成的工程项目肢解成若干部分发包给几个承包单位。建设单位确需划分标段组织招标的，应科学评估，考虑专业和管理要求、对工程投资的影响及各项工作的衔接。

（2）建设单位应当根据项目特点决定是否编制标底；需要编制标底的，标底编制过程和标底应当严格保密。

（3）根据项目特点确定投标人的资格要求，建设单位不具备自行招标能力的，应当委托具有相应资质的招标机构代理招标。

（4）遵循公开、公正、平等竞争的原则，建设单位应当按照《招标投标法》《工程建设项目施工招标投标办法》等规定，明确招标的工程项目范围、招标方式、标段划分、招标程序，以及投标、开标、评标、定标等各环节的管理要求。

2）投标

投标阶段包括项目现场考察、投标预备会、投标文件的编制和递交。

该环节存在的主要风险：招标人与投标人串通投标舞弊；投标人的资质不符合要求或挂靠、冒用他人名义投标，影响工程质量。

主要管控措施如下。

(1) 对投标人的信息采取严格的保密措施，防止投标人之间串通舞弊。

(2) 在确定中标人前，企业不得与投标人就投标价格、投标方案等实质性内容进行谈判。

(3) 按照招标公告或资格预审文件中确定的投标人资格条件对投标人进行实质审查，预防假资质或借资质中标。

(4) 建设单位应当履行完备的标书签收、登记和保管手续。签收标书后应将投标文件存放在安全保密的地方，任何人不得在开标前开启投标文件。

3）开标、评标和定标

企业应当依法组建评标委员会。评标委员会应当按照招标文件确定的评标标准和方法，对投标文件进行评审和比较，推荐合格的中标候选人，及时向中标人发出中标通知书。

该环节存在的主要风险：评标委员会成员缺乏专业水平，或者建设单位向评标委员会施加影响，致使评标流于形式；评标委员会成员与投标人串通作弊，损害建设单位利益。

主要管控措施如下。

(1) 企业应当依法组织工程招标的开标、评标和定标，并接受有关部门监督。

(2) 依法组建评标委员会，由企业的代表和有关技术、经济方面的专家组成。评标委员会应当在评标报告中详细说明每位成员的评价意见以及集体评审结果，对于中标候选人和落标人要分别陈述具体理由。每位成员应对其出具的评审意见承担个人责任。中标候选人是1个以上时，由决策机构审议决定中标人。

(3) 评标委员会成员和参与评标的有关工作人员不得私下接触投标人，不得收受投标人任何形式的商业贿赂。

4）签订合同

中标人确定后，建设单位应当同中标人订立书面合同。

该环节存在的主要风险：合同内容不清楚、不完整，订立背离合同实质性内容的其他协议。

建设项目工程总承包合同(示范文本)

主要管控措施如下。

(1) 企业和中标人不得再行订立背离合同实质性内容的其他协议。

(2) 在规定的期限内与中标人订立书面合同，明确双方的权利、义务和违约责任。建设工程施工合同、各类分包合同、工程项目施工内部承包合同应当按照国家或本建设单位制定的示范文本的内容填写，清楚列明质量、进度、资金、安全等各项具体标准，施工图纸作为合同的重要附件，与合同具有同等法律效力。

4. **工程建设**

工程建设阶段的重要工作包括工程物资采购、工程监理、工程价款结算、工程变更等。

1）工程物资采购

工程物资采购主要分为企业自行采购和承包单位采购。工程物资包括材料和设备，材料和设备采购一般占到工程总造价的60%以上，对工程投资、进度、质量等具有重大影响。

该环节的主要风险：采购过程控制不力，材料和设备质次价高；对承包单位采购工程物资监督不力，不符合设计标准和合同要求，影响工程质量和进度。

主要管控措施如下。

(1) 企业自行采购工程物资的，应当按照《企业内部控制应用指引第7号——采购业务》等相关指引的规定。建设单位应明确建筑材料和设备应达到的质量标准。重大设备和大宗材料的采购应当采用招标方式。

(2) 由承包单位采购工程物资的，企业应当加强监督，应由监理机构进行检验，查验材料合格证明和产品合格证书，一般材料要进行抽检。确保工程物资采购符合设计标准和合同要求。严禁不合格工程物资投入工程项目建设。

2) 工程监理

工程监理单位应当依照国家法律、法规及相关技术标准、设计文件和工程承包合同，对承包单位在施工质量、工期、进度、安全和资金使用等方面实施监督。

该环节存在的主要风险：监理单位监督不力，流于形式，进度、质量、安全监管不到位。

主要管控措施如下。

(1) 工程监理单位应当依照国家法律、法规及相关技术标准、设计文件和工程承包合同，建立监理进度控制体系，对承包单位在施工质量、工期、进度、安全和资金使用等方面实施监督。

(2) 工程监理人员应当具备良好的职业操守，客观公正地执行监理任务，发现工程施工不符合设计要求、施工技术标准和合同约定的，应当要求承包单位改正；发现工程设计不符合建筑工程质量标准或者合同约定的质量要求的，应当报告企业要求设计单位改正。

(3) 未经工程监理人员签字，工程物资不得在工程上使用或者安装，不得进行下一道工序施工，不得拨付工程价款，不得进行竣工验收。

3) 工程价款结算

根据财政部、建设部《建设工程价款结算暂行办法》规定，工程价款结算是指对建设工程的发包承包合同价款进行约定和依据合同约定进行工程预付款、工程进度款、工程竣工价款结算的活动。实际工作中，工程进度款大部分按月结算，年终或工程竣工后进行清算。

该环节存在的主要风险：建设资金使用管理混乱，项目资金不落实导致工程进度延迟或中断；工程进度不准确，价款结算不及时。

主要管控措施如下。

(1) 建设单位应建立完善的工程价款结算制度，强化对建设资金的规范管理。

(2) 资金筹集和使用应与工程进度协调一致，建设单位应结合时间进度编制资金使用计划。

(3) 企业财会部门应当加强与承包单位的沟通，准确掌握工程进度，根据合同约定，按照规定的审批权限和程序办理工程价款结算，不得无故拖欠。

(4) 施工过程中，如果工程的实际成本突破了工程项目预算，建设单位应当及时分析原因，按照规定的程序予以处理。

4) 工程变更

工程建设周期通常较长，建设单位对工程提出新要求、出现设计错误、外部环境条件产生变化等，需要对工程进行必要变更，工程变更包括工程量变更、项目内容的变更、进度计划的变更、施工条件的变更等，最终表现为设计变更。

该环节存在的主要风险：现场控制不当，工程变更频繁，变更程序不规范，变更审计不严格，导致费用超支、工期延误。

主要管控措施如下。

(1) 企业应当严格控制工程变更，确需变更的，应当按照规定的权限和程序进行审批。对于重大的变更事项，必须经建设单位、监理机构和承包单位集体商议，依法需报有关政府部门审批的，必须取得同意变更的批复文件。

(2) 重大的项目变更应当按照项目决策和概预算控制的有关程序和要求重新履行审批手续。工程变更获得批准后，应尽快落实变更设计和施工，承包单位应在规定期限内全面落实变更指令。

(3) 因工程变更等原因造成价款支付方式及金额发生变动的，应当提供完整的书面文件和其他相关资料，变更工程量的计算必须经过监理机构复核并签字确认，防止承包单位虚列工程费用，并对工程变更价款的支付进行严格审核。

(4) 因设计失误、施工缺陷等人为原因导致工程变更，应当追究当事单位和人员的责任。

5. 工程验收

竣工决算是办理固定资产交付使用手续的依据，企业收到承包单位的工程竣工报告后，应当及时编制竣工决算，开展竣工决算审计，组织设计、施工、监理等有关单位进行竣工验收。

该环节存在的主要风险：竣工验收不规范，质量检验把关不严，可能导致工程存在重大质量隐患；虚报项目投资完成额、虚列建设成本或者隐匿结余资金，竣工决算失真；固定资产达到预定可使用状态后，未及时进行估价、结转。

主要管控措施如下。

(1) 建设单位应当健全竣工验收各项管理制度，明确竣工验收的条件、标准、程序、组织管理和责任追究等。

(2) 企业应当组织审核竣工决算，重点审查决算依据是否完备，相关文件资料是否齐全，竣工清理是否完成，决算编制是否正确。

(3) 企业应当加强竣工决算审计，先自行审核，再委托具有相应资质的中介机构实施审计；未实施竣工决算审计的工程项目，不得办理竣工验收手续。

(4) 企业应当及时组织工程项目竣工验收。竣工验收必须履行规定的程序，至少应经过承包单位初检、监理机构审核、正式竣工验收三个程序。合同规定应当进行试运行的，应当由建设单位、监理单位和承包单位共同参与试运行。重大项目的验收，可吸收相关方面专家组进行评审。交付竣工验收的工程项目，应当符合规定的质量标准，有完整的工程技术经济资料，并具备国家规定的其他竣工条件。

(5) 企业应当按照国家有关档案管理的规定，及时收集、整理工程建设各环节的文件资料，建立完整的工程项目档案。需报政府有关部门备案的，应及时备案。

6. 项目后评估

工程项目后评估是指在建设项目已经完成并运行一段时间后，对项目的目的、执行过程、效益、作用和影响进行系统、客观分析和总结的一种技术经济活动。项目后评估通常安排在工程项目竣工验收后6个月或1年后，多为效益后评价和过程后评价。企业应当建立完工项目后评估制度，重点评价工程项目预期目标的实现情况和项目投资效益等，并以此作为绩效考核和责任追究的依据。

工程项目内部控制

本章小结

本章详细分析了工程项目主要风险与管理控制，阐述了工程项目的含义、分类、目标、业务流程、风险与措施等内容。

能力训练

一、单选题

1. 工程项目是指企业自行或者委托其他单位所进行的(　　)。

A. 基本建设项目　　B. 建造、安装工程

C. 技术改造项目　　D. 大修理工程

2. 重大工程项目的立项，应当报经董事会或类似权力机构集体审议批准。(　　)或分管会计工作的负责人应当参与项目决策。

A. 总会计师　　B. 总经理　　C. 副总经理　　D. 董事长

3. 工程立项阶段主要包括编制项目建议书、(　　)、项目评审和立项决策四个环节。

A. 可行性研究　　B. 项目预算　　C. 项目申请　　D. 调查研究

4. 企业的工程项目一般应当采用(　　)的方式，择优选择具有相应资质的承包单位和监理单位。

A. 公开招标　　B. 邀请招标　　C. 特定招标　　D. 直接招标

5.《企业内部控制应用指引第11号——工程项目》将工程项目业务流程界定为工程立项、工程招标、(　　)、工程建设、工程验收等环节。

A. 工程决策　　B. 工程造价　　C. 工程监理　　D. 工程审批

6. 评标委员会应当按照招标文件确定的标准和方法，对投标文件进行评审和比较，择优选择(　　)。

A. 中标候选人　　B. 中标人　　C. 投标人　　D. 评标人

7. 在竣工验收环节，除全面检验建设项目质量和投资使用情况外，还要做好(　　)和竣工决算两项重要工作。

A. 项目报告　　B. 财务报表　　C. 会计报表　　D. 竣工结算

8. 验收合格的工程项目，应当编制(　　)清单，及时办理交付使用手续。

A. 交付使用财产　　B. 验收　　C. 固定资产　　D. 在建工程

9. 企业应当按照规定的权限和程序从中标候选人中确定中标人，及时向中标人发出(　　)，在规定的期限内与中标人订立书面合同，明确双方的权利、义务和违约责任。

A. 中标通知书　　B. 合同意向书　　C. 合同文本　　D. 合同草案

10. 企业应当建立(　　)制度，重点评价工程项目预期目标的实现情况和项目投资效益等，并以此作为绩效考核和责任追究的依据。

A. 完工项目后评估　　B. 竣工验收

C. 竣工决算审计　　D. 竣工决算报告

二、多选题

1. 企业应当指定专门机构归口管理工程项目，根据(　　)和(　　)，提出项目建议书，开展可行性研究，编制可行性研究报告。

A. 发展战略　　B. 年度投资计划

C. 年度采购计划　　D. 年度销售计划

2. 在选择承包单位时，企业可以将工程的(　　)一并发包给一个项目总承包单位，也可以将其中的一项或者多项发包给一个工程总承包单位，但不得违背工程施工组织设计和招标设计计划，将应由一个承包单位完成的工程肢解为若干部分发包给几个承包单位。

A. 勘察　　B. 设计　　C. 施工　　D. 设备采购

3. 企业可以委托具有(　　)的专业机构对可行性研究报告进行评审，出具评审意见。从事项目可行性研究的专业机构不得再从事(　　)的评审。

A. 可行性研究报告　　B. 相应资质

C. 工程项目投资　　D. 工程项目变更

4. 企业工程项目至少应当关注下列风险(　　)。

A. 立项缺乏可行性研究或者可行性研究流于形式

B. 项目招标暗箱操作，存在商业贿赂

C. 工程造价信息不对称，技术方案不落实，概预算脱离实际

D. 工程物资质次价高，工程监理不到位，项目资金不落实

E. 竣工验收不规范，最终把关不严

5. 未经工程(　　)签字，工程物资不得在工程上使用或者安装，不得进行下一道工序施工，不得拨付(　　)，不得进行(　　)。

A. 监理人员　　B. 工程价款　　C. 竣工验收　　D. 工程施工

6. 工程招标一般包括(　　)、评标和定标等主要环节。

A. 招标　　B. 投标　　C. 验标　　D. 开标

7. 工程建设的主要工作包括(　　)和工程变更。

A. 工程监理　　B. 工程评审

C. 工程物资采购　　D. 工程价款结算

8. 企业应当加强竣工决算审计，未实施(　　)的工程项目，不得办理(　　)手续。

A. 竣工决算审计　　B. 竣工验收　　C. 工程交接　　D. 竣工审计

9. 工程项目的业务流程主要包括工程立项、(　　)、工程验收和项目后评估等环节。

A. 工程监理　　B. 工程招标　　C. 工程设计　　D. 工程建设

10. 企业应当组织(　　)等部门的专家对项目建议书和可行性研究报告进行充分论证和评审，出具评审意见，作为项目决策的重要依据。

A. 规划　　B. 工程　　C. 技术　　D. 财会

E. 法律

三、判断题

1. 工程项目可以分为基本建设项目和技术改造项目两大类。（　）

2. 任何个人不得单独决策或者擅自改变集体决策意见。工程项目决策失误应当实行责任追究制度。（　）

3. 企业可以根据项目特点决定是否编制标底。需要编制标底的，标底编制过程和标底应当严格保密。（　）

4. 工程项目的评估必须在可行性研究前进行。（　）

5. 企业可以委托具备相应资质的中介机构开展工程造价咨询工作。（　）

6. 企业可以委托具有相应资质的专业机构开展可行性研究，并按照有关要求形成可行性研究报告。（　）

7. 企业应当建立设计变更管理制度。设计单位应当提供全面、及时的现场服务。因过失造成设计变更的，应当实行责任追究制度。（　）

8. 工程项目按其实施过程一般可以分为决策阶段、设计阶段、实施阶段、竣工阶段和项目后评价阶段。（　）

9. 重大设备和大宗材料的采购应当根据有关招标采购的规定执行。（　）

10. 重大的项目变更应当按照项目决策和概预算控制的有关程序和要求重新履行审批手续。（　）

章节案例

伊朗大坝项目成功案例

我国某公司在承包伊朗某大坝项目时，对该工程项目各个环节都进行严格控制，不仅如期圆满完成了所承包的工程，同时还取得较好的经济效益和社会效益。

(1) 合同管理。公司专门成立了合同管理部，负责合同的签订和管理。在签订合同之前，公司认真研究，针对原合同中的不合理条款据理力争，获得了有利的修改。在履行合同过程中，坚决按照合同办事，项目进展非常顺利，为后来成功索赔提供条件。在工程实施过程中，对一些不可预见的风险，该公司通过保险公司投保工程一切险，有效避免工程实施过程中不可预见风险，并且在投标报价中考虑了合同额的6%作为不可预见费。

(2) 工程进度管理。在项目实施过程中，影响工程进度的主要是人、财、物三方面因素。公司对于物的管理，选择最合理配置，提高设备效率；对设备采取强制性保养、维修，整个项目的设备完好率超过90%，保证工程进度。由于项目承包单位是成建制的单位，不存在内耗，对于人的管理难度相对较小；项目部建立完善的管理制度，对员工特别是当地员工进行严格培训，保证工程进度。

(3) 设备投入。项目部为保证项目进度，向项目投入近2亿元人民币的各类大型施工机械设备，其中包括挖掘机14台、推土机12台、45t自卸汽车35台、25t自卸汽车10台、装卸机7台、钻机5台和振动碾6台等。现场进驻各类技术干部、工长和熟练工人约200人，雇用伊朗当地劳务550人。

(4) 成本管理。项目部也是牢牢抓住人、财、物三个方面，在人员管理方面，中方牢牢控制施工主线和关键项目，充分利用当地资源和施工力量，尽量减少中国人员。通过与当地分包商合作，减少中方投入1 200万～1 500万美元。在资金管理方面，项目部每天清算一次收支，以便对成本以及现金流进行有效掌控。在物质的管理方面，选择最合理的设备配置，加强有效保养、维修和培训，提高了设备的利用效率，降低了设备成本。项目部还特别重视物流工作，聘用专业的物流人员，做到设备、材料一到港就可以得到清关，并能很快应用在工程中，降低了设备材料的仓储费用。

(5) 质量管理。项目合同采用FIDIC的EPC范本合同，项目的质量管理和控制主要依照该合同，严格按照合同框架下施工程序操作和施工。项目部自始就建立完整的质量管理体制，将施工质量与效益直接挂钩，奖罚分明，有效地保证了施工质量。

(6) 沟通管理。为加强对项目的统一领导和监管，协调好合作单位之间的利益关系，公司成立项目领导小组，由总公司、海外部、分包商和设计单位的领导组成，大大增强了公司内部的沟通与交流。当地雇员先培训，使其能很快融入项目中，同时尊重对方及风俗习惯，以促进中伊双方人员之间的和谐。

(7) 人员管理。项目上中方人员主要为中、高层管理人员，以及各作业队主要工长和特殊技工。项目经理部实行聘任制，按项目的施工需要随进随出，实行动态管理，进入项目的国内人员必须经项目主要领导签字认可，实行一人多岗、一专多能，充分发挥每个人的潜力，实行低基本工资加效益工资的分配制度。项目上，机械设备操作手、电工、油工、修理工、杂工等普通工种则在当地聘用，由当地代理成批提供劳务，或项目部直接聘用管理。项目经理部对旗下的四个生产单位(即施工队)实行目标考核、独立核算，各队分配与各队产值、安全、质量、进度和效益挂钩，奖勤罚懒，拉开差距，鼓励职工多劳多得，总部及后勤人员的效益工资与工作目标及各队的完成情况挂钩。

(8) 分包商管理。该项目由该公司下属全资公司(某工程局)为主进行施工，该工程从投标阶段开始，即随同并配合总公司编标、考察现场、参与同业主的合同谈判和施工控制网布置，以及编制详细的施工组织设计等工作，对于项目了解比较深入。该工程局从事国际工程承包业务的技术和管理实力比较雄厚，完全有能力并认真负责地完成受委托的主体工程施工任务。同时，该公司还从系统内抽调土石坝施工方面具有丰富经验的专家现场督导，并从总部派出从事海外工程多年的人员负责项目的商务工作。其合作设计院是国家甲级勘测设计研究单位，具有很强的设计技术能力和丰富的设计经验。分包商也是通过该项目领导小组进行协调管理。

资料来源：https://wenku.baidu.com/view/14e0b249c850ad02de804141.html.

请结合上述材料完成下列事项：

1. 学生分组，建议每组5～7人，注意学生搭配。
2. 选择组长，可以采取固定组长或轮流组长方式，建议轮流组长。
3. 分析讨论伊朗大坝成功原因，形成小组案例分析报告。
4. 发言人代表本小组发言，并回答同学的提问，发言人轮流担任。

参考规范

1.《关于印发企业内部控制配套指引的通知》(财会〔2010〕11号)。
2.《企业内部控制应用指引第11号——工程项目》。

第七章 研究与开发控制

【学习目标】

1. 理解和熟悉研究与开发的含义。
2. 理解和熟悉研究与开发的总体风险。
3. 理解和熟悉研究与开发的总体要求。
4. 理解和掌握研究与开发流程。
5. 理解和掌握研究与开发的主要风险点与管控措施。

【思维导图】

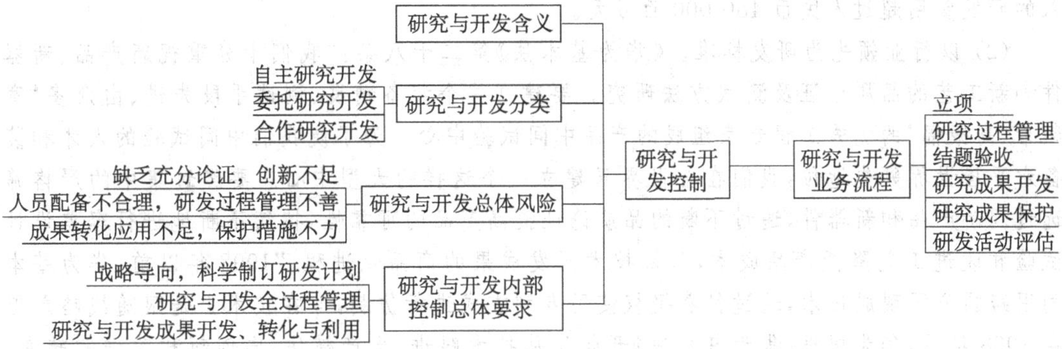

◆ 引导案例

华为研发的成功案例

华为创立于1987年，是全球领先的ICT(信息与通信)基础设施和智能终端提供商，聚焦全连接网络、智能计算、创新终端三大领域，在产品、技术、基础研究、工程能力等方面持续投入，使能客户数字化转型，构建智能社会的基石。坚持多路径、多梯次、多场景化，构建解决方案竞争力持续领先，突破技术瓶颈，打造ICT基础设施的领先方案，让连接无处不在。华为致力于把数字世界带入每个人、每个家庭、每个组织，构建万物互联的智能世界。目前华为有19.4万员工，业务遍及170多个国家和地区，服务30多亿人口。目前，已经有45家世界100强企业、197家世界500强企业选择与华为公司合作，实现数字化转型。华为公司在通信制造行业具有较大的由技术研发所带来的竞争优势。

华为是一家100%由员工持股的民营企业。华为通过工会实行员工持股计划，参与人数为96 768人，参与人仅为公司员工，没有任何政府部门、机构持有华为股权。华为拥有完善的内部治理架构，持股员工选举产生115名持股员工代表，持股员工代表会选举产生董事长和其他16名董事，董事会选举产生4名副董事长和3名常务董事，轮值董事长由3名副董事长担任。轮值董事长以轮值方式主持公司董事会和常务董事会。董事会行使公司战略与经营管理决策权，是公司战略、经营管理和客户满意度的最高责任机构。董事长主持持股员工代表会。持股员工代表会是公司最高权力机构，对利润分配、增资和董事监事选举等重大事项进行决策。华为坚持围绕客户需求持续创新，加大基础研究投入，厚积薄发，推动世界进步。华为是全球最大专利持有企业之一，截至2018年12月31日，在全球累计获得授权专利87 805件，其中中国授权专利累计43 371件，中国以外国家授权专利累计44 434件。90%以上专利为发明专利。

(1) 巨额研发投入。华为公司的产品研发流程包含6个阶段，分别是概念阶段、计划阶段、开发阶段、验证阶段、发布阶段以及产品生命周期阶段。产品研发项目的各个流程都存在较高的研发失败风险，项目进行过程伴随着诸多风险，给研发项目的正常运行带来不利影响。成立伊始，华为就非常重视自主技术路线，利润刚刚过亿就斥巨资研发2 000门交换机，紧接着研发万门交换机直至筹建研究中心，华为一直秉承着对技术研发的高投入的投资导向。每年投入几十亿研发费用，这种高投入、高产出的业务模式为华为在研发和技术上的长远储备打下坚实基础。华为坚持每年将10%以上的销售收入投入研究与开发，从而保证了公司的技术领先和技术储备。2018年，从事研究与开发的人员有8万多名，约占公司总人数的45%；研发费用支出为人民币101 509百万元，约占全年收入的14.1%。近十年累计投入的研发费用超过人民币480 000百万元。

(2) 以行业领先为研发标准。《华为基本法》第二十八条："我们十分重视新产品、新器件和新工艺的品质论证及测试方法研究。要建立一个装备精良、测试手段先进、由众多'宽频带、高振幅'的优秀工程专家组成的产品中间试验中心。为了使我们中间试验的人才和装备水平居世界领先地位，我们在全世界只建立一个这样的大型中心。要经过集中的严格筛选过滤新产品和新器件，通过不断的品质论证提高产品的可靠性，持续不断地进行容差设计试验和改进工艺降低产品成本，加快技术开发成果的商品化进程。"1998年以前，华为基本利用跨国公司现成技术，通过付费授权使用专利方式进行仿制，即在技术上是跟随战略。但在1998年后，华为根据《华为基本法》开始了从技术跟进、生产模仿，向创新和改进的转变。对于规模实力、研发能力相当的"主要竞争对手"，在决定成功的关键技术上和既定的战略增长点上，以超过竞争对手的强度配制资源，要么不做，要做就极大地集中人力、物力和财力，实现重点突破。华为作为电信设备巨头中唯一的民营企业，从资金、人员、政策扶持等关键资源上都处于劣势，只有在企业内部资源的配置上做文章，由整体的弱，变成局部的强，在某一个阶段、某一个方面领先对手，占领市场，形成竞争力。从建立之初的追随型研发战略成功转型为进攻型研发战略。目前，华为公司在全球共建有15个研究院(所)以及36个联合创新中心，研究内容均为国际领先技术，如通信专项、材料专项、云专项、5G专项以及人工智能等。

(3) 以客户需求为研发导向。《华为基本法》第二十六条："顾客价值观的演变趋势引导着我们的产品方向。我们的产品开发遵循在自主开发的基础上广泛开放合作的原则。在选择研究开发项目时，敢于打破常规，走别人没有走过的路。我们要善于利用有节制的混沌状态，寻求对未知领域研究的突破；要完善竞争性的理性选择程序，确保开发过程的成功。"在技术策略上华为考虑的唯一因素就是客户需求。在攻克新技术时，加大研发投入，以新技术赢得市场，多是一些有客户现实需求但技术不一定很难的产品，即与核心技术相对的应用技术。华为反对技术人员闭门造车，鼓励员工们走与生产实践相结合的道路。为鼓励研发人员克服只追求技术先进而缺乏对市场的敏感倾向，华为硬性规定每年必须有5%的研发人员转做市场，同时也有一定比例的市场人员转做研发。这样一切以市场需求为导向的政策不仅赢得市场，还给华为比竞争对手更快的市场反应速度。

(4) 建立全球研发响应机制。《华为基本法》第二十七条："我们要建立互相平行、符合大公司战略的三大研究系统，即产品发展战略规划研究系统，产品研究开发系统，以及产品中间试验系统。随着公司的发展，我们还会在国内外具有人才和资源优势的地区，建立分支研究机构。在相关的基础技术领域中，不断地按'窄频带、高振幅'的要求，培养一批基础技术尖子。在产品开发方面，培养一批跨领域的系统集成带头人。把基础技术研究作为研究开发人员循环流程的一个环节。没有基础技术研究的深度，就没有系统集成的高水准；没有市场和系统集成的牵引，基础技术研究就会偏离正确的方向。"华为已经在美国、印度、瑞典和俄罗斯设立了研发中心，在我国北京、上海、西安、成都和南京等城市，都设有研发机构。每年有上千个技术专利。其中，华为在中国的中央软件部、南京研究所、上海研究所以及印度的研究所，均通过了CMM5认证，这标志着华为在软件开发管理和质量控制等方面，已经达到了业界最高的水平。华为的全球同步研发战略使其受益匪浅，华为印度研究所的所在地班加罗尔市，是世界有名的"硅谷"，众多著名IT企业都把实验室设立此地，华为员工能接触到在国内无法真正接触的先进技术。中方员工通过与印度员工的合作，也更能促进双方技术交流。华为的许多项目，都是由华为中方的软件开发人员和印度软件开发人员共同承担的。

资料来源：华为官网，https://www.huawei.com/cn/.

思考问题：结合研究与开发应用指引评价华为研发的成功之处。

一、研究与开发控制内容与要求

研究与开发是企业核心竞争力的本源，是促进企业自主创新的重要体现，是企业加快转变经济发展方式的强大推动力。钱学森曾经说过，科技创新就是自主研发拥有曾经"买不到、买不起、买回来已落后"的核心技术；即使买到产品，也买不到产权；买到产权，买不到知识；买到知识，买不到人才。创新、产权、知识、人才是核心资源，自主创新是第一要务。在经济全球化的背景下，企业应坚定不移地走自主创新之路，重视和加强研究与开发，并将相关成果转化为生产力，在竞争中赢得主动权，夺得先机。研发应用指引旨在有效控制研发风险，提升企业自主创新能力，充分发挥科技的支撑引领作用，促进实现企业发展战略。

（一）研究与开发的含义

为了促进企业自主创新，增强核心竞争力，有效控制研发风险，实现发展战略，根据有关法律、法规和《企业内部控制基本规范》，制定《企业内部控制应用指引第10号——研究与开发》，本指引所称研究与开发，是指企业为获取新产品、新技术、新工艺等所开展的各种研发活动。

企业内部控制应用指引第10号——研究与开发

（二）研究与开发的分类

1. 自主研究开发

自主研究开发是指主要依靠自己的资源、技术、人力，独立研究开发，并在研究开发项目的主要方面拥有完全独立的知识产权。自主研究开发包括原始创新、集成创新和在引进消化基础上再创新三种类型。

2. 委托研究开发

委托研究开发是指委托具有研发能力的企业、科研单位或机构开展的研究开发，研发所需经费由委托人全额承担，受托人交付研究开发成果。企业受研发技术人员、资金、时间、信息等因素制约，通过契约形式将自身研发任务整体委托给外部单位或机构完成，或者从外部企业购买整体研发技术。企业集中精力完成自身实力可以完成的研发任务，避免重复研发，增强自身核心竞争力。

3. 合作研究开发

合作研究开发是指企业与其他企业、科研机构、高等院校之间的联合研发行为，合作各方共同参与、共同出资、共享效益、共担风险，共同研发完成同一研究开发项目。合作研究开发是以合作创新为目的，优势互补为前提，多个组织共同参与的研发模式。合作研发可以有效利用组织外部资源，降低研发成本，分摊研发投入、共担研发风险、分享研发成果。

（三）研究与开发总体风险

（1）研究项目未经科学论证或论证不充分，可能导致创新不足或资源浪费。

（2）研发人员配备不合理或研发过程管理不善，可能导致研发成本过高、舞弊或研发失败。

（3）研究成果转化应用不足、保护措施不力，可能导致企业利益受损。

（四）研究与开发内部控制的总体要求

（1）以发展战略为导向，科学制订研发计划。

以企业发展战略为导向，坚持重点业务重点研发的工作思路，围绕提升企业核心竞争力开展研发活动。研发计划的制订要科学合理，贴近市场与企业。

（2）强化研发活动全过程管理，规范研发行为。

科学规划、周密部署、强化研发过程管理，规范研究与开发行为。建立研发项目管理制度和技术标准，建立信息反馈制度和重大事项报告制度；严格落实岗位责任制，合理设计项目实施进度计划和组织结构，跟踪项目进展，保证项目顺利实施。

（3）加强研究成果开发，促进研发成果转化与高效利用。

企业研发活动的最终目的是将潜在生产力转化为现实经济效益，企业应在科研、生产与市场之间建立有机联系，促进研究成果的转化，加强研究成果开发，形成科研、生产、市场一体化的自主创新机制，促进研发成果向生产转移和成果转化，调动科研人员积极性，不断提升自主创新能力，持续提升研发活动管理水平。

二、研究与开发业务流程与风险管理

（一）研究与开发业务流程

研究与开发基本流程主要包括立项、研发过程管理、结题验收、研究成果的开发、研究成果的保护、研发活动评估等。企业应当着力梳理研究与开发业务流程，针对主要风险点和关键环节，制定切实有效的控制措施，不断提升研发活动全过程的风险管控效能。一般企业研究与开发活动的业务流程如图 7-1 所示。

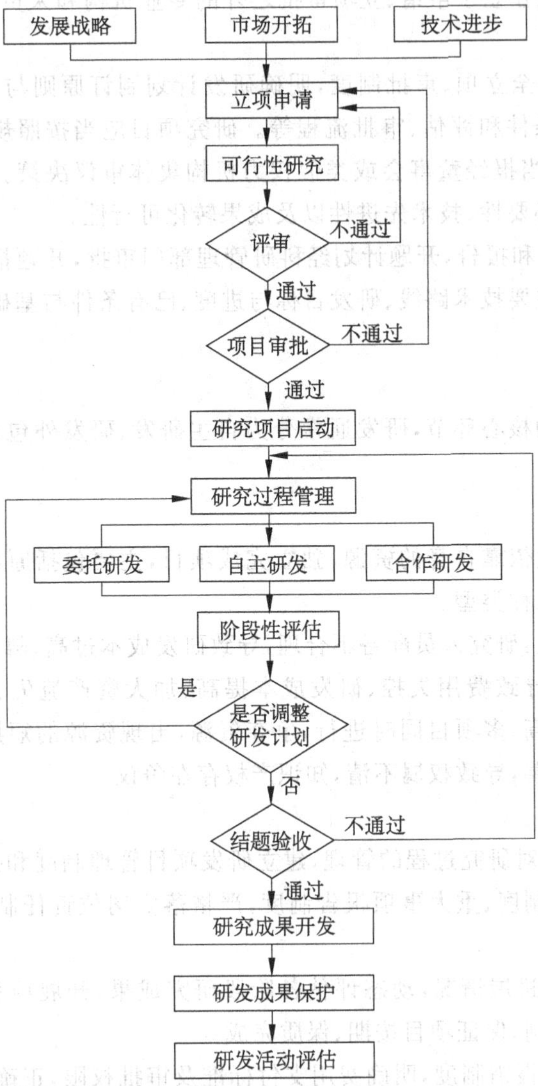

图 7-1　研究与开发业务流程

（二）各环节的主要风险点及管控措施

1. 立项

立项环节主要包括立项申请、评审和审批。

该环节的主要风险：研发计划与国家（或企业）科技发展战略不匹配，项目评审和审批环节把关不严，项目未经科学论证或论证不充分，承办单位（或项目负责人）缺乏相应资质，可能导致创新不足、项目必要性较小或资源浪费。

主要管控措施如下。

（1）企业应结合发展战略、市场需要及技术现状，制订研究计划，提出研究项目立项申请，开展可行性研究，编制可行性研究报告。立项申请时，项目可行性报告应该明确立项理由、开发内容与方式、开发项目的技术路线、工艺流程、技术和经济目标、开发进度与完成期限、项目预算、研发人员（或合作方）的基本条件与概况等。

(2) 企业可以组织独立于申请、立项审批之外的专业机构和人员进行评估论证，出具评审意见。

(3) 企业应建立健全立项、审批制度，明确研发计划制订原则与审批人，审查承办单位(或项目负责人)资质条件和评估、审批流程等。研究项目应当按照规定的权限和程序进行审批，重大研究项目应当报经董事会或类似权力机构集体审议决策。审批应当重点关注研究项目促进企业发展必要性、技术先进性以及成果转化可行性。

(4) 制订开题计划和报告，开题计划经科研管理部门审批，开题报告应对市场需求与效益、国内外研究现状、主要技术路线、研发目标与进度、已有条件与基础、经费等分析论证，确保项目符合企业需求。

2. 研究过程管理

研发过程是研发的核心环节，研发通常分为自主研发、研发外包(包括委托研发和合作研发)。

1) 自主研发

自主研发是指企业依靠自身的资源，独立完成项目，主要包括原始创新、集成创新和引进消化基础上再创新三种类型。

该环节的主要风险：研究人员配备不合理，导致研发成本过高、舞弊或研发失败；研发过程跟踪管理不善，可能导致费用失控、研发成本提高、加大资产流失、科技收入形成账外资产、错误的修正成本提高，多项目同时进行，争夺资源，出现资源的短期局部缺乏，影响研发效率；科研合同管理不善，导致权属不清，知识产权存在争议。

主要管控措施如下。

(1) 企业应当加强对研究过程的管理，建立研发项目管理制度和技术标准，合理配备专业人员，建立信息反馈制度、重大事项报告制度，严格落实岗位责任制，确保研究过程高效、可控。

(2) 及时跟踪项目进展情况，动态评估各阶段研究成果，开展项目中期评审，及时纠偏调整，建立良好工作机制，保证项目按期、保质完成。

(3) 建立研发费用报销制度，明确费用支付标准及审批权限，正确划分资本性支出和费用性支出，准确会计核算。

2) 研发外包

根据外包程度不同，研发外包主要分为委托研发和合作研发。

该环节的主要风险：外包单位选择不当、知识产权界定不清、未签订外包合同、合同条款存在重大疏漏和欺诈、合作方案设计不合理、资源整合不当等风险。

主要管控措施如下。

(1) 企业应遵循成本效益、诚实守信、技术优势互补原则遴选外包合作伙伴，加强外包单位资信、专业能力等方面的管理。

(2) 委托研发应采用招标、议标等方式确定受托单位，签订规范详尽的外包研发合同，明确成果产权归属、研究进度和质量标准等内容。

(3) 合作研发应对合作单位开展尽职调查，签订书面合作研究合同，明确双方投资、分工、权利和义务、研究成果产权归属等。

3. 结题验收

结题验收是对研究成果进行质量验收，结题验收主要包括检测鉴定、专家评审、专题会议三种方式。

该环节的主要风险：验收人员缺乏技术、能力、独立性等，造成验收成果与事实不符；测试与鉴定投入不足，导致测试与鉴定不充分，难以有效降低技术失败风险。

主要管控措施如下。

(1) 企业应当建立和完善研究成果技术验收制度，严格执行测试程序，组织专业人员对研究成果进行独立评审和验收。对验收过程中发现的异常情况应重新进行验收申请或补充进行研发。

(2) 落实技术主管部门验收责任，加大企业在测试和鉴定阶段投入，降低失败风险，由独立且具备专业胜任能力的测试人员进行鉴定试验，对重要研究项目可以组织外部专家参加正式、系统、严格的鉴定评审。

(3) 企业对于通过验收的研究成果，可以委托相关机构进行审查，确认是否申请专利或作为非专利技术、商业秘密等进行管理。企业对于需要申请专利的研究成果，应当及时办理有关专利申请手续。

4. 研究成果开发

研究成果开发是指企业将研究成果经过开发过程转换为企业产品。

该环节的主要风险：研究成果转化应用不足导致资源闲置；新产品未经充分测试导致大批量生产不成熟或成本过高；营销策略与市场需求不符导致营销失败。

主要管控措施如下。

(1) 企业应当加强研究成果的开发，形成科研、生产、市场一体化的自主创新机制，坚持开展以市场为导向的新产品开发消费者测试，促进研究成果及时有效转化。

(2) 研究成果的开发应当分步推进，通过试生产充分验证产品性能，在获得市场认可后方可进行批量生产。

(3) 加强技术管理，攻克关键核心技术，科学鉴定大批量生产的技术成熟度，力求降低产品成本。

(4) 建立研发项目档案，推进有关信息资源共享和应用。

5. 研究成果保护

研究成果保护是企业研发管理成果采取有效的保护方式，可保护研发企业的合法权益。

该环节的主要风险：未能有效识别并保护知识产权，权属未能明确规范，研发的新技术或产品被限制使用；核心研究人员缺乏管理激励制度，导致形成新的竞争对手或技术秘密外泄。

主要管控措施如下。

(1) 进行知识产权评审，及时取得权属。

(2) 加大立项申请、评估与审批阶段的专利信息检索，确定自主研发成果是否可以正常使用。

(3) 建立研究成果保护制度，加强对专利权、非专利技术、商业秘密及研发过程中形成的各类涉密图纸、程序、资料的管理，严格按照制度规定借阅和使用。禁止无关人员接触研究成果。

(4) 建立严格的核心研究人员管理制度，明确界定核心研究人员范围和名册清单并与之签署保密协议。

(5) 企业与核心研究人员签订劳动合同时，应当特别约定研究成果归属、离职条件、离职移交程序、离职后保密义务、离职后竞业限制年限及违约责任等内容。

(6) 实施合理有效的研发绩效管理，建立健全核心研发人员长效激励机制。

6. *研发活动评估*

研发活动评估是对研发项目的立项、研究、开发、保护等过程进行的全面评估，是研究与开发内部控制建设的重要环节，立项阶段的评估、研究开发过程的跟踪评估与信息反馈、研发结果的评估与保护三个阶段环环相扣，相互衔接，缺一不可。

该环节的主要风险：对评估缺乏足够的认识，对相关评估部门及人员素质要求更高，评估指标选取存在一定的风险等。

主要的管控措施如下。

(1) 企业应当建立研发活动评估制度，通过对研发活动过程的全面评估，认真总结研发管理经验，分析存在的薄弱环节，完善相关制度和办法，不断改进和提升研发活动的管理水平。

(2) 构建不同类型项目的评估指标体系。

(3) 增加评估工作的预算和人员安排。

总之，研究与开发是企业持久发展的不竭动力，始终坚持把研究与开发作为企业发展的重要战略，紧密跟踪科技发展趋势，是切实提升核心竞争力、增强企业国际竞争力的重要保证。

本章小结

本章详细分析了研究与开发主要风险与管理控制，阐述了研究与开发的含义、分类、内控的总体要求、业务流程、风险与措施等内容。

能力训练

一、单选题

1. 新技术是指在一定地域、时域和行业内有所创新并具有(　)的技术。

A. 战略性　　B. 市场潜力　　C. 经济效益　　D. 竞争能力

2. 研究成果的开发应当(　　)，通过试生产充分验证产品性能，在获得市场认可后方可进行批量生产。

A. 直接转化　　B. 分步推进　　C. 平行推进　　D. 整体推进

3. 研究阶段是指为获取并理解新的科学或技术知识而进行的(　　)有计划调查的阶段。

A. 有组织　　B. 独创性的　　C. 有预算　　D. 开拓性的

4. 企业应当建立和完善研究成果(　　)，组织专业人员对研究成果进行独立评审和验收。

A. 验收制度　　B. 评价制度　　C. 登记制度　　D. 岗位责任制度

5. 立项主要包括立项申请、(　　)和审批三个步骤。

A. 计划　　B. 可行性研究　　C. 评审　　D. 预算

6. 企业对于通过验收的研究成果，可以委托相关机构进行审查，确认是否申请(　　)或作为非专利技术、商业秘密等进行管理。企业对于需要申请专利的研究成果，应当及时办理有关专利申请手续。

A. 专利　　B. 非专利技术　　C. 商业秘密　　D. 商标

7. 企业应当跟踪检查研究项目进展情况，评估各阶段研究成果，提供足够的经费支持，确保项目(　　)完成，有效规避研究失败的风险。

A. 按期、保质　　B. 完整、准确　　C. 及时、可靠　　D. 保质、保量

8. 结题验收是对研究过程形成的交付物进行(　　)验收。

A. 评审　　B. 质量　　C. 检查　　D. 总结

9. 企业可以组织独立于申请及(　　)之外的专业机构和人员进行评估论证，出具评估意见。

A. 立项审批　　B. 可行性研究　　C. 重大研究项目　　D. 研究计划

10. 企业应当建立研究成果保护制度，加强对专利权、非专利技术(　　)及研发过程中形成的各类涉密图纸、程序、资料的管理，严格按照制度规定借阅和使用。禁止无关人员接触研究成果。

A. 专利权　　B. 非专利技术　　C. 商业秘密　　D. 固定资产

二、多选题

1. 企业应当根据实际需要，结合(　　)，提出研究项目(　　)，开展(　　)，编制(　　)。

A. 研发计划　　B. 立项申请　　C. 可行性研究　　D. 可行性研究报告

2. 研究与开发是指企业为获取(　　)等所持续进行的具有明确目标的各种研究开发活动。

A. 新产品　　B. 新方法　　C. 新技术　　D. 新工艺

3. 企业与核心研究人员签订劳动合同时，应当特别约定研究(　　)、离职条件、离职移交程序、离职后(　　)、离职后(　　)年限及(　　)等内容。

A. 成果归属　　B. 保密义务　　C. 竞业限制　　D. 违约责任

4. 研究成果保护的主要控制措施包括(　　)。

A. 建立研究成果保护制度　　B. 进行知识产权评审，及时取得权属

C. 建立严格的核心研究人员管理制度　　D. 建立实施研发长效激励机制

5. 企业与其他单位合作进行研究的，应当对合作单位进行(　　)，签订书面合作研究(　　)，明确双方投资、分工、权利义务、研究成果(　　)等。

A. 尽职调查　　B. 产权归属　　C. 合同　　D. 协议

6. 开发阶段是指在进行商业性生产或使用前，将研究成果或其他知识应用于某项计划或设计，以生产出新的或具有实质性改进的(　　)等的阶段。

A. 材料　　B. 装置　　C. 技术　　D. 产品

7. 研究项目应当按照规定的权限和程序进行审批，重大研究项目应当报经董事会或类

似权力机构集体审议决策。审批过程中，应当重点关注研究项目促进企业发展的（ ）、技术的（ ）以及成果转化的（ ）。

A. 先进性 B. 可行性 C. 必要性 D. 战略性

8. 企业研究项目委托外单位承担的，应当采用招标、协议等适当方式确定受托单位，签订（ ），约定研究成果的（ ）和（ ）等相关内容。

A. 外包合同 B. 产权归属 C. 研究进度 D. 质量标准

9. 开展研发活动至少应当关注的风险包括（ ）。

A. 研发项目论证失误风险 B. 研发管理不善风险

C. 研究成果转化不足风险 D. 研究成果保护不力风险

10. 企业应当加强研究成果的开发，形成（ ）一体化的自主创新机制，促进研究成果转化。

A. 科研 B. 生产 C. 市场 D. 采购

三、判断题

1. 企业应当加强对研究过程的管理，合理配备专业人员，严格落实岗位责任制，确保研究过程高效、可控。（ ）

2. 企业应当建立严格的核心研究人员管理制度，明确界定核心研究人员范围和名册清单，签署符合国家有关法律、法规要求的保密协议。（ ）

3. 研究与开发一般分为自主研究开发、委托研究开发和合作研究开发三种方式。（ ）

4. 研究成果转化应用不足、保护措施不力，可能导致企业利益受损。（ ）

5. 研发人员配备不合理或研发过程管理不善，可能导致研发成本过高、舞弊或研发失败。（ ）

6. 企业研发的最终目的是将潜在的生产力转化为实在的生产技术或产品。（ ）

7. 如果企业重研究、轻开发，缺乏研究成果向生产过程转化的能力和措施，可能导致研究成果发挥不出应有的效能，挫伤企业开展创新研究的积极性，导致企业丧失核心竞争力。（ ）

8. 研究项目未经科学论证或论证不充分，可能导致创新不足或资源浪费。（ ）

9. 企业应当建立研发活动评估制度，加强对立项与研究、开发与保护等过程的全面评估。（ ）

10. 企业应当重视研发工作，根据发展战略，结合市场开拓和技术进步要求，科学制订研发计划，强化研发全过程管理，规范研发行为，促进研发成果的转化和有效利用，不断提升企业自主创新能力。（ ）

章节案例

轻视研发，不进则退

1984 年成立之后，戴尔坚持按订单生产和向客户直接销售的路线，成长曲线一直平稳上升（除 1993 年因尝试传统分销渠道经历第一次亏损）。1997 年，戴尔已经以超过同行业水平 3 倍的速率增长。2000—2005 年，戴尔公司年收益以 16% 的速度增长，年利润增长率更是达到21%。但这一上升曲线在2005年之后骤然失力。自2006年,戴尔公司的运营业绩连续多个季度低于市场预期。2005年,戴尔高达1 000亿美元的市值相当于惠普和苹果两家公司的总和,一年之后,市值就急跌一半。

为降低成本,戴尔每年所投入的研发资金"相当有限",一直远低于其竞争对手。2009年戴尔投入的研发资金为6.2亿美元,仅占其总营业收入的1.2%。而惠普,2009年相应研发资金投入27.7亿美元,占其总营业收入的2.4%。同期苹果也投入11亿美元研发资金,占其总营业收入的2.3%。而2007年的研发投入戴尔为6.1亿美元,惠普为8.98亿美元,苹果为7.82亿美元。可见,在竞争对手大幅增加研发投入的情况下,戴尔却基本维持在原来水平。2009年,戴尔已经跌至300亿美元,市值甚至低于苹果公司的现金储备额。截至2010年1月的财年报告显示,戴尔的收入从上一年的611亿美元下降至529亿美元,净利润则从上一年的25亿美元下降至14亿美元。

资料来源:傅胜,池国华. 企业内部控制规范指引操作案例点评[M]. 北京:北京大学出版社,2011:144.

请结合上述材料完成下列事项:

1. 学生分组,建议每组5人左右,注意搭配。
2. 选择组长与发言人,可以固定或轮流担任。
3. 分析讨论戴尔研发失败的原因,形成小组案例分析报告。
4. 发言人代表本组发言,并回答教师及同学提问。

参考规范

1.《关于印发企业内部控制配套指引的通知》(财会〔2010〕11号)。

2.《企业内部控制应用指引第10号——研究与开发》。

第八章　担保业务控制

【学习目标】

1. 理解和熟悉担保的含义。
2. 理解和熟悉担保业务的总体风险。
3. 理解和熟悉担保业务的总体目标。
4. 理解和掌握担保业务流程。
5. 理解和熟悉担保业务的主要风险点与管控措施。

【思维导图】

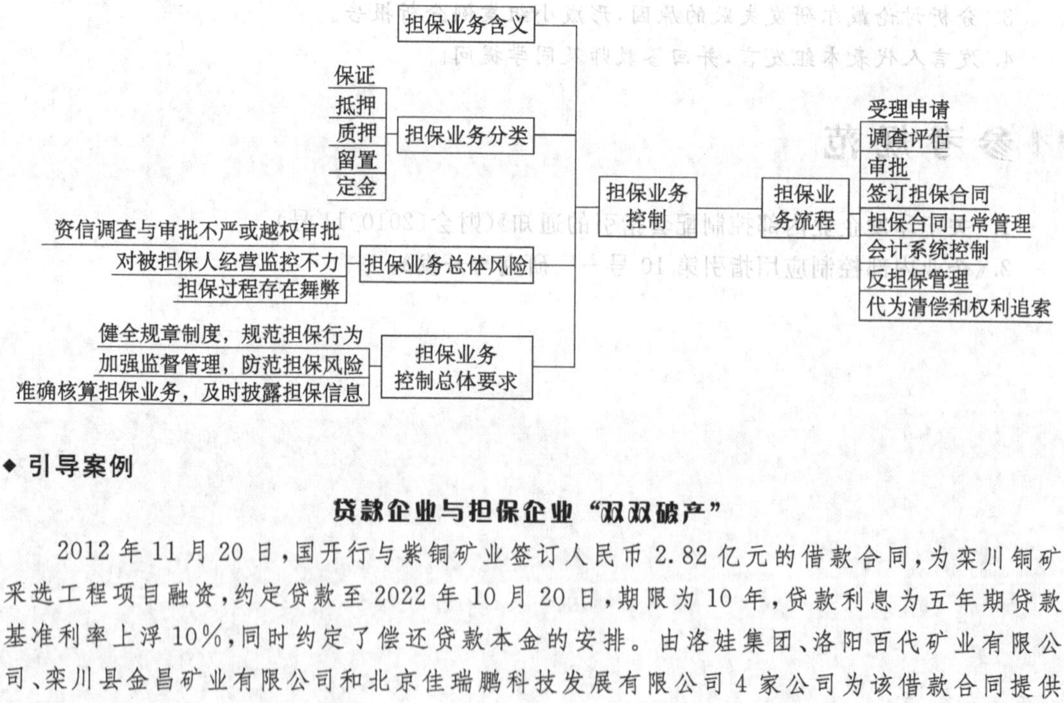

◆ 引导案例

贷款企业与担保企业“双双破产”

2012年11月20日，国开行与紫铜矿业签订人民币2.82亿元的借款合同，为栾川铜矿采选工程项目融资，约定贷款至2022年10月20日，期限为10年，贷款利息为五年期贷款基准利率上浮10%，同时约定了偿还贷款本金的安排。由洛娃集团、洛阳百代矿业有限公司、栾川县金昌矿业有限公司和北京佳瑞鹏科技发展有限公司4家公司为该借款合同提供连带责任担保，洛阳百代矿业有限公司还将所持的《洛阳百代矿业有限公司河南省栾川县都督尖铁矿采矿许可证》做抵押。

贷款合同签订后，国开行2012年放款1.1亿元，2013年1—2月放款两笔合计1亿元，2013年7月30日放款3 200万元为最后一笔，接连发放贷款共计2.82亿元。紫铜矿业随后也按照约定陆续偿还本金1.3亿元，但自2018年12月21日起开始欠息。国开行遂即宣布合同项下贷款全部提前到期，2019年4月1日，国开行与紫铜矿业、洛阳百代矿业有限公司、洛娃集团等企业的借款合同纠纷立案。就在该借款合同纠纷审理阶段，作为担保方的洛娃集团债务出现问题，于2019年5月13日宣布破产重整，涉及债务规模超过90亿元。国开行在起诉确定企业债权的同时，于2019年9月17日，与长城资产签署《资产转让合同》。2019年11月6日，北京市朝阳区人民法院也作出民事裁定，受理紫铜矿业公司的破产重整申请。2019年12月4日，国开行宣布将相关资产处置转让给长城资产，双方联合公告通知债务人及担保方，并进行了对外公示，长城资产取得标的后享有标的债权。2020年3月3日，北京市第四中级人民法院判定紫铜矿业偿还国开行1.6亿元贷款。

据了解，栾川县金昌矿业有限公司、洛阳百代矿业有限公司均为紫铜矿业全资子公司，北京佳瑞鹏科技发展有限公司是紫铜矿业控股股东，洛娃集团则是紫铜矿业的战略投资方。紫铜矿业与洛娃集团在人事上交集颇多，洛娃集团的董事莫某，也是紫铜矿业的监事，还兼任洛娃国际控股有限公司监事会主席、洛阳百代矿业有限公司董事、栾川县金昌矿业有限公司董事、双娃实业有限公司监事等。由于紫铜矿业和洛娃集团均被法院受理破产，同时贷款担保方也均是企业的全资子公司和母公司，贷款偿债能力明显有限，风险已经暴露无遗。

2019年，监管在政策上大力支持制造业，要求商业银行加大对制造业长期贷款和信用贷款的投放，控制风险是贷款投放的关键环节，银行长期贷款的金额和期限通常根据项目来定，更多考量信用风险。长期贷款收益比短期贷款高，但是风险更大，客户长期贷款的审核条件要比短期贷款更高，抵押资产充足性等风控措施会更多，以避免资产大幅缩水。长期贷款大多投向行业和细分领域龙头，这些企业往往代表一个行业，抗风险能力更大。长期贷款的金额会和短期贷款的金额相匹配，加强资金监管防止被长期挪用。企业平均生命周期不长，一旦贷款没有到期，企业就生存困难，银行的损失在所难免。为妥善应对银行长期贷款仍采用到期一次性还本、合同中未写明贷款资金用途、贷款“三查”制度执行不严等问题，中国银行业监督管理委员会2010年已出台《中国银监会关于规范中长期贷款还款方式的通知》(银监发〔2010〕103号)。

资料来源：中国经营报，2020年3月7日.

思考问题：案例企业存在何种担保问题？

一、担保业务控制内容与要求

担保制度起源于商品交易活动，随着非即时交易的大量出现，商品交易与货币结算产生了时间差，债权债务由此产生，由于债务人的信誉无法完全信赖，因此，债权人需要通过担保等方式来确保债权的实现。一方面，担保有利于债权人降低风险；另一方面，担保也使债权、债务人之间形成稳定且可靠的资金供应关系。

（一）担保业务的含义

根据《中华人民共和国公司法》《中华人民共和国合同法》《中华人民共和国担保法》(以下简称《担保法》)等法律、法规和《企业内部控制基本规范》的要求制定《企业内部控制应用指引第12号——担保业务》，该应用指引中所称的担保，是指企业作为担保人按照公平、自愿、互利的原则与债权人约定，当债务人不履行债务时，依照法律规定和合同协议承担相应法律责任的行为。

企业内部控制应用指引第12号——担保业务

《中华人民共和国公司法》

《中华人民共和国合同法》

《中华人民共和国民法典》

（二）担保业务的分类

担保按类型分包括人的担保与物的担保、一般担保与特殊担保、法定担保与约定担保、本担保与反担保。具体包括贷款担保、贸易担保、租赁担保、发行债券担保、票据担保、工程担保、商业信用担保、纳税担保等，但不包含担保企业的担保业务以及按揭销售中涉及的担保等具有日常经营性质的担保行为。其中，债务担保主要有保证、抵押、质押、留置和定金等形式，实践中主要采用抵押和质押。

1. 保证

保证是指保证人和债权人约定，当债务人不履行债务时，保证人按照约定履行债务或者承担责任的行为。

2. 抵押

抵押是指债务人或者第三人不转移对财产(《担保法》第三十四条所列)的占有，将该财产作为债权的担保。债务人不履行债务时，债权人有权依照《担保法》规定以该财产折价或者以拍卖、变卖该财产的价款优先受偿。

3. 质押

质押是指债务人或者第三人将其动产移交债权人占有，将该动产作为债权的担保。债务人不履行债务时，债权人有权依照《担保法》规定以该动产折价或者以拍卖、变卖该动产的价款优先受偿。质权分为动产质权和权利质权两种。动产质权是指可移动并因此不损害其效用的物的质权；权利质权是指以可转让的权利为标的物的质权。

4. 留置

留置是指依照《担保法》第八十二条的规定，债权人按照合同约定占有债务人的动产，债务人不按照合同约定的期限履行债务的，债权人有权依照本法规定留置该财产，以该财产折价或者以拍卖、变卖该财产的价款优先受偿。留置权具有担保物权的共有属性，同时也有一些独特属性。如留置财产只能是动产、留置权具有留置和担保双重效力以及留置权人事先占有留置物等。

5. 定金

当事人可以约定一方向对方给付定金作为债权的担保。债务人履行债务后，定金应当抵作价款或者收回。给付定金的一方不履行约定的债务的，无权要求返还定金；收受定金的一方不履行约定的债务的，应当双倍返还定金。

（三）担保业务总体风险

(1) 对担保申请人的资信状况调查不深，审批不严或越权审批，可能导致企业担保决策失误或遭受欺诈。

《中华人民共和国担保法》

最高人民法院关于适用《中华人民共和国担保法》若干问题的解释

(2) 对被担保人出现财务困难或经营陷入困境等状况监控不力，应对措施不当，可能导致企业承担法律责任。

(3) 担保过程中存在舞弊行为，可能导致经办审批等相关人员涉案或企业利益受损。

(四) 担保业务控制的总体要求

1. 健全规章制度，规范担保行为

担保是企业的一项重要法律行为，受《公司法》《合同法》和《担保法》等诸多法律、法规的约束和规范。企业应当依法制定和完善担保业务政策、业务流程及相关管理制度，严格按照政策、制度、流程办理担保业务。

2. 加强监督管理，防范担保风险

企业应将日常的监督管理作为风险控制的重要手段，对被担保单位实施全面、动态监督。要跟踪监控借款资金的使用情况和资金状况，督促被担保单位按规定用途使用借款资金，按合同约定履行还款义务；在其借款合同履行完毕后，要及时解除担保责任、消除或有负债，从源头和制度上防范担保风险，维护企业利益。

3. 准确核算担保业务，及时披露担保信息

担保业务是企业的或有负债，一旦被担保方无力偿还到期债务，担保方就不得不承担连带责任而负责清偿债务。企业应按照国家统一的会计准则进行担保会计处理，确保所有担保业务记录均能如实反映实际情况，保证账面担保责任与实际担保责任相一致。要将企业的对外担保业务分别不同情况在会计报表及其附注中及时、正确、恰当地加以反映，以客观地反映企业的财务状况和经营成果。

二、担保业务流程与风险管理

(一) 担保业务流程

企业办理担保业务，一般包括受理申请、调查评估、审批、签订担保合同、进行日常监控、担保终止等步骤，具体流程如图 8-1 所示。

(二) 各环节的主要风险点及管控措施

1. 受理申请

受理申请是企业办理担保业务的第一步，由于担保业务具有“双刃剑”特征，一般情况下，符合企业担保政策及相关管理制度的，可以考虑提供担保；反之，应格外慎重，严格限制担保业务活动。

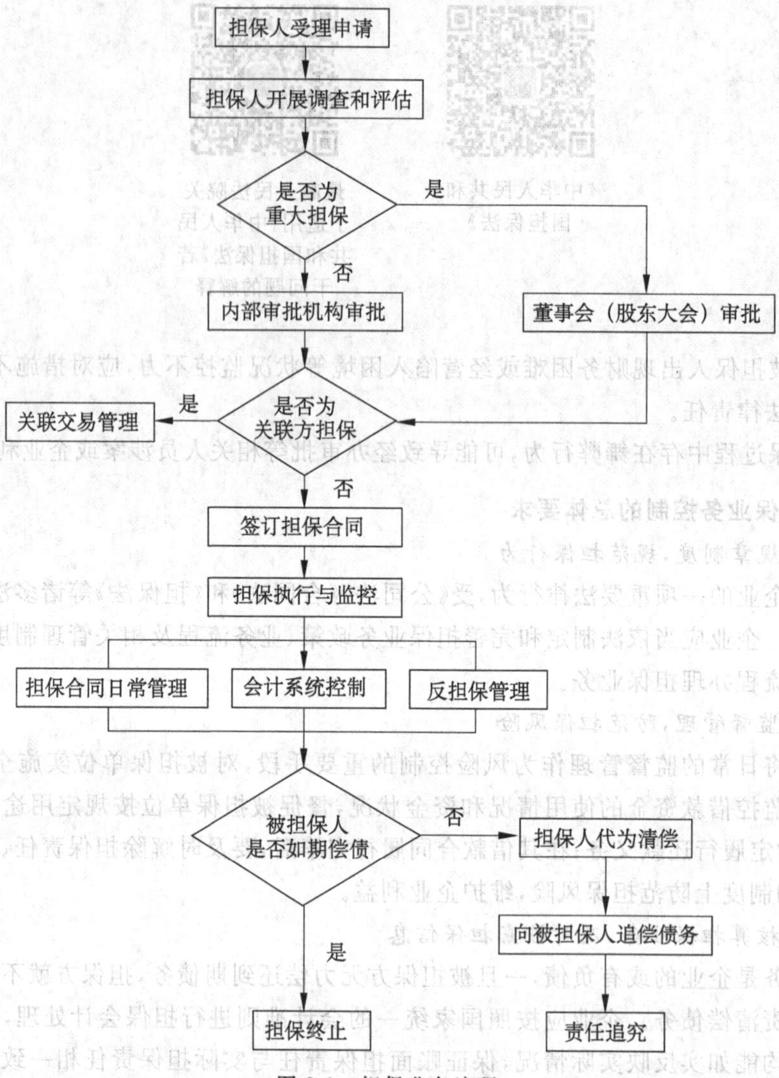

图 8-1　担保业务流程

该环节的主要风险：企业担保政策和制度不健全，难以对担保申请进行初评和审核；对担保申请审查把关不严，导致申请受理流于形式；受理人员与担保申请人存在关联关系，导致审核与评价缺乏独立性与公正性；受理人员缺乏专业素养或存在职业道德问题。

主要控制措施如下。

(1) 建立健全企业担保政策和管理制度，明确担保对象、范围、方式、条件、程序、担保限额和禁止担保事项。

(2) 严格按照担保政策和管理制度对担保申请人提出的担保申请进行审核与初评。

(3) 担保申请人与受理人存在关联关系，应该回避。

(4) 配备具有良好职业道德并能胜任业务的人员进行初审和评价。

(5) 一般而言，对于与本企业存在密切业务关系从而需要互保的企业、与本企业有潜在重要业务关系的企业、本企业的子公司及具有控制关系的其他企业等，可以考虑提供担保。

(6) 通过对担保申请人的整体实力、经营状况、信用水平进行初步了解，如果担保申请人资料完备、情况翔实、实力较强、经营良好、恪守信用,可以考虑接受申请,反之不予受理。

2. 调查评估

企业在受理担保申请后对担保申请人进行资信调查与风险评估,是办理担保业务的重要环节,一定程度上影响担保业务未来发展。

该环节的主要风险:对担保申请人资信调查不透彻不深入、对担保项目风险评估不科学不全面、调查评估人员缺乏专业胜任能力与职业道德、调查评估人员与担保申请人存在关联关系、企业担保决策失误或遭受欺诈。

主要管控措施如下。

(1) 企业应当指定相关部门具有胜任能力的专业人员负责办理担保业务,调查评估人员与担保业务审批人员应当分离,存在经济利益或近亲属关系的相关人员不得参加调查评估;自身不具备条件的,可以委托中介机构对担保业务进行调查和评估,对于符合条件的担保申请人,经办人员应当在职责范围内,按照审批人员批准意见办理担保,对于审批人超越权限审批的担保业务,经办人员有权拒绝办理。

(2) 对担保申请人进行全面、客观、公正的调查评估,担保业务是否符合法律、法规与企业担保政策要求;评估担保申请人资信情况;担保申请人用于担保和第三方担保的资产状况及权利归属;要求担保申请人提供反担保的,应对反担保财产状况进行评估;涉及对境外企业提供担保的,关注担保申请人所在地政治、经济、法律等因素,评估外汇政策、汇率变动等可能对担保业务造成的影响。

(3) 结合《企业内部控制应用指引第12号——担保业务》规定的不予担保的五类情况,确定企业不予担保的"红线",并结合调查评估情况作出判断:①担保项目不符合国家法律、法规和本企业担保政策的;②已进入重组、托管、兼并或破产清算程序的;③财务状况恶化、资不抵债、管理混乱、经营风险较大的;④与其他企业存在较大经济纠纷,面临法律诉讼且可能承担较大赔偿责任;⑤与本企业已经发生过担保纠纷且仍未妥善解决的,或不能及时足额交纳担保费用的。

(4) 对担保申请人进行资信调查和风险评估后,形成规范形式和内容的书面评估报告,全面反映调查评估情况,为担保决策提供第一手资料,并妥善保管评估报告,作为日后追究有关人员担保责任的重要依据。

3. 审批

审批环节是对调查评估结果的判断与认定,也是担保业务能否进入实际执行阶段的必由之路,在担保业务中具有承上启下的作用。财务部门、法务部门等完成对担保申请人的资信调查和风险评估后,对初步认定符合担保条件的担保申请和评估报告上报财务部门领导审核,再交由有关部门、机构集体审批。

该环节的主要风险:授权审批制度不健全,导致对担保业务的审批不规范;审批不严格或者越权审批,导致担保决策出现重大疏漏,致使担保决策失误或遭受欺诈;审批人员与申请人员存在关联关系,未能申请回避;审批过程存在舞弊行为,导致经办审批等人员涉案或企业利益受损;对关联方的担保审批不规范等。

主要控制措施如下。

(1) 建立和完善担保授权审批制度,明确授权批准的方式、权限、程序、责任和相关控制措施,规定各层级人员应当在授权范围内审批,不得越权审批。加强对子(分)公司担保业务的统一监控，严格限制分公司担保行为，避免因分公司违规担保给本企业带来不利后果；企业内设机构未经授权不得办理担保业务；企业为关联方提供担保的，与关联方存在经济利益或近亲属关系的有关人员在评估与审批环节应当回避。

（2）建立和完善重大担保业务的集体决策审批和联签制度。根据《公司法》等法律、法规，结合企业章程和管理制度，明确重大担保业务的判断标准、审批权限和程序。公司为公司股东或者实际控制人提供担保的，必须经股东会或者股东大会决议；上市公司的重大对外担保，应取得董事会全体成员 2/3 以上签署同意或者经股东大会批准，未经董事会或者类似权力机构批准，不得对外提供重大担保；上市公司担保金额超过公司资产总额 30%的，应当由股东大会作出决议，并经出席会议的股东所持表决权的 2/3 以上通过。

（3）认真审查对担保申请人的调查评估报告，结合公司章程对担保的总额及单项担保的数额有限额规定的，在充分掌握有关情况的基础上，权衡比较本企业净资产状况、担保限额与担保申请人提出的担保金额，确保将担保金额控制在企业设定的担保限额之内。

（4）从严办理担保变更审批。被担保人要求变更担保事项的，企业应当重新履行调查评估程序，根据新的调查评估报告重新履行审批手续。

4. 签订担保合同

担保合同是审批机构同意办理担保业务的直接体现，也是约定担保双方权利和义务的基础载体。

该环节的主要风险：未经授权对外签订担保合同；未订立担保合同；担保合同内容存在重大疏漏和欺诈；可能导致企业诉讼失败、权利追索被动、经济利益和形象信誉受损、相关人员损公肥私；有关人员身份证明、印章管理中存在薄弱环节，导致身份证明和印章被盗用，造成难以挽回的严重后果。

主要控制措施如下。

（1）合同订立经办人应在职责范围内，按照审批人的批准意见拟订合同条款；担保合同应明确被担保人的权利和义务、违约责任等内容；企业应当根据审批的担保业务订立担保合同，要求被担保人定期提供财务报告等资料，及时通报担保事项实施情况，确定担保合同有效履行。

（2）实行担保合同会审联签。担保业务经办部门、法务部门、财会部门、内审部门等参与担保合同会审联签，确保担保合同条款内容完整、表述严谨准确、相关手续齐备；增强担保合同的合法性、规范性、完备性，有效避免权利和义务约定、合同文本表述等方面疏漏。如果担保申请人同时向多方申请担保的，企业应当在担保合同中明确约定本企业的担保份额和相应的责任。

（3）加强对有关身份证明和印章的管理。在担保合同签订过程中，依照法律规定和管理制度，加强企业法定代表人身份证明、个人印章和担保合同专用章等的管理，保证担保合同用章用印符合当事人真实意愿。

（4）规范担保合同记录、传递和保管，确保担保合同运转轨迹清晰完整、有案可查。

5. 担保合同日常管理

担保合同的签订，标志着进入法律意义上的实际履行阶段。切实加强对担保合同执行情况的日常监控，通过掌握被担保人经营状况、财务状况和担保项目运行情况，最大限度实现企业担保权益并降低担保责任。

该环节的主要风险：重合同签订，轻后续管理，对担保合同履行情况疏于监控或监控不当，导致不能及时发现并妥善应对被担保人的异常情况，延误处置时机，加剧担保风险，加重经济损失。

主要控制措施如下。

(1) 加强担保合同的日常管理，财务部门最好指定专人按月或按季收集、分析被担保人担保期内的财务报告等相关资料，持续关注被担保人的财务状况、经营成果、现金流量以及担保合同的履行情况，定期监测被担保人的财务经营状况，对被担保人进行跟踪和监督，了解担保项目执行、资金使用、贷款归还、财务运行及风险等情况，积极配合担保经办部门防范担保业务风险。

(2) 及时报告被担保人异常情况和重要信息。在日常监控过程中发现被担保人经营困难、债务沉重等异常情况，或者存在违反担保合同的其他情形，应按照《企业内部控制应用指引第17号——内部信息传递》要求，第一时间向企业管理人员报告，及时采取针对性的应对措施，降低或规避担保风险。促进担保合同有效履行。

6. 会计系统控制

担保业务直接涉及担保财产、费用收取、财务分析、债务承担、会计处理和相关信息披露等，决定了会计控制在担保业务中的重要作用。

该环节的主要风险：会计记录和处理不够及时准确，不利于对担保业务日常监控；会计系统控制不力，可能导致担保业务记录残缺不全，日常监控难以奏效；未能及时完整地收取担保费用，损害企业利益；担保会计处理和信息披露不符合有关监管要求，可能引发行政处罚；对反担保财产和权利凭证保管不力，使企业利益受损；担保合同到期，未能及时终止担保关系。

主要控制措施如下。

(1) 健全担保业务经办部门与财务部门的信息沟通机制，促进担保信息及时有效沟通。

(2) 建立担保事项台账，详细记录担保对象、金额、期限、用于抵押和质押的物品或权利以及其他有关事项；及时足额收取担保费用，维护企业担保权益。

(3) 按照国家统一会计准则制度进行担保会计处理，被担保人出现财务状况恶化、资不抵债、破产清算等情形的，应当合理确认预计负债和损失。属于上市公司的，还应当区别不同情况依法公告。

(4) 加强对反担保财产的管理，妥善保管被担保人用于反担保的权利凭证，定期核实财产的存续状况和价值，发现问题及时处理，确保反担保财产安全完整。

(5) 夯实担保合同基础管理，妥善保管担保合同、与担保合同相关的主合同、反担保函或反担保合同，以及抵押、质押的权利凭证和有关原始资料，做到担保业务档案完整无缺。

(6) 当担保合同到期时，企业要全面清查用于担保的财产、权利凭证，按照合同约定及时终止担保关系。

7. 反担保管理

反担保是指在担保人为保证自身追偿权的实现而实施的一项风险转移措施，即担保人与债务人签订反担保条款，在担保人根据担保条款约定代债务人履行了债权后，担保人可以根据约定条款要求债务人清偿，在得不到清偿时可以处置反担保物并就所得价款优先受偿。反担保成立的要求，担保人已经依照法定程序提供了担保；反担保的担保方不仅局限于债务人，债务人也可以请求第三人为反担保提供财产担保或者信用担保。

该环节的主要风险：缺乏对反担保财产的有效管理、对被担保人用于反担保的权利凭证管理不善。

主要控制措施如下。

（1）企业应当加强对反担保财产的管理，妥善保管被担保人用于反担保的权利凭证，定期核实财产的存续状况和价值，发现问题及时处理，确保反担保财产安全完整。

（2）反担保成立也要求符合担保的法定要件，即反担保合同有效、债务人或者第三人具有对担保物的处分权、法律要求公示的已经办理公示。

8. *代为清偿和权利追索*

在担保期间，被担保人履行了对债权人的偿债义务，且向担保企业及时足额支付了担保费用，担保合同一般应予终止，担保双方可以解除担保。实践中，部分被担保人无法偿还到期债务，“连累”担保企业承担清偿债务的责任。在代为清偿后依法主张对被担保人的追索权，成为担保企业降低担保损失的补救措施。

该环节的主要风险：未能及时终止担保关系，使担保展期；违背担保合同约定不履行代为清偿义务，可能被银行等债权人诉诸法律成为连带被告，影响企业形象和声誉；承担代为清偿义务后向被担保人追索权利不力，可能造成较大经济损失。

主要控制措施如下。

（1）强化法制意识和责任观念，在被担保人确实无力偿付债务或履行合同义务时，自觉按照担保合同承担代偿义务，维护企业诚实守信的市场形象。

（2）企业担保业务经办部门、财务部门、法务部门等应密切协作，确保在司法程序中举证有力，向被担保人追索赔偿权利；依法处置被担保人的反担保财产，尽量减少经济损失。

（3）启动担保业务后评估工作，严格落实担保业务责任追究制度，对在担保中出现重大决策失误、未履行集体审批或不按规定管理担保业务的，严格追究责任，不断完善担保业务内部控制制度，严控担保风险。

（4）在担保合同到期时，全面清查用于担保的财产、权利凭证，按照合同约定及时终止担保关系，妥善保管担保合同、与担保合同相关的主合同、反担保函或反担保合同，以及抵押、质押的权利凭证和有关原始资料，确保担保业务档案完整无缺。

担保业务控制

本章小结

本章详细分析了担保业务主要风险与管理控制，阐述了担保业务的含义、分类、目标、业务流程、风险与措施等内容。

能力训练

一、单选题

1. 担保是指企业作为担保人按照公平、自愿、互利的原则与债权人约定，当债务人不履行债务时，依照法律规定和合同协议承担相应（　　）的行为。

A. 担保承诺　B. 合同条款　C. 法律责任　D. 担保责任

2. 企业办理担保业务，一般包括受理申请、(　　)、审批、签订担保合同、进行日常监控、担保终止等流程。

A. 可行性研究　B. 书面报告　C. 担保执行　D. 调查评估

3. 担保申请人的资信状况主要包括基本情况、资产质量、财务状况、经营情况(　　)、行业前景等。

A. 企业规模　B. 盈利能力　C. 信用程度　D. 资产负债率

4. 担保合同到期时，企业要全面清查用于担保的财产、(　　)，按照合同约定及时终止担保关系。

A. 权利凭证　B. 财务报表　C. 会计报表　D. 会计账簿

5. 担保期限在一年以内或风险较大的担保业务，企业可以规定担保业务经办人员需要(　　)进行一次跟踪检查。

A. 每月　B. 每旬　C. 每季度　D. 每半年

6. 经办人员应当在职责范围内，按照审批人员的批准意见办理担保业务。对于审批人超越权限审批的担保业务，经办人员应当(　　)。

A. 拒绝办理　B. 向上级反映　C. 暂停办理　D. 举报

7. 企业内设机构(　　)办理担保业务。

A. 未经授权不得　B. 禁止　C. 可以　D. 根据需要

8. 对于被担保人未按有法律效力的合同条款偿付债务或履行相关合同项下的义务的，企业应当按照担保合同履行义务，同时主张对被担保人的(　　)。

A. 追索权　B. 偿债权　C. 起诉权　D. 抵押权

9. 企业内部控制应用指引担保，是指企业作为担保人按照公平、自愿、互利的原则与(　　)约定，当债务人不履行债务时，依照法律规定和合同协议承担相应法律责任的行为。

A. 债权人　B. 债务人　C. 保证人　D. 第三人

10. 企业为关联方提供担保的，与关联方存在经济利益或近亲属关系的有关人员在(　　)环节应当回避。

A. 评估与审批　B. 合同签订　C. 担保监管　D. 担保终结

二、多选题

1. 担保申请人出现(　　)情形之一的，企业不得为其提供担保。

A. 担保项目不符合国家法律、法规和本企业担保政策的

B. 已进入重组、托管、兼并或破产清算程序的

C. 财务状况恶化、资不抵债、管理混乱、经营风险较大的

D. 与其他企业存在较大经济纠纷，面临法律诉讼且可能承担较大赔偿责任的

2. 担保合同的履行大致可以分为(　　)。

A. 担保期满，担保注销　B. 担保期未满，担保注销

C. 应受益人要求履行担保责任　D. 应担保人要求履行担保责任

3. 上市公司须经股东大会审核批准的对外担保，包括但不限于(　　)等情形。

A. 对外担保总额，超过最近一期经审计净资产30%以后提供的任何担保

B. 为资产负债率超过70%的担保对象提供的担保

C. 单笔担保额超过最近一期经审计净资产10%的担保

D. 对股东、实际控制人及其关联方提供的担保

4. 企业办理担保业务至少应当关注的风险包括(　　)。

A. 担保程序不规范风险　　B. 担保业务舞弊风险

C. 担保业务监控管理不力风险　　D. 担保业务战略性风险

5. 为了加强企业担保业务管理,防范担保业务风险,根据(　　)等有关法律、法规和(　　),制定企业内部控制应用指引担保。

A.《中华人民共和国担保法》　　B.《企业内部控制基本规范》

C.《中华人民共和国公司法》　　D.《中华人民共和国税法》

6. 被担保人要求变更担保事项的,企业应当重新履行(　　)与(　　)。

A. 调查评估　　B. 审批程序　　C. 签订合同　　D. 责任追究

7. 对于被担保人出现(　　)等情形的,企业应当根据国家统一的会计准则制度规定,合理确认预计负债和损失。

A. 财务状况恶化　　B. 资不抵债　　C. 破产清算　　D. 流动资金短缺

8. 企业应当建立担保业务责任追究制度,对在担保中出现(　　)、未履行(　　)或不按规定管理(　　)的部门及人员,应当严格追究相应的责任。

A. 重大决策失误　　B. 集体审批程序

C. 担保业务　　D. 合同业务

9. 企业担保经办部门应当加强担保合同的日常管理,定期监测被担保人的经营情况和财务状况,对被担保人进行跟踪和监督,了解(　　)等情况,确保担保合同有效履行。

A. 担保项目执行　　B. 资金使用　　C. 贷款归还　　D. 财务运行及风险

10. 企业财会部门应当及时收集、分析被担保人担保期内经审计的财务报告等相关资料,持续关注被担保人的(　　)以及(　　)的履行情况,积极配合担保经办部门防范担保业务风险。

A. 财务状况　　B. 经营成果　　C. 现金流量　　D. 担保合同

三、判断题

1. 担保一般有口头担保和书面担保,二者都具有相同的法律效力。(　　)

2. 受理担保业务申请的人员不能同时是负责最后核准担保业务的人员。(　　)

3. 上市公司重大对外担保,应取得董事会全体成员2/3以上签署同意或股东大会批准。(　　)

4. 拟定担保合同的人员可以同时担任担保合同的复核工作。(　　)

5. 上市公司须经股东大会审核批准的对外担保,不包括对股东提供担保。(　　)

6. 参与评估工作的人员不得参与担保项目的审批。(　　)

7. 担保期在一年以上的担保业务,企业可以规定至少每季度进行一次跟踪检查。(　　)

8. 企业应当指定相关部门负责办理担保业务,企业也可委托中介机构对担保业务进行资信调查和风险评估工作。(　　)

9. 重大担保业务,应当报经董事会或类似权力机构批准。(　　)

10. 企业应当采取合法有效的措施加强对子公司担保业务的统一监控。(　　)

章节案例

深圳高新投担保失败案例

深圳高新技术投资担保有限公司（以下简称“深圳高新投”）成立于1994年12月，是我国最早成立的专门为高新技术企业提供贷款担保、股权投资和咨询评估的专业性服务公司之一，注册资本9.4亿元人民币，总资产22亿元人民币。截至2008年12月底，共为深圳市4 300多家科技型企业的7 600余个科技项目提供了融资担保服务，担保余额达到93亿元，累计提供担保303亿元，其中2005—2008年累计担保额为228.31亿元。在其担保的企业中不乏华为公司、中兴通讯、金蝶软件、科兴生物、同洲电子、科陆电子、比亚迪等一大批高新技术企业的成功案例。深圳高新投公司自1995—2008年累计提供担保303.1亿元，累计担保收入38 154万元，同时为48家企业的61个项目代偿累计25 091.39万元，累计追回7 528.09万元，代偿比例0.83%，暂估损失比例（未计尚可追回部分）0.58%。从时间来分析，担保企业失败案例主要发生在2000年、2005年和2008年，1995年之前，担保失败案例占比最高，为61.54%。

1995—2000年，由于股东因素而失败的有12家企业，占比85.71%；因行业因素而失败的有10家，占比71.43%；由于经营管理失误而失败的有5家，占比35.71%。在此阶段，担保企业中的民营企业较少，大多数为国有企业或国有改制企业，这样一种“过渡性”的股东背景容易造成管理层缺位或背信，再加上一些企业缺乏明确的行业定位，给企业的失败埋下了伏笔。如深圳高新投1999年投资的某实业，具有国资背景，管理层一直没有真正到位，管理混乱，再加上公司所投资的农业养殖行业具有较大自然风险，在激烈的市场竞争中难以寻找到一席之地。1995年担保企业26家，到2008年年底，其中发展状况良好的有3家，占比11.54%，分别为迈瑞电子、金科特种材料、天源迪科；发展状况一般的有7家，占比26.92%；已死亡的有16家，占比61.54%；2005年代偿金额最高，为5 006.72万元。

2000—2005年，由于行业因素而失败的有12家企业，占比最高，为57.14%；因经营管理失误因素失败的有10家，占比47.62%；因股东因素失败的有8家，占企业家数的38.09%。在此阶段，不少担保失败企业由于对行业发展的错误估计以及过度追求多元化和资本化而深陷泥沼。如某通信公司当初在行业中处于龙头地位，但由于过度追求多元化和资本化，实施境内外并购，使得企业在行业景气度出现逆转时没能“全身而退”。2000—2005年担保失败项目28个，涉及企业21家。

2005—2008年，担保失败项目14个，涉及企业13家。其中，由于经营管理失误因素而失败的企业有7家，占比53.85%；因行业因素失败的有5家，占比38.46%；股东因素的有2家，占企业家数的15.38%；该阶段企业失败的核心因素主要体现为经营主业竞争激烈，且遭遇宏观经济形势；经营决策失误，且多在盲目扩张与资金链之间矛盾。如2008年下半年，深圳高新投担保的三个企业一夜消失，均与其通过高利贷进行企业盲目扩张有关。2008年代偿金额为3 036.57万元，较2007年的264.76万元出现大幅增长，显示全球金融危机对深圳中小企业产生巨大影响。

资料来源：深圳市高新投官网，https://www.szhti.com.cn/.

请结合上述材料完成下列事项：

1. 学生分组，建议每组 5 人左右，注意搭配。

2. 选择组长与发言人，可以固定或轮流担任。

3. 分析讨论深圳高新投担保失败原因，形成小组案例分析报告。

4. 发言人代表本组发言，并回答教师及同学提问。

参考规范

1.《关于印发企业内部控制配套指引的通知》(财会〔2010〕11 号)。

2.《企业内部控制应用指引第 12 号——担保业务》。

3.《中华人民共和国担保法》(中华人民共和国主席令第 50 号)。

4.《最高人民法院关于适用〈中华人民共和国担保法〉若干问题的解释》(法释〔2000〕44 号)。

5.《中华人民共和国民法典》(中华人民共和国主席令第 45 号)。

第九章　业务外包控制

【学习目标】

1. 理解和熟悉业务外包的含义。
2. 理解和熟悉业务外包的总体风险。
3. 理解和熟悉业务外包的总体要求。
4. 理解和掌握业务外包业务流程。
5. 理解和掌握业务外包的主要风险点与管控措施。

【思维导图】

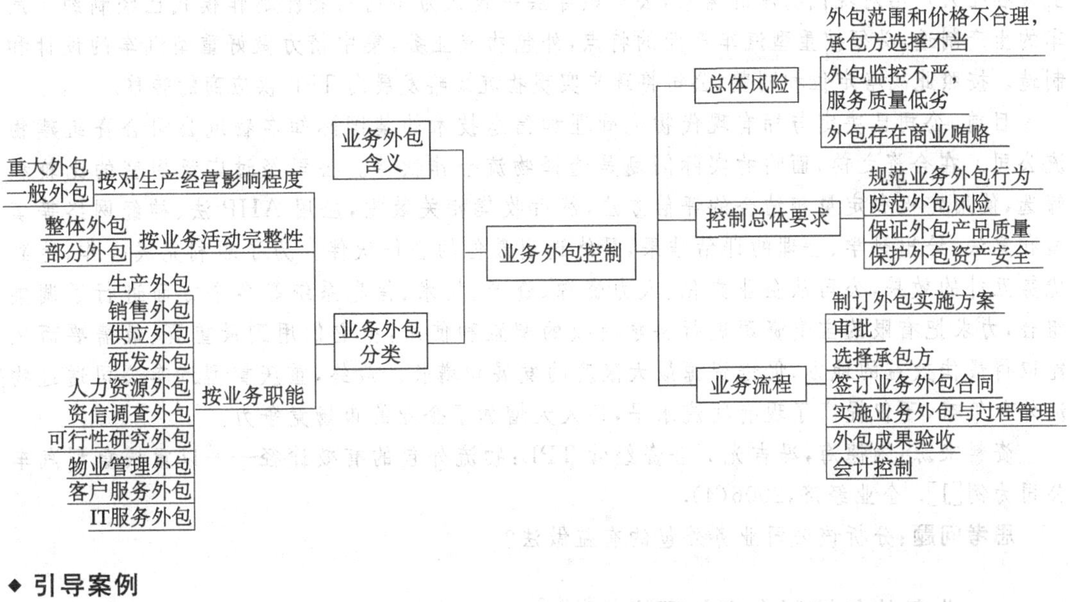

◆ **引导案例**

重庆重型物流外包案例

重庆重型汽车公司（以下简称公司）是中国工业500强之一，旗下拥有两大品牌、33大系列、1 700多个品种、载重涵盖5～60t重型汽车，产销量以近50%的速度发展。其物流分为原材料及零配件入厂、分装和整车发运三大环节，分别由物资处、总装厂和销售部储运中心三个部门负责管理。然而公司物流尚存在一些缺陷。

(1) 生产物料的仓储和库存管理相对混乱，相关成本过高，信息系统使用程度较低。公司涉及配套厂459家，零件品种700种（含辅料60种），每天的入库量物料超过460t，导致零配件和选装件品种多。并且公司在每年的销售旺季需提前储备零配件原料，抢购资源，平均库存1.5亿元，资金占用天数25～30天，导致库存成本骤升，周转率低。虽然仓库众多，但仓库存储能力有限，仓库内缺乏定位管理，没有统一的调度和操作流程，没有对零件进行先进先出管理，大多数物资只好露天随意存放，存储条件差，直接影响保管质量。

(2) 分装和配送计划变更频繁。生产计划部采取了以销定产的策略，根据订单下达计划，物资处根据计划调配物资，并凭借配送工人的经验进行当日生产的补料等物流操作，但当前没有标准的物流工具及流程的支持，致使分装和配送难度大，物资周转和数量控制及物料安全管理比较困难，排序件管理和现场物资管理混乱。

(3) 整车发运没有集货路径规划，无发货时间窗，在途管理没有具体的约束办法和对承运商的控制力。公司的整车发运分为三个方面：下线入库、存储管理和发运。下线入库、存储管理由销售部储运处负责，而发运由销售部整车组进行管理。储运处接车后，只是根据所剩库位安排所接车辆的停放位置，在整车库位管理上没有具体要求。储运处通过招标的方式来选择承运商，然后由整车组通知承运商送车，致使许多部门脱节。

总之，公司的物流现状不容乐观。仓库条件较差，库存成本高，信息传递滞后；缺乏规范的管理，物流部门之间基本上是各自为政，物流环节衔接配合不够，没有有效地进行物流流程优化。因而，面对激烈的竞争市场，难以使企业物资畅通，不能及时满足各装配线上的供货请求，无法降低物流成本，制约客户服务质量的提高。为了应对市场竞争，满足重型汽车行业大吞吐大产出对现代物流的需求，公司领导层一致认为当前的物流运作模式已经制约了汽车的生产制造，必须按重型汽车产业的特点，外包物流业务，集中精力做好重型汽车的设计和制造。按照此战略定位和调整，公司将逐步实现物流战略发展向TPL供应商的转移。

目前，公司已决定与拥有现代物流管理和信息技术的某国际知名物流公司合资组建物流公司。在合资之前，面临的实际问题是选择物流合作伙伴。公司经过广泛周密的比较和筛选，使用定性和定量相结合的评估方法，然后收集相关数据，应用AHP法、神经网络等模型和算法，给出科学、合理的评估结果，最终选出最佳的合作伙伴。为了顺利完成合作，达到优势互补的效果，公司从企业文化、人力资源、资产、技术、信息系统等各个方面进行了调整组合，力求把有限的宝贵资源进行科学有效的配置和使用，把它们用到最重要、最需要而又能取得最佳效益的地方，促进资源最大限度的发展和增长。最终，重庆重型汽车公司通过物流外包策略，不仅提高了现有物流水平，还大大增加了企业的市场竞争力。

资料来源：张德海，冯吉光．合资经营TPL：物流外包的有效途径——以重庆重型汽车公司为例[J]. 企业经济，2006(4).

思考问题：分析该公司业务外包的有益做法？

一、业务外包控制内容与要求

随着社会主义市场发展及国际产业分工呈细化趋势，我国业务外包市场必将有较大发展，为适应这种发展趋势，财政部研究制定了《企业内部控制应用指引第13号——业务外包》，对于规范业务外包行为，防范业务外包风险，具有重要意义。

企业内部控制应用指引第13号——业务外包

(一) 业务外包的含义

为了加强业务外包管理，规范业务外包行为，防范业务外包风险，根据有关法律、法规和《企业内部控制基本规范》，制定《企业内部控制应用指引第 13 号——业务外包》,该指引所称业务外包,是指企业利用专业化分工优势,将日常经营中的部分业务委托给本企业以外的专业服务机构或其他经济组织完成的经营行为。

(二) 业务外包的分类

1. 按对生产经营影响程度划分

可以将业务外包分为重大外包业务和一般外包业务。重大外包业务是指对企业生产经营有重大影响的外包业务。

2. 按业务活动完整性划分

可以将业务外包分为整体外包和部分外包。整体外包是指企业将业务活动的所有环节,从计划、安排、执行以及业务分析全部外包,由外部供应商负责整个业务活动流程;部分外包是指企业根据需要将业务各组成部分分别外包给该领域的优秀服务供应商。

3. 按业务职能划分

可以将业务外包划分为生产外包、销售外包、供应外包、研发外包、人力资源外包、资信调查外包、可行性研究外包、委托加工外包、物业管理外包、客户服外包务、IT 服务外包等。

业务外包强调企业专注于自己的核心能力部分,如果某一业务职能不是市场上最有效率的,并且该业务职能又不是企业的核心能力,那么就应该把它外包给外部效率更高的专业化厂商去做。根据核心能力观点,企业应集中有限资源强化其核心业务,对于其他非核心职能部门,则应该实行外购或外包。

(三) 业务外包总体风险

(1) 外包范围和价格确定不合理,承包方选择不当,可能导致企业遭受损失。

(2) 业务外包监控不严、服务质量低劣,可能导致企业难以发挥业务外包优势。

(3) 业务外包存在商业贿赂等舞弊行为,可能导致企业相关人员涉案。

(四) 业务外包内部控制的总体要求

(1) 规范业务外包行为。业务外包是企业重要的经营活动之一,企业应当建立和完善业务外包管理制度,规定业务外包的范围、方式、条件、程序和实施等相关内容,明确相关部门和岗位的职责权限,严格外包业务的方案制订、审批、合同签订、合同履行、过程监督、验收等业务流程,加强业务监管,防止发生串通舞弊行为,保证业务外包活动规范、有序进行。

(2) 防范业务外包风险。业务外包活动可能发生的风险包括外包产品质量不合格风险,承包方不能按时、按量完成外包任务风险,企业商业秘密泄露风险,企业内部人员与承包方串通舞弊风险,企业有关人员索贿受贿风险,企业核心业务流失风险等,企业应当采取各种控制措施,有效防范各类风险的发生。

(3) 保证外包产品质量。外包产品质量好坏,对企业整体产品质量和企业形象具有直接影响,关系到企业的生存与发展,必须严格业务外包活动各个环节的管理与控制,要采取一切必要措施,强化业务外包全过程的监控,保证外包产品质量真正达到合同规定的标准。

(4) 保护外包资产安全。业务外包类型多、环节多、涉及部门多、需要协调沟通的事情也多,特别是委托加工、外协加工活动需要加工材料发出、外协件发出,以及材料、外协件加工完成后的验收入库等环节,可能造成外包资产流失,因此,企业必须采取有效措施,确保外包资产的安全与完整。

二、业务外包流程与风险管理

（一）业务外包流程

业务外包流程主要包括制订业务外包实施方案、审批、选择承包方、外包业务谈判、签订业务外包合同、实施业务外包与过程管理、外包成果验收、会计控制、业务外包评估等环节，如图 9-1 所示，该图适用于各类企业的一般业务外包，具有通用性。企业在实际开展业务外包时，可以参照此流程，并结合自身情况予以扩充和具体化。

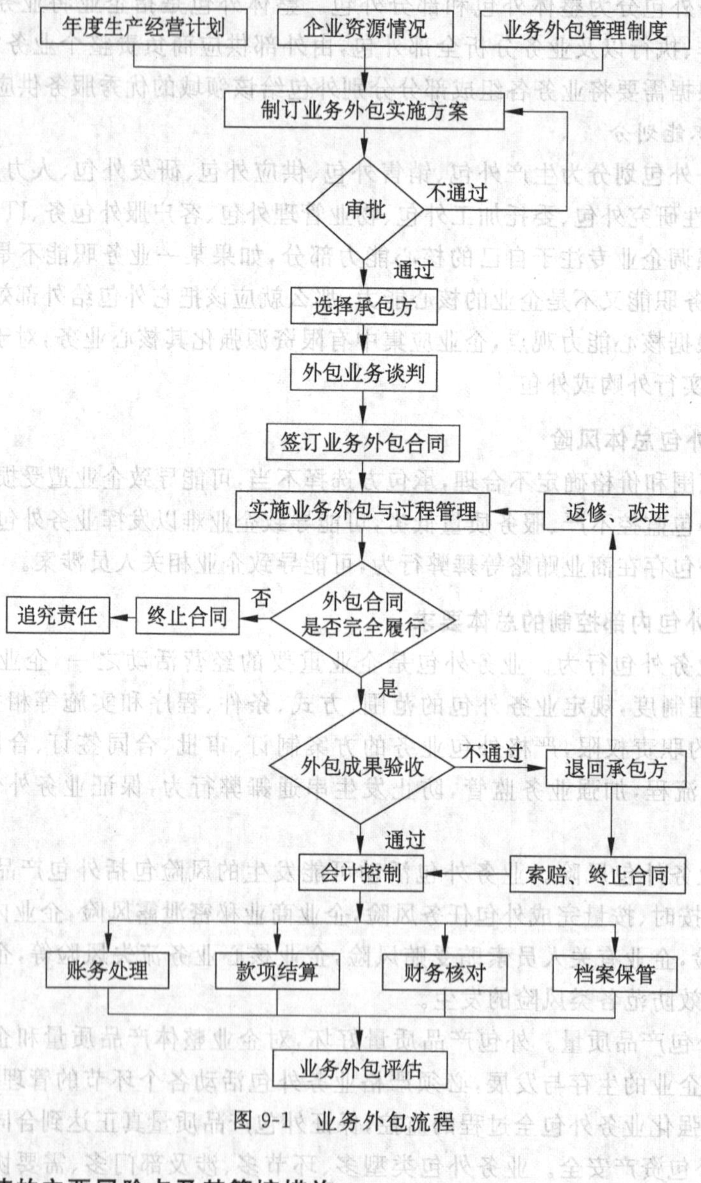

图 9-1 业务外包流程

（二）各环节的主要风险点及其管控措施

1. 制订业务外包实施方案

制订业务外包实施方案是指企业根据年度生产经营计划、业务外包管理制度和企业资源情况，结合确定的业务外包范围，制订实施方案。实施方案主要包括外包业务的内容和范围、业务外包的目的、对承包方的资质要求、外包方式、外包费用、外包起止时间等内容。

该环节的主要风险：缺乏业务外包相关管理制度，导致制订实施方案时无据可依；未明确业务外包具体范围，可能导致将不应外包的核心业务外包；实施方案内容不完整、不合理、不符合生产经营特点，可能导致业务外包失败。

主要管控措施如下。

(1) 建立健全业务外包管理制度，根据与主业的关联度、市场成熟度和对外包业务控制制度，规定业务外包的方式、条件、程序和实施等相关内容，明确企业岗位职责权限。

(2) 企业应根据对生产经营的影响程度，对外包业务实施分类管理，避免核心业务外包，同时确保实施方案完整。

(3) 结合年度预算、生产经营计划，拟订实施方案，对成本效益与风险、外包方式、承包方的选择方案等重要方面进行深入评估和复核，必要时听取外部专业人员对业务外包的意见，确保方案的可行性。

2. 审批

审批是指企业应当按照规定的权限和程序审批实施方案。

该环节的主要风险：审批制度不健全，导致审批不规范；审批不严或者越权审批，导致决策出现重大疏漏；未能对是否符合成本效益原则做出审核判断，导致业务外包不经济。

主要管控措施如下。

(1) 建立健全审批制度，明确审批方式、权限、程序、责任和控制措施，各层级人员不得超越自身权限范围进行审批，同时加大对分公司重大业务外包的监控，避免分公司越权。

(2) 审查和评价业务外包实施方案时，应当着重对比分析该业务项目在自营与外包情况下的风险和收益，确定外包的合理性和可行性。

(3) 总会计师或分管会计工作的负责人应当参与重大业务外包的决策，对业务外包的经济效益做出合理评价。重大业务外包方案应当提交董事会或类似权力机构审批。

3. 选择承包方

选择承包方是指按照经批准的业务外包实施方案选择承包方。

该环节的主要风险：承包方不是合法设立的法人主体，缺乏应有的专业资质，从业人员也不具备应有的专业技术资格，缺乏从事相关项目的经验，导致企业遭受损失甚至陷入法律纠纷；外包价格不合理，业务外包成本过高导致难以发挥业务外包的优势；存在接受商业贿赂的舞弊行为，导致相关人员涉案。

主要管控措施如下。

(1) 承包方是依法成立、合法经营的专业服务机构或经济组织，具有相应的经营范围和固定的办公场所。

(2) 承包方具备专业资质、技术实力，其从业人员具有符合岗位要求的履历和专业技能。

(3) 承包方具有从事类似项目的典型成功案例、业界评价和良好口碑。

(4) 综合考虑人工成本、营销成本、业务收入、人力资源等内外部因素，合理确定外包价格，严格控制业务外包成本。

(5) 引入竞争机制，遵循公开、公平、公正的原则，采用招标等恰当方式，按照规定程序和权限择优选择承包方。

(6) 建立严格的回避和监督处罚制度，避免相关人员在选择承包方过程中弄虚作假和营私舞弊。

4. 签订业务外包合同

企业应当及时与承包方签订业务外包合同，明确合同内容的基本条款。

该环节的主要风险：未能明确约定泄密等外包风险，没有清晰界定承包方的违约责任；合同内容存在重大漏洞或欺诈；合同约定的外包价格不合理或成本费用过高。

主要管控措施如下。

(1) 通过合同条款有效规避或降低业务外包方案中识别出来的重要风险因素，承包方按照合同规定的方式和频率及时反馈外包实施进度和现状，企业有权督促承包方就存在的问题改进服务流程和方法，并且规定外包商最低的服务水平要求以及未能满足标准实施的补救措施。

(2) 与承包方签订外包合同，明确外包业务的内容和范围，双方权利和义务，服务和质量标准，保密事项，费用结算标准和违约责任等事项，厘清承包方提供的服务类型、数量、成本、服务的环节、作业方式、作业时间、服务费用等细节，综合考虑内外部因素，严控业务外包成本。

(3) 应具体约定涉及本企业机密的业务和事项，拟订相应保密条款或另行签订保密合同，承包方及其从业人员有责任履行保密义务。

5. 实施业务外包与过程管理

企业严格按照业务外包制度、工作流程和相关要求，组织业务外包过程中人、财、物等方面的资源分配，根据业务外包合同条款，落实双方应投入的人力资源、资金、硬件及专有资产等，明确承包方提供服务或产品的工作流程、模式、职能架构、项目实施计划等内容。

该环节的主要风险：组织实施不充分或不到位，导致外包目标难以实现；缺乏对承包方在合同期内履约能力的持续评估，导致业务外包失败和生产经营活动中断；承包方出现未按照合同约定的质量要求持续提供合格的产品或服务等违约行为；监管不力，导致商业秘密泄漏；对承包方的追索不力。

主要管控措施如下。

(1) 按照业务外包制度、工作流程和有关要求，制订业务外包实施全过程的管控措施，确保承包方严格履行外包业务合同。

(2) 在承包方提供服务或制造产品的过程中，密切关注重大业务外包承包方的履约能力，采取承包方动态管理方式，持续评估其财务状况、生产能力、技术创新能力等综合能力是否满足项目要求，对承包方开展日常绩效评价和定期考核。

(3) 做好与承包方的对接工作，建立并保持与承包方畅通的沟通协调机制，及时检查、收集和反馈业务外包实施过程的相关信息，加强对业务外包过程中形成的商业信息资料的管理，建立即时监控机制，从价值链起点开始控制业务质量，发现偏离合同目标等情况，应及时要求承包方调整改进。建立重大业务外包相应的应急机制，制订临时替代方案，避免业务外包失败造成企业生产经营活动中断。

(4) 承包方存在重大违约行为，导致业务外包合同无法履行的，应当及时终止合同，并指定有关部门按照法律程序向承包方索赔。

6. 外包成果验收

企业应当组织相关部门或人员对已经完成的业务外包合同进行验收。

该环节的主要风险：验收方式与业务外包成果交付方式不匹配，验收标准不明确，验收程序不规范，不能及时发现业务外包质量低劣等情况。

主要管控措施如下。

（1）结合在日常绩效评价基础上对外包业务质量是否达到预期目标的基本评价，确定业务外包验收标准。

（2）组织财会部门、质量控制部门等相关人员，按照验收标准对承包方交付的产品或服务进行审查和全面测试，可以对最终产品或服务进行一次性验收，也可以在整个外包过程中分阶段验收，确保产品或服务符合需求，并出具验收证明。根据验收结果动态改进和优化业务外包管理制度和流程。

（3）验收过程中发现异常情况的，应当立即报告，查明原因，及时采取补救措施，并依法索赔。

7. 会计控制

会计控制是指企业应当根据国家统一的会计准则制度，加强对外包业务的核算与监督，并做好外包费用结算工作。

该环节的主要风险：会计记录和处理不及时、不准确，不能全面真实地反映业务外包各环节的资金流和实物流情况，可能导致财务报告信息失真；结算审核不严、支付方式不当、金额控制不严，可能导致资金损失或信用受损。

主要管控措施如下。

（1）根据国家统一会计准则和制度，采取恰当的会计核算方法，进行会计记录和处理，进行必要、充分的披露。

（2）严格按照合同约定的结算条件、方式和标准办理支付，依据验收证明，向承包方结算费用。

本章小结

本章详细分析了业务外包的主要风险与管理控制，阐述了业务外包的含义、分类、内控的总体要求、业务流程、风险及措施等内容。

能力训练

一、单选题

1. 业务外包是指企业利用专业化分工优势，将日常经营中的（　　）委托给本企业以外的承包方完成的经营行为。

A. 各类业务　　B. 部分业务　　C. 核心业务　　D. 优势业务

2. 企业应当按照规定的权限和程序从候选承包方中确定（　　），并签订业务外包合同。

A. 最终承包方　　B. 承包方　　C. 施工方　　D. 监理方

3. 根据外包业务对企业生产经营的影响程度划分，可以将业务外包分为（　　）。

A. 重大外包业务和一般外包业务　　B. 整体外包业务和部分外包业务

C. 生产外包、供应外包与销售外包　　D. 研发外包、人力资源外包、资信调查等

4. 企业应当对承包方的履约能力进行持续评估，有确凿证据表明承包方存在重大违约行为，导致业务外包合同无法履行的，应当及时（　）。

A. 终止合同　B. 协商研究　C. 诉讼　D. 调解

5. 企业与承包方签订的业务外包合同，应包括约定业务外包的内容和范围，双方权利和义务，服务和质量标准，（　　），费用结算标准和违约责任等事项。

A. 保证金　B. 运输方式　C. 交货方式　D. 保密事项

6. 为了加强业务外包管理，规范业务外包行为，防范业务外包风险，根据有关法律、法规和（　），制订业务外包指引。

A. 企业内部控制基本规范　B. 企业内部控制评价指引

C. 企业内部控制审计指引　D. 企业内部控制应用指引

7.（　　）或分管会计工作的负责人应当参与重大业务外包的决策。

A. 总会计师　B. 财务主管　C. 董事长　D. 总经理

8. 业务外包风险是指企业在业务外包决策和实施过程中，由于各种（　　）的影响而导致业务外包活动失败或达不到预期目标的可能性及后果。

A. 客观原因　B. 主观原因　C. 不确定性因素　D. 确定性因素

9. 企业及相关人员在选择（　　）的过程中，不得收受贿赂、回扣或者索取其他好处。承包方及其工作人员不得利用向企业及其工作人员行贿、提供回扣或者给予其他好处等不正当手段承揽业务。

A. 承包方　B. 发包方　C. 承包人员　D. 承包企业

10. 企业应当做好与承包方的对接工作，加强与承包方的（　　）与协调，及时搜集相关信息，发现和解决外包业务日常管理中存在的问题。

A. 沟通　B. 管理　C. 谈判　D. 协商

二、多选题

1. 业务外包的基本流程主要包括制订业务外包实施方案、（　　）、合同执行与过程管理、外包产品验收和会计系统控制等环节。

A. 方案审批　B. 选择承包方　C. 可行性研究　D. 签订业务外包合同

2. 企业应当引入（　　），遵循公开、公平、公正的原则，采用适当方式，择优选择外包业务的承包方。采用（　　）方式选择承包方的，应当符合招投标法的相关规定。

A. 竞争机制　B. 招标　C. 投标　D. 协议

3. 业务外包至少应当关注的风险包括（　　）。

A. 业务外包不规范风险　B. 业务外包监控不力风险

C. 外包产品质量低劣风险　D. 会计核算不实风险

4. 对于重大业务外包，企业应当密切关注承包方的（　　），建立相应的（　　），避免（　　）造成本企业生产经营活动中断。

A. 结算工作　B. 履约能力　C. 应急机制　D. 业务外包失败

5. 外包业务通常包括（　　）、物业管理、客户服务、IT服务等。

A. 资信调查　B. 可行性研究　C. 委托加工　D. 研发

6. 企业应当按照批准的业务外包实施方案选择承包方。承包方至少应当具备下列条件（　　）。

A. 具备相应的专业资质　B. 从业人员具有相应的专业技术资格

C. 技术及经验水平符合要求　　D. 依法成立和合法经营的专业服务机构

7. 企业应当综合考虑内外部因素，合理确定(　　)，严格控制业务外包成本，切实做到符合(　　)原则。

A. 成本效益　　B. 重要性　　C. 可控性　　D. 外包价格

8. 企业的业务外包至少应当关注下列风险(　　)。

A. 外包范围和价格确定不合理　　B. 业务外包监控不严

C. 服务质量低劣　　D. 存在商业贿赂等舞弊行为

9. 重大业务外包方案应当提交(　　)或类似(　　)审批。

A. 董事会　　B. 权力机构　　C. 总经理办公室　　D. 监事会

10. 业务外包合同内容主要包括外包业务的(　　)，双方权利和义务，服务和(　　)，费用结算标准和违约责任等事项。

A. 质量标准　　B. 保密事项　　C. 内容　　D. 范围

三、判断题

1. 整体外包是指企业根据需要将业务各组成部分分别外包给该领域的优秀服务供应商。(　　)

2. 业务外包指引不涉及工程项目外包。(　　)

3. 重大业务外包方案，应当提交董事会或类似权力机构审批。(　　)

4. 重大外包业务是指对企业生产经营有重大影响的外包业务。(　　)

5. 企业应当权衡利弊，避免核心业务外包。(　　)

6. 总会计师或企业分管会计工作的负责人应当参与所有业务外包的决策，对业务外包的经济效益作出合理评价。(　　)

7. 企业应当根据国家统一的会计准则制度，加强对外包业务的核算与监督，做好业务外包费用结算工作。(　　)

8. 企业应当建立和完善业务外包管理制度，规定业务外包的范围、方式、条件、程序和实施等相关内容，明确相关部门和岗位的职责权限，强化业务外包全过程的监控，防范外包风险，充分发挥业务外包的优势。(　　)

9. 外包业务需要保密的，应当在业务外包合同或者另行签订的保密协议中明确规定承包方的保密义务和责任。(　　)

10. 业务外包合同执行完成后需要验收的，企业应当组织相关部门或人员对完成的业务外包合同进行验收，出具验收证明。(　　)

章节案例

凌钢集团物流外包案例

凌源钢铁集团有限责任公司(以下简称凌钢)始建于1966年，是集采矿、选矿、冶炼、轧材于一体的钢铁联合企业。经过40多年发展，特别是改革开放后30年的建设，凌钢从一个名不见经传的小钢厂，一跃发展成为我国工业企业的500强之一，企业发生了翻天覆地的变化，为我国钢铁工业的发展和地方经济的振兴作出了巨大贡献。2009年1月4日，凌钢钢管厂与中钢辽宁有限公司签订出口土库曼斯坦的8 000t API钢管合同，2月28日，凌钢出口土库曼斯坦的API钢管成功发货，这标志着凌钢产品首次打开了通往国际的陆路通道，完成此次交易的关键在于物流运输。

凌钢多次召开专门运输会议，决定委托外包大连中铁外服国际货运代理有限公司（以下简称大连中铁）作为其铁路国际联运出口全程运输代理，并落实装载、发货、代理价格、运输等物流程序。大连中铁是铁道部直属企业，公司主要经营范围为承办进出口货物的国际运输代理业务，包括国际联运、报关报检、中转仓储、铁路公路运输等。该公司在货代企业中拥有广泛的客户群体和合作伙伴，在国际化运输市场中具有很高的商业信誉，服务较好。在凌钢为决定委托外包大连中铁作为其铁路国际联运出口全程运输代理的决策中，多次召开专门运输会议，遇到以下主要问题。

(1) 对外包控制不足，会增大企业外包依赖风险。凌钢自身没有国际联运的铁路运输资质，虽然长期依赖某一个第三方物流服务商对企业的资本投资、效率提高具有潜在的好处，但又可能由于某些第三方物流服务商的操作不透明，使企业失去对一些产品或服务的控制，从而增加企业正常生产的不确定性。物流活动的长期外包，会使第三方物流服务商认为企业缺乏专业物流能力，因此抬高物流服务的价格或提供较差的物流服务。一旦第三方物流出现问题，凌钢若无法快速恢复运输，可能会由于丧失对外包控制而影响整个业务发展。

(2) 可能会降低用户满意度。凌钢一旦过于依赖第三方物流服务商，又无法控制或影响他们，就不能取得所需的用户信息，从而影响产品改进。如果出现货损，或者货物不能及时到达，就会给购买商造成损失。长期来看，对物流活动的失控可能阻碍核心业务与物流活动之间的联系而降低用户满意度。

(3) 可能会泄露企业商业秘密。物流活动的长期外包，可能会泄露企业的客户资料、产品价格等商业机密，使企业蒙受巨大损失。

经过多次与大连中铁沟通，最终找出了上述各问题的解决方案：针对凌钢对物流企业控制不足的情况，凌钢可以通过成立专门的3～5人的监管小组，专门对大连中铁各个运输环节进行关键绩效评估，并进行定期总结；针对可能会降低用户满意度的问题，企业应当在选择合作方时，适当引入物流服务商竞争机制，通过采用公开招标的策略，使得有意愿为凌钢服务的物流企业参与竞争，以方便凌钢可以选择各方面都比较出众且价格合理的物流企业进行合作；针对可能会泄露商业秘密的情况，企业对于可能泄露商业机密的环节或相关人员进行了严密的监督和管理。

资料来源：徐国良，王剑．基于凌钢集团公司物流外包的策略的分析[J]．管理观察，2009(13).

请结合上述材料完成下列事项：

1. 学生分组，建议每组5人左右，注意搭配。
2. 选择组长与发言人，可以固定或轮流担任。
3. 分析讨论凌钢物流外包成功的原因，形成小组案例分析报告。
4. 发言人代表本组发言，并回答教师及同学提问。

参考规范

1.《关于印发企业内部控制配套指引的通知》(财会〔2010〕11号)。
2.《企业内部控制应用指引第13号——业务外包》。

第十章　成本费用控制

【学习目标】

1. 理解和熟悉成本费用的含义。
2. 理解和熟悉成本费用的总体风险。
3. 理解和熟悉成本费用控制的总体要求。
4. 理解和掌握成本费用的业务流程。
5. 理解和掌握成本费用的主要风险点与管控措施。

【思维导图】

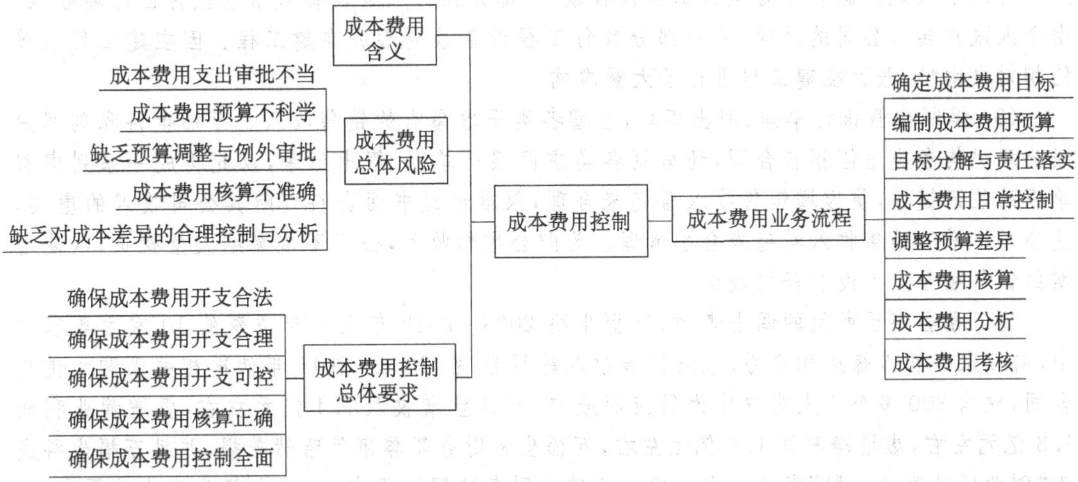

◆ 引导案例

万福生科财务舞弊案例

万福生科股份有限公司(简称:万福生科,股票代码:300268),2009 年 10 月,公司整体变更设立万福生科湖南农业开发股份有限公司,注册资本 5 000 万元,主要从事稻米精深加工系列产品的研发、生产和销售,即以稻谷、碎米作为主要原料,通过自主设计的工艺体系和配套的设备系统,对稻米资源进行综合开发,生产大米淀粉糖、大米蛋白粉、米糠油和食用米等系列产品。逐步实现工艺技术、产品结构、管理水平的动态升级,成为中国南方最大的以大米淀粉糖、大米蛋白为核心产品的稻米精深加工及副产物高效综合利用的循环经济型企业,推动当地农业产业化进程,成为提升农民增收的农业龙头企业。

2011 年 9 月,万福生科以每股 25 元的发行价成功登陆创业板,共募集 4.25 亿元,号称“稻米精深加工第一股”,位列创业板股票中农业类第 8 家上市公司。2012 年 8 月,湖南证监局对上市不满一年的万福生科进行例行现场检查，督导小组竟然发现万福生科存在多套账本，税务账、银行账及一套公司管理层查阅的实际收支的业务往来账，万福生科造假问题最终浮出水面，证监会对万福生科进行全面调查。

(1) 虚构大量个人交易账户，虚增公司营业收入。调查发现，万福生科为达到上市条件，不惜采用大量个人账户作为交易对象，利用个人账户现金提取难以监管的优势配合虚增销售收入。为配合虚构销售收入，万福生科伪造相关采购和销售合同，虚构300多个个人账户作为供应商账户。万福生科首先通过公司自有资金，打入事先虚构的300多个个人账户作为采购款，然后再将个人账户转入公司账户，形成虚构销售收入入账，该过程的循环将无限地虚增万福生科公司的销售收入。

(2) 虚增在建工程和预付款，虚增公司的资产总额。在以往诸多公司发生过的财务舞弊事件中，大多数公司采用虚增应收账款、存货等手段虚增公司的资产总额。随着证券监管部门加大对这两项资产核查力度的收紧，企业开始采用虚增在建工程和预付款等新的手段。由于在建工程在没有转为固定资产前，其在报表中显示的账面价值通常难以预测，在一定程度上给企业留下了很大的操作空间。因为万福生科刚上市，有大量募投项目，在建工程项目放大不至于引人注意。国内上市公司募投项目存在大量资金挪用、项目承诺不兑现情况，但很少被追责。所以，在建工程和募投项目是上市公司财务"洗白"的最佳道具。首先从公司账户打入个人账户款项作为预付工程设备款，一部分预付工程设备款用来抵付因虚增收入、由个人账户转入公司的款项，另一部分预付工程设备款则形成在建工程。因在建工程核算的相对自由性，账面在建工程进行了大量虚构。

(3) 编制虚假银行单据、假出库单，虚增各类子虚乌有的销售收入。万福生科私刻客户假公章虚构各类虚假销售合同，还编制各类虚假银行单据、假出库单，以此构成一系列虚假单据的佐证链条，使虚增销售收入看起来合理，很难通过书面资料判断其公司收入的虚实，使公司虚增的销售收入看起来合乎情理。为配合虚构收入，公司不惜缴纳大量税负，以使虚增的销售额看上去没有任何破绽。

据证券会事后所做的调查表明，万福生科2008—2012年上半年披露的10家主要客户中，有6家存在涉嫌虚构交易、虚增销售收入等行为，在2008—2011年伪造相关采购和销售合同，虚构300多个个人账户作为供应商账户，累计虚增收入7.4亿元左右，虚增营业利润1.8亿元左右，虚增净利润1.6亿元左右，万福生科财务舞弊事件昭然若揭，并且万福生科成为"创业板造假第一股"案件。在万福生科整个财务造假过程中，公司内部分工非常严密，财务总监负责总体策划，采购、销售和仓库人员各司其职，任何一笔资金进出，在生产、经营、销售和入库各个环节，都会仿造对应的单据，使得审计过程难以发现收入虚增问题。2013年5月，证券会公布对万福生科股份有限公司及相关责任主体的处罚决定。

① 给予万福生科股份有限公司罚款30万元，给予公司董事长龚永福、财务总监秦学军各处30万元罚款，终生禁入证券市场，其余19名高管各处5～25万元不等的罚款。

② 给予平安证券股份有限公司警告处分，没收保荐收入2 550万元，并处2倍罚款，暂停3个月保荐资格；对保荐代表人处以30万元罚款，撤销保荐人资格、证券从业资格。

③ 给予中磊会计师事务所有限公司警告处分，没收180万元收入，并处以2倍罚款，撤销证券从业许可；对签字会计师处以13万元罚款，终生禁入证券市场。

资料来源：穆玉花，吴晨．万福生科公司财务舞弊方式及动因分析[J]．新疆农垦经济，2015(7).

思考问题：

1. 万福生科案例在哪些环节出现了舞弊或不规范行为？

2. 采取哪些控制措施才能有效堵塞类似虚假？

一、成本费用控制内容与要求

为了实现企业产品成本管理目标，企业在生产费用发生前以及成本费用控制的过程中，对影响企业成本费用的各个因素应采取一系列有效的调节措施，以保证企业成本费用管理目标得以实现。成本费用控制是按照既定的成本费用控制目标，对成本费用形成过程中的一切耗费进行严格的计算、调节和监督，从而保证成本费用控制目标实现的过程。

（一）成本费用的含义

为加强企业产品成本核算，保证产品成本信息真实、完整，根据《中华人民共和国会计法》、企业会计准则等国家有关规定，制定《企业产品成本核算制度（试行）》。广义成本是指企业为取得资产或提供劳务而付出的各种耗费，包括产品成本、劳务成本、资金成本、固定资产成本、存货成本、投资成本等；广义费用是指企业在日常活动中发生的、会导致所有者权益减少的、与向所有者分配利润无关的经济利益的总流出，包括营业成本和期间费用。

关于印发《企业产品成本核算制度（试行）》的通知

狭义成本仅包括产品成本和劳务成本，是指企业为生产经营产品或提供劳务而发生的各种耗费。在制造成本法下，产品成本由直接材料、直接工资和制造费用构成；狭义费用仅包括期间费用，是指与一定会计期间相联系，不计入产品成本、直接计入发生当期损益的费用，包括销售费用、管理费用和财务费用。

（二）成本费用的总体风险

（1）成本费用支出未经适当的审批或超越授权审批，存在舞弊和差错，可能导致企业资产损失。

（2）成本费用预算不科学、不合理，可能影响成本费用控制效果。

（3）成本费用支出未列入预算或超预算，缺乏预算调整和例外审批，导致成本费用控制不严。

（4）成本费用核算不准确，存在信息资料不真实或舞弊，导致会计信息不真实。

（5）缺乏对定额、实际成本、生产成本差异的合理控制与分析，影响成本费用控制效果。

（三）成本费用控制的总体要求

1. 确保成本费用开支合法

遵守国家财经法规规定的成本费用开支范围和开支标准，不得随意扩大开支范围和提高开支标准。

2. 确保成本费用开支合理

正确划分资本性支出与收益性支出的界限、成本支出与期间费用的界限、成本支出与营业外支出的界限，体现收入与费用配比原则，做到经济合理。

3. 确保成本费用开支可控

制订科学合理的成本费用支出计划，建立严格的授权批准制度，使各项成本费用支出都受计划的约束和控制，确保各项成本费用的发生、列支都在可控范围之内。

4. 确保成本费用核算正确

建立科学、完善的成本费用核算体系，采用科学、规范的成本费用核算方法，正确核算各种产品成本、劳务成本，及时提供实际成本和其他成本费用信息资料。

5. 确保成本费用控制全面

企业应当实行全面的、全员的和全过程的成本费用控制，并将成本费用控制覆盖到企业生产经营的全过程，努力节约费用开支，减少损失，降低成本，提高经济效益，促进企业经营目标的实现。

二、成本费用业务流程与风险管理

成本费用业务活动涵盖企业成本费用管理的全部内容，它涉及企业生产经营活动的各方面和各环节发生的所有成本费用，并对这些成本费用进行预测、决策、预算、控制、核算、分析和考核。

（一）成本费用业务流程

成本费用业务活动流程主要包括确定成本费用目标、编制成本费用预算、目标分解与责任落实、差异调整与实施预算、成本费用报告、成本费用分析、考核与奖惩。其中，确定成本费用目标、编制成本费用预算、目标分解与责任落实是确立成本费用目标阶段，属于成本费用事前控制；成本费用差异调整与实施预算、执行预算与日常控制是实际控制成本费用阶段，属于成本费用事中控制；成本费用分析、考核与奖惩是成本费用分析考核阶段，属于成本费用的事后控制。三个控制阶段和控制内容之间相互关联、相互衔接，从而实现对企业生产经营活动所有成本费用的有效控制，成本费用业务流程如图 10-1 所示，该图列示的成本费用流程具有通用性，企业可以参照此流程，并结合自身情况予以扩充和具体化。

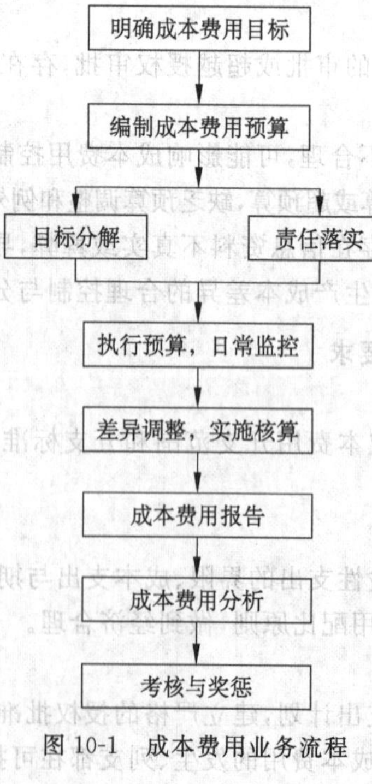

图 10-1 成本费用业务流程

（二）各环节的主要风险点及其管控措施

1. 确定成本费用目标

成本费用控制是按照既定的成本费用控制目标进行，企业管理当局需要根据年度经营目标确定成本费用目标，作为编制成本费用预算的起点。成本费用目标的确定应遵循“先进”“合理”原则，确保成本费用目标符合企业的实际经营情况。

该环节的主要风险：确定的成本费用目标不合理，不利于企业成本费用的节约，可能导致企业资源浪费；成本费用目标未与企业经营目标衔接，造成成本费用控制脱节，不能支持企业经营目标的实现；成本费用目标与企业整体战略不符，不利于企业在长期发展中形成成本竞争优势。

主要管控措施如下。

（1）运用本量利、投入产出等定量、定性分析方法，科学预测成本费用目标。企业应根据本单位的历史成本费用数据、料工费价格变动趋势，以及产品销售情况等，对企业未来的成本费用水平进行预测，制订本企业的成本费用管理目标。

（2）制订成本费用定额标准，夯实成本费用控制基础工作。

（3）成本费用预测和目标确定要服从企业整体战略目标，考虑各种成本降低方案，从中选择最优成本费用方案。

（4）明确成本费用预测、目标制定和决策审批的责任部门、责任人和工作流程。

（5）确定成本费用目标必须与企业总体经营目标相衔接。

2. 编制成本费用预算

成本费用预算以销售预算为基础，由成本费用消耗部门根据成本费用预测结果进行编制，采用定量定性的分析方法，综合考虑企业生产能力、成本费用定额、材料价格、员工薪酬、管理要求等多种因素后编制的企业预算期内成本费用指标及成本费用升降率的计划安排，它是企业进行日常成本费用控制的具体依据，也是评价、考核评价各部门成本费用控制业绩的标准尺度。

该环节的主要风险：企业成本费用预测不科学、不合理，成本费用支出没预算、预算不准确或预算起不到控制成本费用发生的作用，可能导致企业管理混乱，成本费用支出居高不下，企业利益严重受损。

主要管控措施如下。

（1）建立成本费用预算制度，将企业的成本费用目标具体化。

（2）明确企业各部门的预算编制责任，使企业各项业务活动发生的成本费用全部纳入预算管理。

（3）重视和加强预算编制基础管理工作，结合本单位实际情况，确保预算编制以可靠、翔实、完整的基础数据为依据。

（4）选择或综合运用固定预算、弹性预算、滚动预算等方法编制预算。

（5）严格履行成本费用预算审议批准程序。

3. 目标分解与责任落实

成本费用目标和成本费用预算确定下达后，应在总体经营目标的指导下，经过层层分解，自上而下地将成本费用目标和成本费用预算落实到企业内部各个成本费用责任部门，形成全方位的成本费用控制责任体系。目标分解与责任落实是将成本费用目标和成本费用预算细化为具体的成本费用控制标准，并将目标与责任落实到企业内部各个责任部门。

该环节的主要风险：成本费用目标分解不合理，各部门松紧不一，导致具体执行时缺乏操作性，影响成本费用控制效果；责任部门的划分未经过细致调查和深入分析，划分缺乏依据，可能导致责任不清，出现推诿，影响成本费用控制水平；成本费用控制标准不合理，可能导致资源浪费。

主要管控措施如下。

(1) 层层分解，从横向和纵向两个方面将成本费用目标和成本费用预算细化为具体的成本费用控制标准。

(2) 通过决定、计划、协议等形式，将成本费用目标细化落实到企业内部各个责任部门。

(3) 建立企业全方位、全过程、全员成本费用控制体系。

(4) 分解成本费用指标，落实成本费用责任主体，保证成本费用预算的有效实施。

4. 成本费用日常控制

企业各项生产经营活动中发生的成本费用都要以成本费用预算为依据，按照一定的程序和方法，确保实现成本费用预算和目标。成本费用日常控制的主要方面包括材料费用控制、人工费用控制、制造费用控制、期间费用控制等。

该环节的主要风险：企业法律意识淡薄，成本费用支出可能违反国家法律、法规，违反税收政策，多列或少列成本费用，甚至可能采取虚构成本费用列支的方法，隐匿真实利润，达到偷逃税金的目的，从而可能遭受税务部门的处罚，造成经济损失和企业信誉受损；成本费用审批不严风险，企业缺乏应有的成本费用控制措施，成本费用支出未经适当审批或超越授权审批，可能因重大差错、舞弊、欺诈而导致企业经营风险和财务风险的发生。

主要管控措施如下。

(1) 建立成本费用业务的岗位责任制，确保办理成本费用业务的不相容岗位相互分离、制约和监督。

(2) 建立规范的企业成本费用支出授权审批制度，明确审批人对成本费用业务的授权审批方式、审批权限、程序、责任等控制措施，规定经办人办理成本费用业务的职责范围和工作要求。

(3) 审批人根据成本费用授权审批制度的规定，在授权范围内进行审批，禁止超越审批权限的审批。

(4) 经办人严格按照生产经营计划，按照成本费用预算标准申请成本费用事项，并按照审批人的审批意见办理成本费用业务，禁止利用审批人的审批意见进行违规、舞弊行为。

(5) 建立预算外及超预算标准成本费用审批制度，未列入预算和超出预算的成本费用项目，确需支出的，应有相关部门提出申请，按照规定程序追加或调整预算，报授权审批部门批准。

(6) 会计机构建立严格的费用支出报销结算制度。

5. 调整预算差异

调整预算差异是按照预定的成本费用目标对各种成本费用耗费支出进行审核、对比和监督，揭示实际耗费偏离成本费用目标的差异，并及时采取措施予以纠正，确保成本费用目标的实现。在具体执行预算过程中，发生的实际成本费用与成本费用预算之间的差异，要及时查明原因，属于技术条件和经济环境变化导致成本费用标准不恰当的，应及时调整，使之适应新的环境和条件；属于主观原因造成的成本费用差异，应落实责任，及时纠正偏差。

该环节的主要风险：缺少对定额、实际成本、生产成本差异的合理性分析，导致差异产生的原因分析不明确，差异调整措施发生偏差，影响成本费用控制效果；未能随着经济环境和外部条件的变化及时调整预算差异，导致成本费用定额标准不适应新环境、新条件，影响成本费用控制水平，降低了企业经济效益。

主要管控措施如下。

(1) 落实成本费用差异分析、调整责任制，保证成本费用控制效果。

(2) 制订成本费用差异调整预案。

(3) 建立成本费用差异考核制度。

6. 成本费用核算

成本费用核算是指对生产经营过程中实际发生的成本费用按照一定的核算对象进行归集和分配，采取适当方法计算出成本核算对象总成本和单位成本，以及各项期间费用的发生额。通过成本费用核算，可以反映成本费用预算的执行情况和成本费用控制的最终结果。

该环节的主要风险：成本费用核算和相关会计信息失真，有关成本费用账目或存货类账目账账不符、账实不符，可能导致企业资产流失、潜亏严重，甚至给企业带来破产倒闭的后果。

主要管控措施如下。

(1) 制定成本核算规程和期间费用核算制度并严格执行，加强定额管理、计量管理、价格管理、物资管理等基础工作，制定必要的消耗定额，制定内部结算价格和结算方法，明确与成本费用核算有关的原始记录及凭证的传递流程和管理制度。

(2) 成本的确认和计量，应符合相应的会计准则的规定。

(3) 根据企业生产经营特点和管理要求，选择合理的成本费用核算方法，并且前后各期保持一致，变更核算方法应经过有效的审批。

7. 成本费用分析

企业会计部门按照费用归口，分级管理原则，运用专门方法，根据成本费用核算所提供的资料及其他信息资料，与预算成本费用、目标成本费用、定额成本费用、上年实际成本费用相比较，通过分析成本费用升降的原因，采取纠正措施，进而提高成本费用控制水平。通过成本费用分析，可以了解企业实际成本费用与各种成本费用标准的差异及形成差异的原因，分清和落实责任，为成本费用考核与奖惩提供依据。

该环节的主要风险：不能正确评价成本费用指标完成情况，未及时发现成本费用管理中存在的问题，影响成本费用控制效果，损害了企业经济利益。

主要管控措施如下。

(1) 建立成本费用信息报告反馈制度和成本费用分析制度，实时监控成本费用支出情况，发现问题及时上报有关部门或领导。

(2) 落实成本费用报告责任人，明确工作范围及相关责任。

(3) 灵活运用比较分析法、比率分析法、趋势分析法和因素分析法分析产品成本和各项费用，提高分析结论的准确性。

8. 成本费用考核

成本费用考核既包括对企业成本费用控制活动实施效果的全面考评，也包括对成本费用责任部门和责任岗位的考核。通过比较成本费用实际执行情况与目标的差异，并进行审核和评价，将考核评价结果与利益奖惩结合起来，通过利益机制进一步调动成本费用控制的积极性。

该环节的主要风险：不能正确评价成本费用预算完成情况；未正确评价各部门成本费用控制状况，影响各责任单位和有关人员完成成本费用目标的积极性。

主要管控措施如下。

(1) 建立成本费用考核制度，对相应的成本费用责任主体进行考核。

(2) 通过目标成本节约额、节约率等指标和方法，综合考核各责任部门成本费用预算或开支标准的执行情况。

(3) 制定成本费用考核奖惩制度，将成本费用考核结果与奖惩制度挂钩。

成本费用业务流程

本章小结

本章详细分析了成本费用主要风险与管理控制，阐述了成本费用的含义、总体风险、内控的总体要求、业务流程、风险及措施等内容。

能力训练

一、单选题

1. 下列有关成本费用关键内部控制制度的说法中，不正确的是(   )。

   A. 对未列入预算的成本费用项目绝不可以支付

   B. 同一岗位人员应定期做适当调整和更换，避免同一人长时间负责同一业务

   C. 企业应根据成本费用预测决策形成的成本目标，建立成本费用预算制度

   D. 企业应根据本单位生产经营特点和管理要求，选择合理的成本费用核算方法

2. 广义的成本是指企业为取得资产或提供劳务而付出的(   )。

   A. 各种资金　　B. 各种费用　　C. 各种耗费　　D. 各种投入

3. 一般来说，成本费用的关键控制点至少应当包括预算、审批、执行、(   )、核算、分析、考核等环节。

   A. 落实　　B. 反馈　　C. 控制　　D. 流程

4. 企业一般应当(   )编制产品成本报表，全面反映企业生产成本、成本计划执行情况、产品成本及其变动情况等。

   A. 定期　　B. 不定期　　C. 按月　　D. 按季度

5. 企业应当按照(   )的原则，根据产品的生产特点和管理要求结转成本。

   A. 权责发生制　　B. 收付实现制　　C. 生产经营特点　　D. 综合分配

6. 大量大批单步骤生产产品或管理上不要求提供有关生产步骤成本信息的，一般按照(   )确定成本核算对象。

   A. 产品品种　　B. 产品步骤　　C. 产品批别　　D. 单项合同

7. 企业采用(   )等类似成本进行直接材料日常核算的，期末应当将耗用直接材料的

计划成本或定额成本等类似成本调整为实际成本。

A. 计划成本　B. 标准成本　C. 定额成本　D. 实际成本

8. 企业所发生的费用，能确定由某一成本核算对象负担的，应当按照所对应的产品成本项目类别，直接计入产品成本核算对象的生产成本；由几个成本核算对象共同负担的，应当选择合理的(　　)分配计入。

A. 分配标准　B. 分配依据　C. 分配方法　D. 分配模式

9. 成本费用目标是企业一定时期内所要达到的某一水平的(　　)，它可以是定量指标，也可以是定性指标。

A. 成本费用指标　B. 成本费用定额

C. 成本费用标准　D. 成本费用预算

10. 企业应当根据生产经营特点和管理要求，按照成本的经济用途和生产要素内容相结合的原则或者(　　)等设置成本项目。

A. 成本性态　B. 管理要求　C. 经营特点　D. 成本类别

二、多选题

1. 成本费用内部控制的目标主要包括(　　)。

A. 保证各项成本费用开支的合理性

B. 保证各项成本费用的合法性

C. 加强成本费用的管理，提高经济效益

D. 保证成本费用的正确预算，及时提供真实、可靠的成本费用信息资料

2. 制造企业一般设置(　　)等成本项目。

A. 直接材料　B. 燃料和动力　C. 直接人工　D. 制造费用

3. 制造企业一般按照(　　)等确定产品成本核算对象。

A. 产品品种　B. 批次订单　C. 生产步骤　D. 成长期

4. 成本费用内部控制的总体要求包括(　　)。

A. 保证成本费用开支的合法性　B. 保证成本费用开支的合理性

C. 保证成本费用控制的全面性　D. 保证成本费用核算的正确性

5. 企业应当充分利用现代信息技术，编制、执行企业产品成本预算，对执行情况进行分析、考核，落实成本管理责任制，加强对产品生产(　　)的全过程控制，加强产品成本核算与管理各项基础工作。

A. 事前　B. 事中　C. 事后　D. 全周期

6. 季节性生产企业在(　　)发生的制造费用，应当在(　　)进行合理分摊，连同(　　)发生的制造费用，一并计入产品的生产成本。

A. 开工期间　B. 维修期间　C. 停工期间　D. 大修期间

7. 制造企业发出的材料成本，可以根据实物流转方式、管理要求、实物性质等实际情况，采用(　　)等方法计算。

A. 先进先出法　B. 加权平均法　C. 个别计价法　D. 后进先出法

8. 从构成角度划分，成本费用支出的内容主要包括(　　)。

A. 物料消耗支出　B. 职工薪酬支出

C. 制造费用支出　D. 期间费用支出

9. 企业应当按照规定确定产品成本核算对象，进行产品成本核算。企业内部管理有相关要求的，还可以按照现代企业(　　)的管理需要，确定(　　)的产品成本核算对象。

A. 多维度　　B. 多层次　　C. 多元化　　D. 多类别

10. 制造费用是指企业为生产产品和提供劳务而发生的各项间接费用，包括企业生产部门(如生产车间)发生的水电费、(　　)、管理人员的职工薪酬、劳动保护费、国家规定的有关(　　)、季节性和修理期间的(　　)等。

A. 固定资产折旧　　B. 无形资产摊销

C. 停工损失　　D. 环保费用

三、判断题

1. 狭义的成本是指企业为生产经营产品或提供劳务而发生的各种耗费。(　　)

2. 企业应当根据生产经营特点，以正常生产能力水平为基础，按照资源耗费方式确定合理的分配标准。(　　)

3. 企业应当根据生产经营特点和管理要求，确定成本核算对象，归集成本费用，计算产品的生产成本。(　　)

4. 企业应当根据所发生的有关费用能否归属于使产品达到目前场所和状态的原则，正确区分产品成本和期间费用。(　　)

5. 产品规格繁多的，可以将产品结构、耗用原材料和工艺过程基本相同的产品，适当合并作为成本核算对象。(　　)

6. 制造企业产成品和在产品的成本核算，除季节性生产企业等以外，应当以月为成本计算期。(　　)

7. 企业应当根据产品生产过程的特点、生产经营组织的类型、产品种类的繁简和成本管理的要求，确定产品成本核算的对象、项目、范围，及时对有关费用进行归集、分配和结转。(　　)

8. 制造企业应当根据生产经营特点和联产品、副产品的工艺要求，选择系数分配法、实物量分配法、相对销售价格分配法等合理的方法分配联合生产成本。(　　)

9. 成本费用业务流程中，各关键控制点的具体控制目标，应根据经营目标来设计。(　　)

10. 企业产品成本核算采用的会计政策和估计一经确定，不得随意变更。(　　)

章节案例

长江企业案例

由于受国际经贸和西方有关国家贸易保护影响，许多纺织企业效益下滑。然而，长江纺织企业实现工业产值3.6亿元，利税1 755万元，其中税金比上年增加1 000万元。其主要措施包括采取多种办法，开源与节流并举，实行成本取胜战略。

1. 控制原材料采购成本

该公司成立了购进物资价格咨询定价小组和质量把关小组，制订了一系列制度，对所有购进物资进行购前价格咨询和购后价格、质量把关，使采购权、定价权、审核权及把关权四权分离。

2. 降低产品生产费用

为了切实降低生产费用，该公司本着“谁消耗、谁降耗”的原则，在生产工序上配齐了计量器具，使各项消耗指标得到了准确计量，层层分解到车间、班组、工序和个人。同时为充分发挥激励作用，拿出工资的30%来专项考核成本。

3. 截住浪费的源头

公司为了更有效地控制相关费用，对期间费用采取预算控制，实行超支不予报销，节约予以奖励。同时针对企业存在的跑、冒、滴、漏等现象，公司向职工“集智问计”，鼓励职工积极献计献策，有效地降低了相关费用。

4. 减少单位成本工资

抓效率就是抓成本，公司推行了分钟效率管理法，即推算出每工种、每人、每分钟的生产效率，然后停台时间也用分钟来计算，使每名挡车工思想不敢麻痹，工作不敢懈怠，努力向新的目标攀登。

资料来源：https://wenku.baidu.com/view/65074b05cc175527072208fd.html.

请结合上述材料完成下列事项：

1. 学生分组，建议每组5人左右，注意搭配。
2. 选择组长与发言人，可以固定或轮流担任。
3. 分析讨论长江企业成本费用控制的做法，形成小组案例分析报告。
4. 发言人代表本组发言，并回答教师及同学提问。

参考规范

1. 关于印发《企业产品成本核算制度（试行）》的通知（财会〔2013〕17号）。
2. 关于印发《企业产品成本核算制度——石油石化行业》的通知（财会〔2014〕32号）。
3. 关于印发《企业产品成本核算制度——钢铁行业》的通知（财会〔2015〕20号）。
4. 关于印发《企业产品成本核算制度——煤炭行业》的通知（财会〔2016〕21号）。
5. 关于印发《企业产品成本核算制度——电网经营行业》的通知（财会〔2018〕2号）。

第十一章　财务报告控制

【学习目标】

1. 理解和熟悉财务报告的含义。
2. 理解和熟悉财务报告的总体风险。
3. 理解和熟悉财务报告的总体要求。
4. 理解和掌握财务报告业务流程。
5. 理解和掌握财务报告的主要风险点与管控措施。

【思维导图】

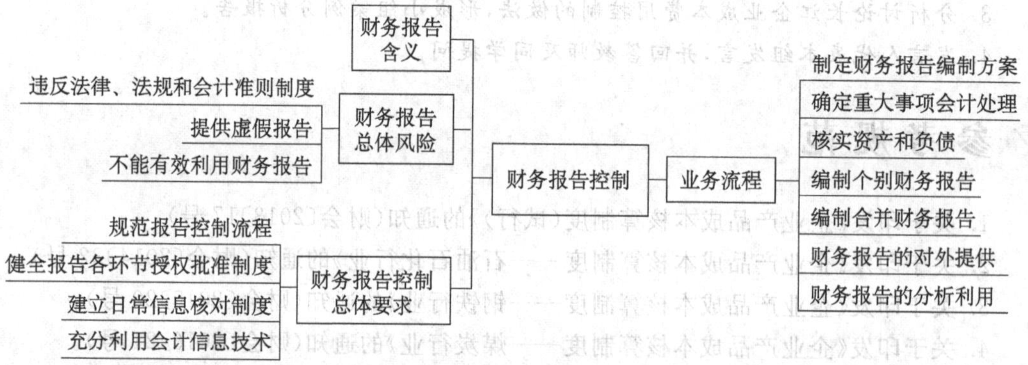

◆ **引导案例**

南方保健财务造假案例

20世纪80年代初，斯克鲁西提出将理疗和恢复性治疗等手术辅助环节从医院中独立出来运作，探索出一套低成本、高疗效的诊所运营模式，创建了南方保健公司（以下简称南方保健）。1986年，南方保健完成新股发行并在纽约股票交易所上市。通过疯狂购并，2002年已成为全美最大的私立保健医疗公司，在美国50个州和澳大利亚、加拿大、英国等拥有众多诊所、外科手术中心和养老院。疯狂扩张速度使南方保健消化不良，加上首席执行官斯克鲁西在董事会中独断专行和过分追求个人成就感，从1997年开始就使用各种会计造假手法对经营利润和资产负债表科目进行操纵，以满足华尔街的盈利预期，2003年3月，南方保健虚假利润25亿美元，成为仅次于世界通信的第二大“会计造假大王”，并创下上市公司财务舞弊涉案11名高管人员最多的纪录。

(1) 通过召开“家庭会议”，编造虚假分录。在斯克鲁西领导下，南方保健的高管人员每个季度末都要开会，商讨会计造假事宜，并称这种独特的会议为“家庭会议”，与会者被尊称为“家庭成员”。南方保健使用的最主要造假手段是通过“契约调整”这一收入备抵账户进行利润操纵，契约调整用于估算南方保健向病人投保的医疗保险机构开出的账单与医疗保险机构预计将支付的账款之间的差额，营业收入总额减去“契约调整”的借方余额，作为营业收入净额反映在南方保健的收益表上。契约调整，是一个需要大量估计和判断的账户，具有很大的不确定性。南方保健的高管人员恰恰是利用这个特点，通过毫无根据地贷记“契约调整”账户，虚增收入，蓄意调节利润。为了不使虚增的收入露出破绽，南方保健又专门设立了“AP 汇总”账户。“AP 汇总”作为固定资产和无形资产的次级明细账户存在，用以记录与“契约调整”相对应的资产增加额。从 1997—2002 年 6 月 30 日，南方保健通过凭空贷记“契约调整”的手法，虚构了近 25 亿美元的利润总额，虚构金额为实际利润的 247 倍；虚增资产总额 15 亿美元，其中包括固定资产 10 亿美元和现金 3 亿美元。早在会计造假曝光前，南方保健就曾因多次诈骗联邦医疗保险金的行为而臭名昭著。根据美国医保服务中心(CMS)的调查，长期以来，南方保健向 CMS 提交理疗服务成本报告时就存在问题：①成本报告中有相当数量的种类是其从未对医保病人开放的，将一部分非医保病人发生的支出计算到医保病人头上，以骗取老年人医疗保险计划和国民医疗补助计划的补偿；②在南方保健上报的理疗服务中，有 50%缺乏指定医师的诊疗记录(即虚构莫须有理疗支出)；③南方保健经常将助理医师给多个病人提供的诊疗服务按照执业医师单人诊疗的标准列示，以向老年人医疗保险计划和国民医疗补助计划寻求高额补偿。

(2) 处心积虑，规避审计。为掩饰会计造假，南方保健动员了整个高管层，共同对付安永会计师事务所(以下简称安永)，具体表现在：①为避免直接调增收入，设计“契约调整”这一收入备抵账户，利用该账户依赖主观判断，且在会计系统中不留交易轨迹的特点，加大虚假收入的审计难度；②编造虚假会计分录时，利用许多过渡账户，虚构的利润通过频繁借贷，最终虚增了固定资产、无形资产甚至是现金账户；③会计人员对安永审查各个报表科目所用的重要性水平了如指掌，并千方百计将造假金额化整为零，确保造假金额不超过安永确定的“警戒线”。即使虚假分录被抽样审计发现，也可以“金额较小达不到重要性水平”为由搪塞。在 2000 年度审计中，安永就曾质疑南方保健某家门诊固定资产的增加缺乏足够的凭证支持。为此，南方保健的会计人员当即在计算机上篡改了固定资产的采购发票为自己圆谎。更恶劣的是，当安永向南方保健索要固定资产明细账时，会计人员迅速炮制了一本分类账，将所有由“AP 汇总”捏造出的“新增固定资产”在这本分类账中逐一补上。

(3) 内部审计监督形同虚设。斯克鲁西是南方保健的创始人，又是董事会主席兼首席执行官，在公司管理中处于核心地位并实行“独裁统治”。面对斯克鲁西这样的强权人物，南方保健的董事会对其监督形同虚设，而且斯克鲁西不喜欢聘用独立董事。董事会下设的审计委员会对于公司的舞弊行为视而不见。南方保健内部审计部门由于审计委员会的玩忽职守而势单力薄，开展工作时处处受阻，无法履行财务审计和经营绩效审计的职责。在斯克鲁西的领导下，南方保健的高管人员每个季度末都要开会，商讨会计造假事宜。南方保健 1997—2001 年对外报告的虚假利润占实际利润的比例分别为 233%、173%、220%、188%和 472%。据南方保健董事会会议记录，就在 2001 年发生重大事件当年，审计委员会仅开过一次例会。南方保健审计委员会中的两名成员所拥有的私人公司与南方保健之间竟存在着密切的关联交易。

上述各种内控缺陷，给南方保健舞弊创造了优越条件，管理层才敢“肆意妄为”，虚构经济业务，编造虚假分录，提供失真的财务信息。

资料来源：黄世忠，叶丰滢．美国南方保健公司财务舞弊案例剖析[J]．会计研究，2003(6).

思考问题：

1．南方保健案例在哪些环节出现了舞弊或不规范行为？

2．采取哪些控制措施，才能有效堵塞类似财务报告的虚假？

一、财务报告控制内容与要求

财务报告是企业投资者、债权人作出科学投资、信贷决策的重要依据，近年来，国内外发生的安然、世通、银广夏、琼民源等财务丑闻事件产生了严重的不良后果，其中，企业财务报告内部控制缺失或不健全是主要原因之一。为了防范财务报告风险，提升企业治理和经营管理水平，促进资本市场和市场经济健康可持续发展，防范和化解企业法律责任，需引导和规范企业加强财务报告内部控制，确保财务报告信息真实可靠。

（一）财务报告的含义

为了规范企业报告，保证报告的真实、完整，根据《中华人民共和国会计法》等有关法律、法规和《企业内部控制基本规范》，制定《企业内部控制应用指引第14号——财务报告》，该指引所称报告是指反映企业某一特定日期状况和某一会计期间经营成果、现金流量的文件。

《中华人民共和国会计法》

企业内部控制应用指引第14号——财务报告

（二）财务报告总体风险

（1）编制报告违反会计法律、法规和国家统一的会计准则制度，可能导致企业承担法律责任和声誉受损。

（2）提供虚假报告，误导报告使用者，造成决策失误，干扰市场秩序。

（3）不能有效利用报告，难以及时发现企业经营管理中存在的问题，可能导致企业和经营风险失控。

（三）财务报告内控的总体要求

1．规范财务报告控制流程

制定明确财务报告编制、报送及分析利用等相关流程，职责分工、权限范围和审批程序应明确规范，机构设置和人员配备应科学合理，确保财务报告编制、披露和审核等全过程不相容岗位有效分离。企业负责人对财务报告真实性和完整性负责，企业总会计师或分管会计工作的负责人承担组织领导财务报告编制和分析利用工作，企业财会部门负责财务报告编制和分析报告编写工作，企业内部各相关部门应及时向财会部门提供编制财务报告所需的信息，并积极提出意见和建议，企业法律事务部门或外聘律师应当对财务报告对外提供的合法合规性进行审核。

2. 建立健全财务报告各环节授权批准制度

企业应当健全财务报告编制、对外提供和分析利用各环节的授权批准制度，具体包括：编制方案的审批、会计政策与会计估计的审批、重大交易和事项会计处理的审批，对财务报告内容的审核审批等。首先，根据经济业务性质、组织机构设置和管理层级安排，建立分级管理制度；其次，规范审核审批的手续和流程，确保报送和进行审核审批的级别符合所授的管理权限、申报材料翔实完整，签字盖章齐全、印鉴符合要求，切实履行检查审核义务等；最后，建立相关政策，限制对现有财务报告流程进行越权操作。任何越权操作行为，必须另行授权审批后方能进行，且授权审批文件应妥善归档。

3. 建立日常信息核对制度

建立日常信息定期核对制度，确保财务报告真实、完整，防范主观故意的编造虚假交易，虚构收入、费用的风险，以及由于会计人员业务能力不足导致的会计记录与实际业务发生的金额、内容不符的风险。日常会计处理中应及时进行对账，将会计账簿记录与实物资产、会计凭证、往来单位或者个人等进行相互核对，发现差异及时查明原因予以解决，并记录在适当的会计期间，以保证账证相符、账账相符、账实相符，确保会计记录的数字真实、内容完整、计算准确、依据充分、期间适当。

4. 充分利用会计信息技术

应当充分利用信息技术，提高工作效率和工作质量，减少或避免编制差错和人为调整因素。①定期更新和维护会计信息系统，确保取数、计算公式以及数据钩稽关系准确无误；②建立访问安全制度，操作权限、信息使用、信息管理应当有明确规定，确保财务报告数据安全保密，防止对数据的非法修改和删除；③对正在使用的会计核算软件进行修改、对通用会计软件进行升级和对计算机硬件设备进行更换时，应有规范的审批流程，采取替代性措施确保财务报告数据的连续性；④做好数据资源的管理，保证原始数据录入环节的真实、准确、完整，满足财务分析的需要；⑤制定业务操作规范，保证系统各项技术和业务配置维护符合会计准则要求和内部管理规定，月结和年结流程规范、及时；⑥指定专人负责信息化会计档案的管理工作，定期备份，做好防消磁、防火、防潮和防尘等工作；对于存储介质保存的会计档案，应当定期检查，防止由于介质损坏而使会计档案丢失。

二、财务报告业务流程与风险管理

加强财务报告内部控制有助于切实提高会计信息质量，确保财务报告的真实、准确和完整，较好地满足财务报告使用人的需求，对于防范和化解法律风险、改进经营管理、促进资本市场稳定具有至关重要的意义。

（一）财务报告业务流程

财务报告流程主要由制订财务报告编制方案、确定重大事项的会计处理、核实资产和负债、编制个别财务报告、编制合并财务报告、财务报告的对外提供、财务报告的分析利用组成，其通用流程如图 11-1 所示。企业在实际操作中，应当充分结合自身业务特点和管理要求，构建和优化财务报告内部控制流程。

（二）各环节的主要风险点及其管控措施

1. 制订财务报告编制方案

财会部门应在编制财务报告前制订财务报告编制方案，明确财务报告编制方法、编制程

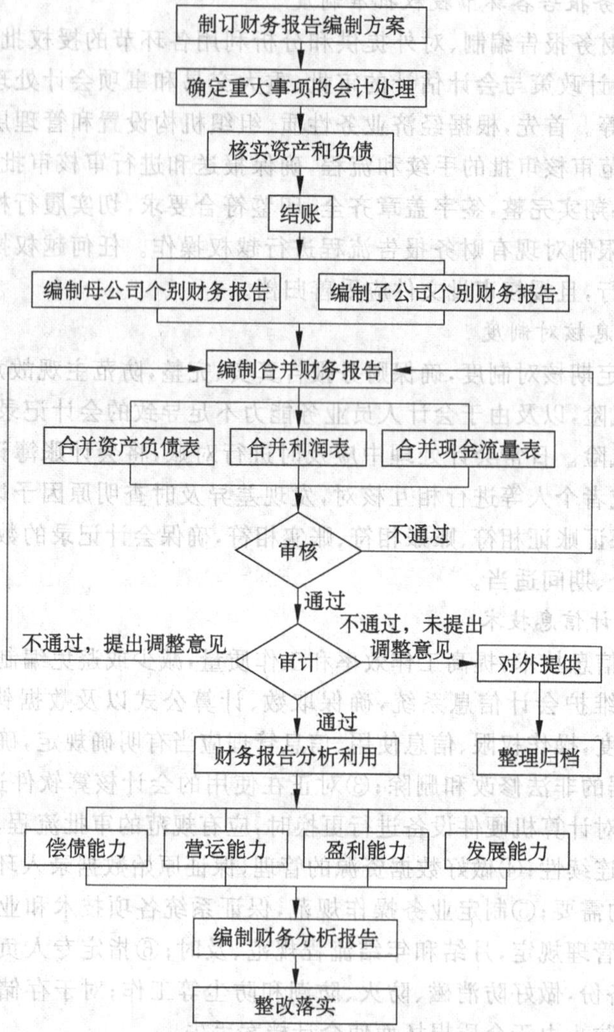

图 11-1 财务报告业务流程

序、职责分工、编报时间安排等相关内容，财会部门负责人审核。

该环节的主要风险：会计政策使用不当、未能有效更新、不符合相关法律、法规；重要会计政策、会计估计变更未经审批；各部门职责分工不清，各步骤时间安排不明确，导致整体编制进度延误。

主要管控措施如下。

(1) 企业应按照国家最新会计准则制度和监管要求，选择符合自身实际情况的会计政策和会计估计方法。及时对企业内部会计规章制度和财务报告流程等作出相应更改。

(2) 会计政策和会计估计的调整要按照规定的权限和程序审批。

(3) 应明确各部门职责分工，总会计师或分管会计工作的负责人负责组织领导，财会部门负责编制工作，各部门应当及时提供所需信息，并对信息的真实性和完整性负责。

(4) 建立完备的信息沟通渠道，通过内部审计等方式，确保会计政策在不同业务部门、不同期间内保持一致性且有效执行，根据财务报告的报送要求，各步骤设置关键时间点，保证编制工作进度。

2. 确定重大事项的会计处理

企业在编制财务报告前，应当确认对当期有重大影响的主要事项及会计处理。

该环节的主要风险：对于重大事项，如债务重组、非货币性交易、公允价值的计量、收购兼并、资产减值等的会计处理不合理，未经必要的审批，导致会计信息扭曲，影响会计信息质量。

主要管控措施如下。

(1) 企业应对重大事项予以关注并建立重大事项处理流程，应在逐级上报适当管理层审批后，下达各相关单位予以执行。

(2) 及时沟通需要专业判断的重大会计事项并确定相应会计处理，特别是资产减值损失、公允价值计量等涉及重大判断和估计时，财会部门应定期与资产管理部门沟通。

3. 核实资产和负债

企业应在编制财务报告前，组织财务和相关部门进行资产清查、减值测试和债权债务核实工作。

该环节的主要风险：资产、负债账实不符，虚增或虚减资产、负债；资产计价方法随意变更；未按规定进行减值测试；提前、推迟甚至不确认资产、负债等。

主要管控措施如下。

(1) 制订资产、负债核实计划，明确人员配备、时间和工作进度，确定实物资产盘点的具体方法和过程，并做好业务准备工作。

(2) 核实各项资产、负债，进行银行对账、库存现金盘点、核对票据，明确资产权属，与往来单位核查结算款项。

(3) 对清查中发现的差异，细致分析原因，提出处理意见，按照规定权限报经审批后，向企业董事会或者相应机构报告，并依据国家统一会计准则制度进行会计处理。

4. 编制个别财务报告

企业应当按照国家统一的会计准则制度规定的财务报告格式和内容，根据登记完整、核对无误的会计账簿记录和其他有关资料编制财务报告。

该环节的主要风险：提供虚假财务报告，报表种类不完整，报表数据和附注内容不完整、不准确。

主要管控措施如下。

(1) 各项资产计价方法不得随意变更，如有减值，应当合理计提减值准备，严禁虚增或虚减资产。

(2) 各项负债应当反映企业的现时义务，不得提前、推迟或不确认负债，严禁虚增或虚减负债。

(3) 所有者权益应当反映企业资产扣除负债后由所有者享有的剩余权益，由实收资本、资本公积、留存收益等构成。企业应当做好所有者权益保值增值工作，严禁虚假出资、抽逃出资、资本不实。

(4) 各项收入的确认应当遵循规定的标准，不得虚列或者隐瞒收入，推迟或提前确认收入。

(5) 各项费用、成本的确认应当符合规定，不得随意改变费用、成本的确认标准或计量方法,虚列、多列、不列或者少列费用、成本。

(6) 利润由收入减去费用后的净额、直接计入当期利润的利得和损失等构成。不得随意调整利润的计算、分配方法,编造虚假利润。

(7) 企业财务报告列示的各种现金流量由经营活动、投资活动和筹资活动的现金流量构成,应当按照规定划清各类交易和事项的现金流量的界限。

(8) 附注是财务报告的重要组成部分,企业对反映企业财务状况、经营成果、现金流量的报表中需要说明的事项,作出真实、完整、清晰的说明。

(9) 财会部门负责人审核报表内容和种类的真实性、完整性,通过后予以上报。

5. 编制合并财务报告

企业集团应当编制合并财务报告,分级收集合并范围内分公司及内部核算单位的财务报告并审核,进而合并全资及控股公司财务报告,如实反映企业集团的财务状况、经营成果和现金流量。

该环节的主要风险:合并范围不完整,合并方法不正确,合并内部交易和事项不完整,合并抵销分录不准确。

主要管控措施如下。

(1) 按照国家统一的会计准则制度的规定,确定合并范围与合并方法。

(2) 财会部门制定内部交易和事项核对表及填制要求,报财会部门负责人审批后下发纳入合并范围内各单位。

(3) 财会部门收集、审核下级单位财务报告,并汇总出本级次的财务报告,经汇总单位财会部门负责人审核。

(4) 合并抵销分录应有相应的标准文件和证据进行支持,由财会部门负责人审核。

(5) 对合并抵销分录实行交叉复核制度,具体编制人完成调整分录后即提交相应复核人进行审核,审核通过后才可录入试算平衡表。

6. 财务报告的对外提供

1) 财务报告对外提供前的审核

财务报告对外提供前,要按规定程序审核,财会部门负责人审核财务报告的准确性;总会计师或分管会计工作的负责人审核财务报告的真实性、完整性、合法合规性;企业负责人审核财务报告整体合法合规性,并签名盖章。上市公司还需经董事会和监事会审批通过后方能对外提供。

该环节的主要风险:对外提供未遵循相关法律、法规的规定,对外提供前未按规定程序充分审核内容的真实性、完整性以及格式的合规性等。财务报告在对外提供前提前泄露或使不应知晓的对象获悉,未能及时对外报送财务报告,对外提供的财务报告的编制基础、编制依据、编制原则和方法不一致。

主要管控措施如下。

(1) 由各级负责人按照规定审批程序,逐级对财务报告内容的真实性、完整性,格式的合规性等审核把关,确保提供给投资者、债权人、政府监管部门、社会公众等各方面的财务报告的编制基础、编制依据、编制原则和方法完全一致,企业应保留审核记录,建立责任追究制度。

(2) 企业报告编制完成后,应当装订成册,加盖公章,由企业负责人、总会计师或分管会计工作的负责人、财会部门负责人签名并盖章。

(3) 企业对外提供的报告应当及时整理归档，按有关规定妥善保存。

(4) 企业在相关制度中明确负责财务报告对外提供的对象，并严格遵守法律、法规和国家统一会计准则制度对报送时间的要求，在财务报告的编制、审核、报送流程中的每一步骤设置时间点。

(5) 企业应设置严格的保密程序，对能够接触财务报告信息的人员进行权限设置，并对财务报告信息的访问情况予以记录，保证财务报告信息在对外提供前控制在适当的范围。

2) 财务报告对外提供前的审计

年度财务报告需依法经会计师事务所审计的，审计报告随同财务报告一并提供。

该环节的主要风险：财务报告对外提供前未按规定接受审计，审计机构不符合法律、法规规定，审计机构与被审计单位串通舞弊。

主要管控措施如下。

(1) 财务报告对外提供前须经注册会计师审计的，应选择符合法律、法规规定资质的会计师事务所对财务报告进行审计，注册会计师及其所在的事务所出具的审计报告，应随财务报告一并提供。

(2) 被审计单位不得干扰审计人员的正常工作，加强与审计人员沟通，及时落实审计意见。

7. 财务报告的分析利用

该环节的主要风险：各部门对财务分析和利用不重视，财务分析不全面，财务分析报告内容不完整，财务分析报告未经审核，财务分析制度未经审批，财务报告中的意见未能整改落实，财务分析局限于财会部门，未充分利用相关部门的资源。

主要管控措施如下。

(1) 企业应当重视报告分析工作，定期召开分析会议，充分利用报告反映的综合信息，全面分析企业的经营管理状况和存在的问题，不断提高经营管理水平。企业分析会议应吸收有关部门负责人参加，对各部门提出的意见，财会部门应充分沟通、分析，进而修改完善财务分析报告。总会计师或分管会计工作的负责人应当在分析和利用工作中发挥主导作用。

(2) 企业应当分析企业的资产分布、负债水平和所有者权益结构，通过资产负债率、流动比率、资产周转率等指标分析企业的偿债能力和营运能力；分析企业净资产的增减变化，了解和掌握企业规模和净资产的不断变化过程；企业应当分析各项收入、费用的构成及其增减变动情况，通过净资产收益率、每股收益等指标，分析企业的盈利能力和发展能力，了解和掌握当期利润增减变化的原因和未来发展趋势；企业应当分析经营活动、投资活动、筹资活动现金流量的运转情况，重点关注现金流量能否保证生产经营过程的正常运行，防止现金短缺或闲置。

(3) 企业定期的分析应当形成分析报告，构成内部报告的组成部分。分析报告结果应当及时传递给企业内部有关管理层级，充分发挥报告在企业生产经营管理中的重要作用。根据分析报告的意见，责任部门按要求落实改正，财会部门负责监督、跟踪责任部门的落实情况，并及时向有关负责人反馈落实情况。

本章小结

本章详细分析了财务报告主要风险与管理控制，阐述了财务报告的含义、总体风险、内控的总体要求、业务流程、风险及措施等内容。

能力训练

一、单选题

1. 为了规范企业报告，保证报告的真实、完整，根据（　　）等有关法律、法规和《企业内部控制基本规范》，制定财务报告指引。

A. 会计法　　B. 公司法　　C. 经济法　　D. 税法

2. 总会计师或分管会计工作的负责人负责组织领导报告的编制、对外提供和分析利用等相关工作。（　　）对报告的真实性、完整性负责。

A. 企业负责人　　B. 总会计师　　C. 副总经理　　D. 董事长

3. 财务报告须经注册会计师审计的，注册会计师及其所在的事务所出具的审计报告，应当随同（　　）一并提供。企业对外提供的报告应当及时整理归档，并按有关规定妥善保存。

A. 财务报告　　B. 审计报告　　C. 经营报告　　D. 财务分析报告

4. 企业应当重视报告分析工作，（　　）召开分析会议，充分利用报告反映的综合信息，全面分析企业的经营管理状况和存在的问题，不断提高经营管理水平。

A. 定期　　B. 不定期　　C. 每月　　D. 每季度

5. 企业编制报告，应当充分利用（　　），提高工作效率和工作质量，减少或避免编制差错和人为调整因素。

A. 信息技术　　B. 会计准则　　C. 内部控制　　D. 沟通

6. 企业应当按照国家统一的（　　）规定，根据登记完整、核对无误的会计账簿记录和其他有关资料编制报告，做到内容完整、数字真实、计算准确，不得漏报或者随意进行取舍。

A. 会计准则制度　　B. 会计政策　　C. 财务管理　　D. 国际财务准则

7. 企业编制报告，应当重点关注（　　），对报告产生重大影响的交易和事项的处理应当按照规定的权限和程序进行审批。

A. 会计政策　　B. 会计估计　　C. 会计准则　　D. 会计制度

8. （　　）是报告的重要组成部分，对反映企业状况、经营成果、现金流量的报表中需要说明的事项，作出真实、完整、清晰的说明。

A. 附注　　B. 资产负债表　　C. 现金流量表　　D. 利润表

9. 企业财务报告列示的各种现金流量由经营活动、投资活动和筹资活动的现金流量构成，应当按照规定划清（　　）事项的现金流量的界限。

A. 各类交易　　B. 报告　　C. 业务　　D. 附注

10. 各项负债应当反映企业的（　　），不得提前、推迟或不确认负债，严禁虚增或虚减负债。

A. 过去义务　　B. 现时义务　　C. 将来义务　　D. 或有义务

二、多选题

1. 企业编制、对外提供和分析利用报告，至少应当关注下列风险（　　）。

A. 违反会计法律、法规和国家统一的会计准则制度

B. 提供虚假报告，误导报告使用者

C. 不能有效利用报告

D. 不能及时编制年度销售计划

2. 企业在编制年度报告前，应当进行必要的（　　）和（　　）核实。

A. 资产清查　　B. 减值测试　　C. 债权债务　　D. 完税情况

3. 企业报告应当如实列示当期收入、费用和利润。各项收入确认应当遵循规定的标准，不得虚列或者隐瞒收入，推迟或提前确认收入。各项费用、成本的确认应当符合规定，不得随意改变费用、成本的确认标准或计量方法，（　　）费用、成本。

A. 虚列　　B. 多列　　C. 不列　　D. 少列

4. 企业报告编制完成后，应当装订成册，加盖公章，由（　　）签名并盖章。

A. 企业负责人　　B. 总会计师

C. 分管会计工作负责人　　D. 财会部门负责人

5. 企业应当分析资产分布、负债水平和所有者权益结构，通过资产负债率、流动比率、资产周转率等指标分析企业的（　　）；分析企业净资产的增减变化，了解和掌握企业规模和净资产的不断变化过程。

A. 偿债能力　　B. 营运能力　　C. 净资产变动　　D. 总资产变化

6. 企业应当分析各项收入、费用的构成及其增减变动情况，通过净资产收益率、每股收益等指标，分析企业（　　），了解和掌握当期利润增减变化的原因和未来发展趋势。

A. 盈利能力　　B. 发展能力　　C. 偿债能力　　D. 营运能力

7. 企业集团应当编制合并报表，明确合并报表的（　　），如实反映企业集团的状况、经营成果和现金流量。

A. 合并范围　　B. 合并方法　　C. 合并政策　　D. 合并说明

8. 所有者权益应当反映企业资产扣除负债后由所有者享有的剩余权益，由（　　）等构成。

A. 实收资本　　B. 资本公积　　C. 留存收益　　D. 流动资产

9. 企业应当分析（　　）现金流量的运转情况，重点关注现金流量能否保证生产经营过程的正常运行，防止现金短缺或闲置。

A. 经营活动　　B. 投资活动　　C. 筹资活动　　D. 生产经营

10. 企业应当做好所有者权益保值增值工作，严禁（　　）。

A. 虚假出资　　B. 抽逃出资　　C. 资本不实　　D. 增加资本

三、判断题

1. 企业分析会议应吸收有关部门负责人参加。总会计师或分管会计工作的负责人应当在分析和利用工作中发挥主导作用。（　　）

2. 企业应当按照国家统一的会计准则制度编制附注。（　　）

3. 利润由收入减去费用后的净额、直接计入当期利润的利得和损失等构成。不得随意调整利润的计算、分配方法，编造虚假利润。（　　）

4. 企业应当依照法律、法规和国家统一的会计准则制度的规定，及时对外提供报告。（　）

5. 企业定期的分析应当形成分析报告，构成内部报告的组成部分。分析报告结果应当及时传递给企业内部有关管理层级，充分发挥报告在企业生产经营管理中的重要作用。（　）

6. 企业报告列示的资产、负债、所有者权益金额应当真实可靠。（　）

7. 各项资产计价方法不得随意变更，如有减值，应当合理计提减值准备，严禁虚增或虚减资产。（　）

8. 财务报告是指反映企业某一特定日期状况和某一会计期间经营成果、现金流量的文件。（　）

9. 编制报告违反会计法律、法规和国家统一的会计准则制度，可能导致企业承担法律责任和声誉受损。（　）

10. 企业应当严格执行会计法律、法规和国家统一的会计准则制度，加强对报告编制、对外提供和分析利用全过程的管理，明确相关工作流程和要求，落实责任制，确保报告合法合规、真实完整和有效利用。（　）

章节案例

西安达尔曼公司舞弊案例

西安达尔曼实业股份有限公司（以下简称达尔曼）于1993年以定向募集方式设立，主要从事珠宝、玉器加工和销售。1996年12月，公司在上交所挂牌上市，并于1998年、2001年两次配股，在股市募集资金7.17亿元。西安翠宝首饰集团公司一直是达尔曼的第一大股东，翠宝集团名义上为集体企业，实际完全由许宗林一手控制。从公司报表数据看，1997—2003年，达尔曼销售收入合计18亿元，净利润4.12亿元，资产总额比上市时增长5倍，达到22亿元，净资产增长4倍，达到12亿元。在2003年之前，公司各项财务数据呈现均衡增长。然而，2003年公司首次出现净利润亏损，主营业务收入由2002年的3.16亿元下降到2.14亿元，亏损达1.4亿元，每股收益为－0.49元；同时，公司的重大违规担保事项浮出水面，涉及人民币3.45亿元、美元133.5万元；还有重大质押事项，涉及人民币5.18亿元。2004年5月10日，达尔曼被上海证券交易所实行特别处理，变更为“ST达尔曼”，同时证监会对公司涉嫌虚假陈述行为立案调查。2004年9月，公司公告显示，截至2004年6月30日，公司总资产锐减为13亿元，净资产－3.46亿元，仅半年时间亏损高达14亿元，不仅抵消了上市以来大部分业绩，而且濒临退市。达尔曼股价一路狂跌，2004年12月30日跌破一元面值。2005年3月25日，达尔曼被终止上市。

2005年5月17日，证监会公布了对达尔曼及相关人员的行政处罚决定书（证监罚字〔2005〕10号），指控达尔曼虚构销售收入，虚增利润，通过虚签建设施工合同和设备采购合同、虚增工程设备价款等方式虚增在建工程，重大信息（主要涉及公司对外担保、重大资产的抵押和质押、重大诉讼等事项）未披露或未及时披露。证监会处罚了担任达尔曼审计工作的三名注册会计师，理由是注册会计师在对货币资金、存货项目的审计过程中，未能充分勤勉尽责，未能揭示4.27亿元大额定期存单质押情况和未能识别1.06亿元虚假钻石毛坯。调查表明，达尔曼从上市到退市，在长达八年之久的时间里都是靠造假过日子。公司原董事长许宗林主导这场造假圈钱骗局。经查明，1996—2004年，许宗林等人以支付货款、虚构工程项目和对外投资等多种手段，将十几亿元的上市公司资金腾挪转移，其中有将近6亿元的资金被转移至国外隐匿。监守自盗了大量公司资产后，许宗林携妻儿等移民加拿大。到2004年年初公司显现败落时，许宗林以出国探亲和治病的借口出国到加拿大，从此一去不回。2004年12月1日，西安市人民检察院认定，许宗林涉嫌职务侵占罪和挪用资金罪，应依法逮捕。2005年2月，证监会对许宗林开出"罚单"：给予警告和罚款30万元，并对其实施永久性市场禁入的处罚。但直到今天，达尔曼退市了，许宗林依然在国外逍遥。达尔曼财务舞弊、财务报告虚假陈述是一系列有计划、有组织的系统性财务舞弊和证券违法行为。在上市的八年时间里，达尔曼不断变换造假手法，持续地编造公司经营业绩和生产记录。

(1) 虚增销售收入，虚构公司经营业绩和生产记录。达尔曼所有的采购、生产、销售基本上都是在一种虚拟的状态下进行的，每年，公司都会制订一些所谓的经营计划，然后组织有关部门和一些核心人员根据"指标"，按照生产、销售的各个环节，制作虚假的原料入库单、生产进度报表和销售合同等，为了做得天衣无缝，对相关销售发票、增值税发票的税款照章缴纳，还因此成为当地的先进纳税户。公司在不同年度虚构销售和业绩的具体手法也在不断变化：1997—2000年主要通过与大股东翠宝集团及下属子公司之间的关联交易虚构业绩，2000年仅向翠宝集团的关联销售就占到当年销售总额的42.4%。2001年，由于关联交易受阻，公司开始向其他公司借用账户，通过自有资金的转入转出，假作租金或其他收入及相关费用，虚构经营业绩。2002—2003年，公司开始利用自行设立的大批"壳公司"进行"自我交易"，达到虚增业绩的目的。年报显示，这两年公司前五名销售商大多是来自深圳的新增交易客户，而且基本都采用赊销挂账的方式，使得达尔曼的赊销比例由2000年的24%上升到2003年的55%。经查明，这些公司均是许宗林设立的"壳公司"，通过这种手法两年共虚构销售收入4.06亿元，占这两年全部收入的70%以上，虚增利润1.52亿元。

(2) 虚假采购、虚增存货。虚假采购，一方面是为了配合公司虚构业绩需要；另一方面是为达到转移资金的目的。达尔曼虚假采购主要是通过关联公司和形式上无关联的"壳公司"来实现的。从年报可以看出，公司对大股东翠宝集团的原材料采购在1997—2001年呈现递增趋势，至2001年占到全年购货额的26%。2002年年报显示，公司当年期末存货增加了8 641万元，增幅达86.15%，系年末从西安达福工贸有限公司购进估价1.06亿元的钻石毛坯所致，该笔采购数额巨大且未取得购货发票。后经查明，该批存货实际上是从"壳公司"购入的非常低廉的锆石。注册会计师也因未能识别该批虚假存货而受到处罚。从2001年公司开始披露的应付账款前五名的供货商名单可以看出，公司的采购过于集中，到2003年，前五位供货商的应付账款占到全部应付账款的91%。

(3) 虚构往来，虚增在建工程、固定资产和对外投资。为了伪造公司盈利假象，公司销售收入大大高于销售成本与费用，对这部分差额，除虚构往来外，公司大量采用虚增在建工程和固定资产、伪造对外投资等手法来转出资金，使公司造假现金得以循环使用。此外，还通过这种手段掩盖公司资金真实流向，将上市公司资金转匿到个人账户。据统计，从上市以来达尔曼共有大约15个主要投资项目，支出总金额约10.6亿元。无论是1997年的"扩建珠宝首饰加工生产线"项目，还是2003年的"珠宝一条街"项目，大多都是许宗林用作转移的手段。2003年年报的审计意见中更是点明"珠宝一条街""都江堰钻石加工中心""蓝田林木种苗”等许多项目在投入巨额资金后未见到实物形态，而公司也无法给出合理的解释。证监会的处罚决定指控达尔曼2003年年报虚增在建工程约2.16亿元。

(4) 伪造与公司业绩相关的资金并大量融资。为了使公司虚构业绩看起来更真实，达尔曼配合虚构业务，伪造相应的资金流，从形式上看，公司的购销业务都有资金流转轨迹和银行单据。为此，达尔曼设立大量“壳公司”，并通过大量融资来支持造假所需资金。在虚假业绩支撑下，达尔曼得以在1998年、2001年两次配股融资。同时，达尔曼利用上市公司信用，为“壳公司”贷款提供担保，通过“壳公司”从银行大量融资作为收入注入上市公司，再通过支出成本的方式将其部分转出，伪造与业绩相关的资金收付款痕迹。

资料来源：马军生，高垚，董君．达尔曼财务舞弊案例剖析与启示[J]. 财务与会计，2006(2).

请结合上述材料完成下列事项：

1. 学生分组，建议每组5人左右，注意搭配。
2. 选择组长与发言人，可以固定或轮流担任。
3. 分析讨论西安达尔曼公司舞弊原因，形成小组案例分析报告。
4. 发言人代表本组发言，并回答教师及同学提问。

参考规范

1.《关于印发企业内部控制配套指引的通知》(财会〔2010〕11号)。
2.《企业内部控制应用指引第14号——财务报告》。
3.《中华人民共和国会计法(2017年修订)》。

第十二章　内部控制评价

【学习目标】

1. 掌握内部控制评价的主体。
2. 明确设计和运行的运行主体和责任主体。
3. 了解内部控制评价的组织、领导、具体工作内容。
4. 了解内部控制的评价程序。
5. 理解和掌握内部控制缺陷的认定标准。
6. 了解内部控制评价报告样式。

【思维导图】

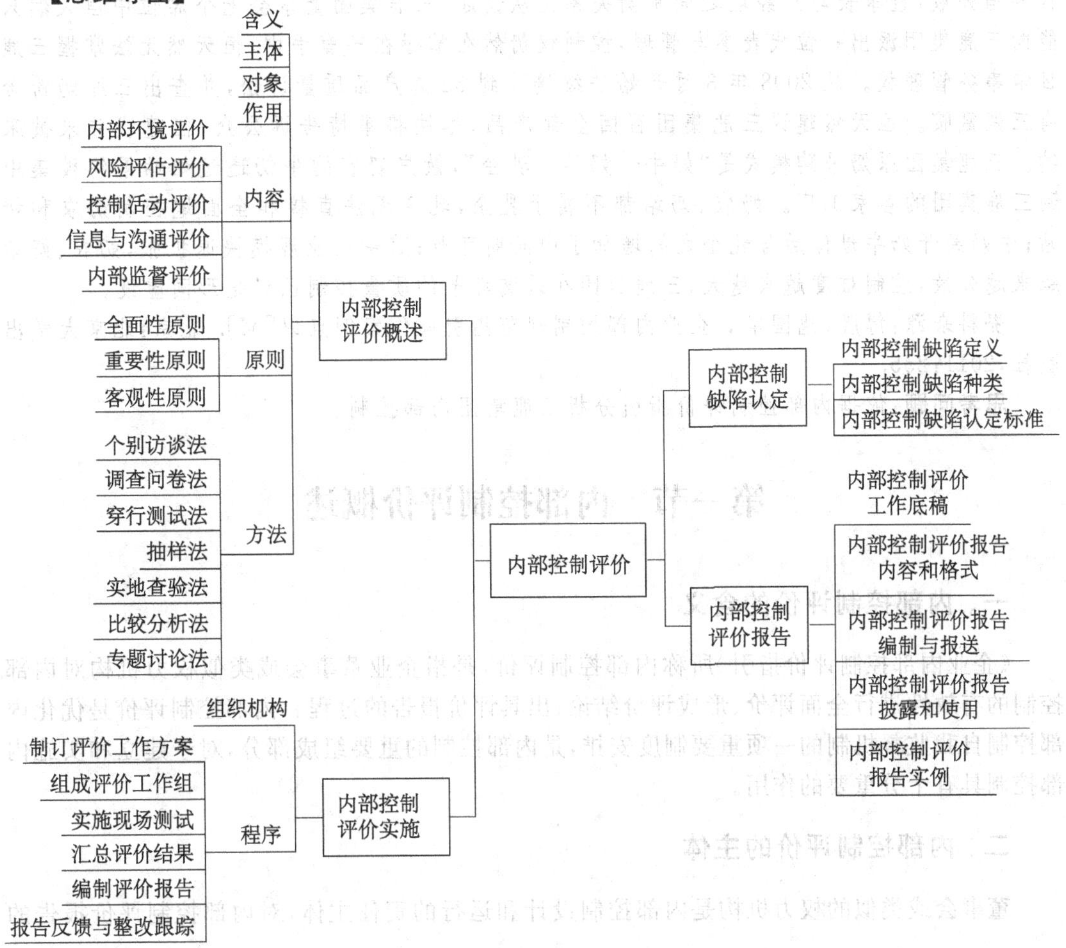

◆ 引导案例

三鹿集团内部控制失败案例

石家庄三鹿集团股份有限公司(以下简称三鹿集团)是一家位于河北省石家庄市的中外合资企业，主要业务为奶牛饲养、乳品加工生产，主要经营产品为奶粉，其控股方是持股56%的石家庄三鹿有限责任公司，合资方为持股43%的新西兰恒天然集团(以下简称恒天然)。三鹿集团的前身是1956年成立的“幸福乳业生产合作社”，一度成为中国最大奶粉制造商之一，其奶粉产销量连续15年全国第一。1995年，三鹿在同行业率先组建企业集团，同年4月，三鹿在中央电视台一频道黄金时间段播放广告，开创了中国乳业企业在中央电视台投放广告的先河。1996年，石家庄三鹿集团股份有限责任公司正式成立，形成了完善的法人治理结构。1999年，第一个专职生产液体奶的石家庄三鹿乳品有限公司成立，标志着三鹿集团正式进军国内液体奶市场。2008年年初，三鹿集团开始陆续接到消费者对其生产的乳制品中含有对人体有害物质的投诉。2008年8月其产品爆发三聚氰胺污染事件，企业声誉急剧下降。三鹿这时才发现社会舆论对于公司的压力越来越大，在强大的市场冲击下，终因资不抵债而被迫破产。2009年12月12日，石家庄市中级人民法院正式宣布三鹿集团破产。

三鹿集团管理者一直致力于企业发展，对内控却不重视，2008年3月接到消费者反映，直到同年8月三鹿已经秘密召回部分问题奶粉之时，没有将事件真相及可能产生的后果公之于众，这种做法直接导致此后一个多月里又有一批婴儿使用三鹿问题奶粉。三鹿集团股权相当分散，董事长与总经理之间制衡关系无从谈起，三鹿集团董事会七个席位中恒天然只能向三鹿集团派出一位代表参与管理，控制权仍然在掌握在三鹿手中，恒天然无法掌握三鹿日常事务管理权。从2008年3月开始陆续接收到62起产品质量诉讼，并查出三鹿奶粉含有三聚氰胺。恒天然建议三鹿集团召回全部产品，尽快将事情告诉公众，但建议并未被采纳。三鹿集团原奶采购模式是“奶牛—奶站—乳企”，散户奶农的牛奶通过奶站最终被集中到三鹿集团的各家工厂。奶农、奶站都不属于乳企，乳企无法直接和全面地控制奶农和奶站；牛奶离开奶牛母体后与乳企之间增加了中间商环节；随着企业规模快速扩张，奶农、奶站越来越分散，控制难度越来越大，三鹿集团在采购环节的质量控制已经是形同虚设。

资料来源：傅胜，池国华．企业内部控制规范指引操作案例点评[M]．北京：北京大学出版社，2011：255.

思考问题：依据内部控制评价指引分析三鹿集团内部控制。

第一节 内部控制评价概述

一、内部控制评价的含义

《企业内部控制评价指引》所称内部控制评价，是指企业董事会或类似权力机构对内部控制的有效性进行全面评价、形成评价结论、出具评价报告的过程。内部控制评价是优化内部控制自我监督机制的一项重要制度安排，是内部控制的重要组成部分，对于建立和实施内部控制具有十分重要的作用。

二、内部控制评价的主体

董事会或类似的权力机构是内部控制设计和运行的责任主体，对内部控制评价报告的真实性负责，并对内部控制评价承担最终责任。企业董事会可指定审计委员会来承担对内部控制评价的组织、领导、监督职责，并授权内部审计部门或独立的内部控制评价机构执行内部控制评价的具体工作。企业可以聘请会计师事务所对其内部控制的有效性进行审计，但其承担的责任不能因此减轻或消除。为保证审计独立性，为企业提供内部控制评价服务的会计师事务所，不得同时为企业提供内部控制审计服务。

企业内部控制评价指引

三、内部控制评价的对象

内部控制评价的对象是内部控制的有效性，所谓内部控制有效性，是指企业建立与实施内部控制对实现控制目标提供合理保证的程度，然而，由于受评价人员职业判断和成本效益等内部控制固有局限的影响，内部控制评价只能为内部控制目标的实现提供合理保证，而非绝对保证。内部控制有效性主要包括内部控制设计有效性和内部控制运行有效性。其中，设计有效性是指为实现控制目标所必需的内部控制程序都存在并且设计恰当，能够为控制目标的实现提供合理保证，设计是否做到以内部控制的基本原理为前提，以企业内部控制基本规范及配套指引为依据；设计是否覆盖所有关键业务与环节，对董事会、监事会、经理层和员工具有普遍约束力；设计是否与企业自身经营特点、业务模式以及风险管理要求匹配。运行有效性是指在内部控制设计有效的前提下，内部控制能够按照设计的内部控制程序正确执行，为控制目标实现提供合理保证，明确相关控制在评价期内如何运行、相关控制是否持续一致运行、实施控制的人员是否具备必要的权限和能力。内部控制评价是涵盖计划、实施、编报等多个阶段、包含多个步骤的动态过程，要遵照一定流程来进行，而不能一蹴而就。

四、内部控制评价的作用

作为内部控制体系的重要组成部分，内部控制评价主要分析评定企业内部控制制度的完整性、合理性和有效性，对企业具有十分重要的意义。

1. 助力企业内控体系自我完善

企业通过内部控制评价查找、分析、反馈，及时发现内部控制缺陷，针对性地督促落实修改，持续地进行自我完善，设计和执行等全方位健全优化管控制度，防范偏离目标的各种风险，控制管理漏洞，促进企业内控体系的不断完善。

2. 持续提升企业整体形象

企业通过自我评价报告，对外公布其风险管理水平、内部控制现状及未来发展战略、竞争优势、可持续发展能力等，从而树立诚信、透明、负责任的企业整体形象，增强投资人、债权人、利益相关者的信任与认可，促进企业可持续发展。

3. 促进自我评价与政府监管协调互动

监管部门对企业内部控制建立与实施的有效性进行监督检查，评估重大经营决策的科学性、合规性以及重要业务事项管控的有效性。企业借助政府监管成果动态改进内部控制实施和评价工作，实现协调互动。

五、内部控制评价的内容

内部控制评价内容是内部控制对象的具体化，内部控制评价应紧紧围绕内部环境、风险评估、控制活动、信息与沟通、内部监督五要素，对内部控制有效性进行全面评价，包括财务报告内部控制有效性和非财务报告内部控制有效性。

1. 内部环境评价

企业以组织架构、发展战略、人力资源、企业文化、社会责任等应用指引为依据，分别从组织架构的设计与运行；发展战略的制定合理性、有效实施和适当调整；人力资源引进结构合理性、开发机制、激励约束机制；企业文化建设与评估；安全生产、产品质量、环境保护与资源节约、促进就业、员工权益保护等方面进行评估。

2. 风险评估评价

企业组织开展风险评估评价，以及各项应用指引中所列主要风险为依据，对日常经营管理过程中目标设定、风险识别、风险分析、应对策略等进行认定和评价。

3. 控制活动评价

企业组织开展控制活动评价，应当以各项应用指引中控制措施为依据，对相关控制措施的设计和运行情况进行认定和评价。

4. 信息与沟通评价

企业组织开展信息与沟通评价，对信息收集、处理和传递的及时性、反舞弊机制的健全性、财务报告的真实性、信息系统的安全性，以及利用信息系统实施内部控制的有效性进行认定和评价。

5. 内部监督评价

内部监督评价应当对管理层对于内部监督的基调、监督的有效性及内部控制缺陷认定的科学、客观、合理进行认定和评价，重点关注监事会、审计委员会、内部审计机构等是否在内部控制设计和运行中有效发挥监督作用。

六、内部控制评价的原则

内部控制评价的原则是开展评价工作应该遵循的要求与准则，与内部控制的五原则不完全相同，内部控制评价至少应遵循以下原则。

1. 全面性原则

评价工作应当包括内部控制的设计与运行，评价的范围应全面完整，包括内部控制的五大要素，涵盖企业及其所属单位的各种业务和事项。

2. 重要性原则

评价工作应当在全面评价的基础上，着眼风险，突出重点，在制订和实施评价工作方案、分配评价资源的过程中，关注重要业务单位、重大业务事项和高风险领域。

3. 客观性原则

评价工作应当准确地揭示经营管理的风险状况，如实反映内部控制设计与运行的有效性。只有在内部控制评价工作方案制订、实施的全过程中始终坚持客观性，才能保证评价结果的客观性。

七、内部控制评价的方法

内部评价的方法是执行内部控制评价工作时具体采用的技术手段，内部控制评价工作组应当对被评价单位进行现场测试，综合运用个别访谈、调查问卷、穿行测试、抽样、实地查验、比较分析和专题讨论等方法，充分收集被评价单位内部控制设计和运行是否有效的证据，按照评价的具体内容，如实填写评价工作底稿，研究分析内部控制缺陷。

1. 个别访谈法

个别访谈法主要用于了解公司内部控制的现状，在企业层面评价及业务层面评价的了解阶段经常使用。访问前应根据内部控制评价需求形成访谈提纲，撰写访问纪要，记录访问的内容。应尽量访谈不同岗位的人员以获取更可靠的访谈证据。

2. 调查问卷法

调查问卷法主要用于企业层面评价，调查问卷应尽量扩大对象范围，包括企业各个层级员工，应注意事先保密性，题目尽量简单易答（如答案为“是”或“否”，“有”或“没有”等）。

3. 穿行测试法

穿行测试法是指在内部控制流程中任选一笔交易作为样本，追踪该交易从最初起源到最终在财务报表或其他经营管理报告中反映出来的过程，即该流程从起点到终点的全过程，了解控制措施设计有效性，并识别出关键控制点。

4. 抽样法

抽样法分为随机抽样和其他抽样，随机抽样是指按随机原则从样本库中抽取一定数量的样本；其他抽样是指人工任意选取或按某一特定标准从样本库中抽取一定数量的样本。使用抽样法时首先要确定样本库的完整性，即样本库应包含符合控制测试的所有样本；其次要确定所抽取样本的充分性，即样本的数量应当能检验所测试的控制点的有效性；最后要确定所抽取样本的适当性，即获取的证据应当与所测试控制点的设计和运行相关，并能可靠地反映控制的实际运行情况。

5. 实地查验法

实地查验法主要针对业务层面控制，它通过使用统一的测试工作表，与实际的业务、财务单证进行核对的方法进行控制测试，如实地盘点某种存货。

6. 比较分析法

比较分析法是指通过数据分析，识别评价关注点的方法。数据分析可以是与历史数据、行业（企业）标准数据或行业最优数据等进行比较。

7. 专题讨论法

专题讨论法主要是集合有关专业人员就内部控制执行情况或控制问题进行分析，既可以是控制评价的手段，也是形成缺陷整改方案的途径。

实际评价工作中，还可以使用观察、检查、重新执行等方法，也可以利用信息系统开发检查方法，或利用实际工作和检查测试经验。对于企业通过系统采用自动控制、预防控制的，应在方法上注意区别于人工控制、发现性控制。

第二节　内部控制评价的实施

内部控制评价是合理保证内部控制有效性的关键步骤，而内部控制评价工作的组织形式的合理性则直接关系到内部控制工作能否科学有序地实施。

一、内部控制评价的组织机构

1. 董事会

企业董事会是内部控制评价的最终责任主体，应当对内部控制评价报告的真实性负责。

董事会可以通过审计委员会来承担对内部控制评价的组织、领导、监督职责。董事会（或审计委员会）应当听取内部控制评价报告，审定内控重大缺陷和重要缺陷的整改意见，积极协调并努力排除内控部门在督促整改中遇到的困难和障碍。

2. 监事会

监事会作为内部监督机制的重要组成部分，在内部控制评价过程中起监督作用。监事会应审议内部控制评价报告，对董事会建立与实施内部控制进行监督。

3. 经理层

经理层负责组织实施内部控制评价工作，实务中，可以授权内部控制评价机构组织实施，并积极支持和配合内部控制评价的开展，创造良好的环境和条件。应结合日常掌握的业务情况，为内部控制评价方案提出应重点关注的业务或事项，审定内部控制评价方案和听取内部控制评价报告，对于内部控制评价中发现的问题或报告的缺陷，要按照董事会或审计委员会的整改意见积极采取有效措施予以整改。

4. 内部控制评价部门

企业可以授权内部审计部门或专门机构（下称“内部控制评价部门”）负责内部控制评价的具体组织实施工作。企业根据自身经营性质和规模、机构设置、制度状况等，决定是否单独设置专门内部控制评价机构。企业内部控制评价部门应当拟定评价工作方案，明确评价范围、工作任务、人员组织、进度安排和费用预算等相关内容，报经董事会或其授权机构审批后实施。企业内部控制评价部门应当根据经批准的评价方案，组成内部控制评价工作组，具体实施内部控制评价工作。评价工作组应当吸收企业内部相关机构熟悉情况的业务骨干参加。评价工作组成员对本部门的内部控制评价工作应当实行回避制度。对于评价过程中发现的重大问题，及时与董事会、审计委员会或经理层沟通，并认定内部控制缺陷，拟定整改方案，编写内部控制评价报告，及时向董事会、审计委员会或经理层报告；沟通外部审计师，督促各部门、所属企业对内、外部内控评价进行整改；根据评价和整改情况拟定内部控制考核方案。企业可以委托中介机构实施内部控制评价。为企业提供内部控制审计服务的会计师事务所，不得同时为同一企业提供内部控制评价服务。

5. 各专业部门

各专业部门负责组织本部门的内部控制自查、测试和评价工作，对发现的设计和运行缺陷提出整改方案及具体整改计划，积极整改，并报送内部控制部门复核，配合内部控制部门及外部审计机构开展企业层面的内部控制评价工作。

6. 企业所属单位

所属单位应逐级落实内部控制评价责任，建立日常监控机制，开展内部控制自查、测试和定期检查评价，发现问题并认定内部控制有缺陷，需要拟定整改方案和计划的，报本级管理层审定后，督促整改，编制内部控制评价报告，对内部控制的执行和整改情况进行考核。

二、内部控制评价的程序

企业应按内部控制评价办法规定程序，有序开展内部控制评价工作。内部控制评价程序一般包括制订评价工作方案、组成评价工作组、实施现场测试、汇总评价结果、编报评价报告、报告反馈与整改跟踪等环节，内部控制评价流程如图 12-1 所示。

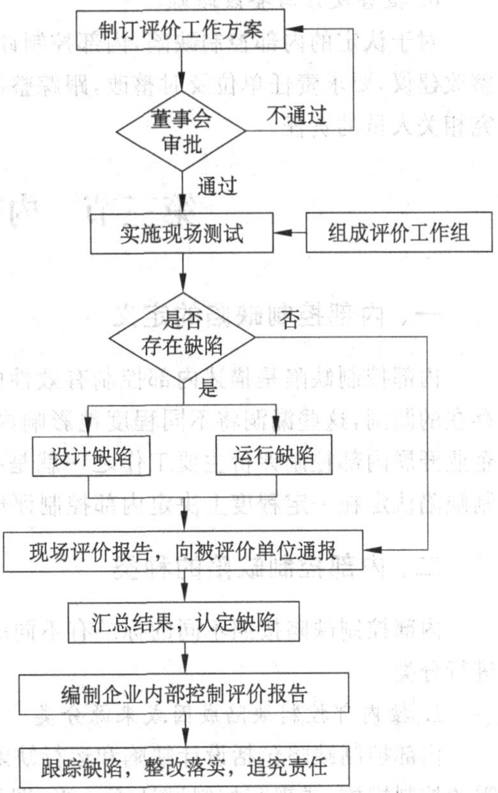

图 12-1　内部控制评价流程

1. 制订评价工作方案

内部控制评价机构应当以内部控制目标为依据，结合企业内部监督情况和管理要求，分析企业经营管理过程中的高风险领域和重要业务事项，确定检查评价方法，制订科学合理的评价工作方案，经董事会批准后实施。评价工作方案应当明确评价主体范围、工作任务、人员组织、进度安排和费用预算等相关内容，评价工作方案以全面评价为主，也可以根据需要采用重点评价的方式。

2. 组成评价工作组

评价工作组是在内部控制评价机构领导下，具体承担内部控制检查评价任务。内部控制评价机构根据经批准的评价方案，挑选具备独立性、业务胜任能力和职业道德素养的评价人员实施评价。评价工作组成员应当吸收企业内部相关机构熟悉情况、参与日常监控的负责人或业务骨干参加。企业应根据自身条件，尽量建立长效内部控制评价培训机制。

3. 实施现场测试

首先了解被评价单位基本情况，充分了解企业文化和发展战略、组织机构设置及职责分工、领导层成员构成及分工等基本情况；其次确定评价范围和重点，评价工作组根据掌握的情况进一步确定评价范围、检查重点和抽样数量，并结合评价人员的专业背景进行合理分工；最后开展现场检查测试，评价工作组根据评价人员分工，综合运用各种评价方法对内部控制设计与运行的有效性进行现场检查测试，按要求填写工作底稿、记录相关测试结果，并对发现的内部控制缺陷进行初步认定。检查重点和分工情况可以根据需要进行适时调整。

4. 汇总评价结果

评价工作组汇总评价人员的工作底稿，初步认定内部控制缺陷，形成现场评价报告。评价工作底稿交叉复核签字，并由评价工作组负责人审核后签字确认。评价工作组将评价结果及现场评价报告向被评价单位进行通报，由被评价单位相关责任人签字确认后，提交企业内部控制评价机构。

5. 编报评价报告

内部控制评价机构汇总各评价工作组的评价结果，对工作组现场初步认定的内部控制缺陷进行全面复核、分类汇总，对缺陷的成因、表现形式及风险程度进行定量或定性的综合分析，按照对控制目标的影响程度判定缺陷等级；内部控制评价机构以汇总的评价结果和认定的内部控制缺陷为基础，综合内部控制工作的整体情况，客观、公正、完整地编制内部控制评价报告，并报送企业经理层、董事会和监事会，由董事会最终审定后对外披露。

6. 报告反馈与整改跟踪

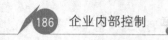

对于认定的内部控制缺陷，内部控制评价机构应当结合董事会和审计委员会要求，提出整改建议，要求责任单位及时整改，跟踪整改落实情况，已经造成损失或负面影响的，应当追究相关人员的责任。

第三节　内部控制缺陷认定

一、内部控制缺陷的定义

内部控制缺陷是描述内部控制有效性的一个负向的维度，是内部控制在设计和运行中存在的漏洞，这些漏洞将不同程度地影响内部控制的有效性，进一步影响控制目标的实现。企业开展内部控制评价主要工作之一就是找出内部控制缺陷并针对性地进行整改，内部控制缺陷认定在一定程度上决定内部控制评价的成效，并具有一定难度，需要运用职业判断。

二、内部控制缺陷的种类

内部控制缺陷按照不同的标准有不同的分类，一般而言，内部控制缺陷可按照以下标准进行分类。

1. 按内部控制缺陷成因或来源分类

内部控制缺陷包括设计缺陷和运行缺陷。设计缺陷是指企业缺少为实现控制目标所必需的控制措施，或现存控制设计不适当，即使正常运行，也难以实现控制目标。运行缺陷是指设计有效（合理且适当）的内部控制由于运行不当（包括由不恰当的人执行、未按设计的方式运行、运行的时间或频率不当、没有得到一贯有效的运行等）而形成的内部控制缺陷。内部控制存在设计缺陷和运行缺陷，会影响内部控制的设计有效性和运行有效性。

2. 按影响内控目标实现的程度分类

内部控制缺陷分为重大缺陷、重要缺陷和一般缺陷。重大缺陷是指一个或多个控制缺陷的组合，可能导致企业严重偏离控制目标。重要缺陷是指一个或多个控制缺陷的组合，其严重程度和经济后果低于重大缺陷，但仍有可能导致企业偏离控制目标。一般缺陷是指除重大缺陷、重要缺陷之外的其他缺陷。重大缺陷、重要缺陷和一般缺陷的具体认定标准，由企业根据上述要求自行确定。

3. 按影响内控目标具体表现形式分类

内部控制缺陷分为财务报告内部控制缺陷和非财务报告内部控制缺陷。财务报告内部控制缺陷是指有关企业财务报告可靠性的内部控制制度方面的缺陷，这些缺陷的存在使企业不能保证财务报告的可靠性，或者不能防止或及时发现纠正财务报告错报。非财务报告内部控制缺陷是指除财务报告内部控制缺陷外的内部控制缺陷。

三、内部控制缺陷的认定标准

企业对内部控制缺陷的认定，应当以日常监督和专项监督为基础，结合年度内部控制评价，由内部控制评价部门进行综合分析后提出认定意见，按照规定的权限和程序进行审核后予以最终认定。企业可结合经营规模、行业特征、风险水平等因素，研究确定适合本企业的内部控制重大缺陷、重要缺陷和一般缺陷的具体认定标准。认定标准应从定性和定量的角度综合考虑,并保持相对稳定。通过不断的实践,总结经验,形成一套行之有效的内部控制缺陷认定方法。企业应充分考虑内部控制缺陷的重要性和影响程度,重要性和影响程度是相对内部控制目标而言的,按照对财务报告目标和其他内部控制目标实现影响的具体表现形式,区分财务报告内部控制缺陷和非财务报告内部控制缺陷。

1. 财务报告内部控制缺陷的认定标准

财务报告内部控制是指针对财务报告目标而设计和实施的内部控制,由于财务报告内部控制的目标集中体现为财务报告的可靠性,因而财务报告内部控制的缺陷主要是指不能合理保证财务报告可靠性的内部控制设计和运行缺陷。即财务报告内部控制缺陷是不能及时防止或发现并纠正财务报告错报的内部控制缺陷。将财务报告内部控制的缺陷划分为重大缺陷、重要缺陷和一般缺陷,所采用的认定标准直接取决于由于该内部控制缺陷的存在可能导致的财务报告错报的重要程度。

一般而言,如果一项内部控制缺陷单独或连同其他缺陷具备合理可能性导致不能及时防止或发现并纠正财务报告中的重大错报,就应将该缺陷认定为重大缺陷。重大错报中的"重大",涉及企业管理层确定的财务报告的重要性水平。一般企业可以采用绝对金额法(如规定金额超过 20 000 元的错报应当认定为重大错报)或相对比例法(如规定金额超过净资产 5%的错报应当认定为重大错报)来确定重要性水平。如果企业的财务报告内部控制存在一项或多项重大缺陷,就不能得出该企业的财务报告内部控制有效的结论。一项内部控制缺陷单独或连同其他缺陷具备合理可能性导致不能及时防止或发现并纠正财务报告中虽然未达到和超过重要性水平、但仍应引起董事会和管理层重视的错报,就应将该缺陷认定为重要缺陷。不构成重大缺陷和重要缺陷的内部控制缺陷,应认定为一般缺陷。重大缺陷、重要缺陷的界定是相对的,对于有下属单位的集团公司,如果下属单位存在重大缺陷,应作为重要缺陷向董事会、管理层汇报,下属单位重要缺陷至少应该向经理层汇报。出现以下迹象之一的,通常表明财务报告内部控制可能存在重大缺陷。

(1) 董事、监事和高级管理人员舞弊。

(2) 企业更正已公布的财务报告。

(3) 注册会计师发现当期财务报告存在重大错报,而内部控制在运行过程中未能发现该错报。

(4) 企业审计委员会和内部审计机构对内部控制的监督无效。

需要注意的是,内部控制缺陷的严重程度并不取决于是否实际发生错报,而取决于该控制不能及时防止(或发现)并纠正潜在缺陷的可能性,只要存在这种合理可能性,不论企业财务报告是否真正发生错报,都意味着财务报告内控存在缺陷。

2. 非财务报告内部控制缺陷的认定标准

非财务报告内部控制缺陷,是指除财务报告目标之外的与战略目标、资产安全、经营目标、合规目标等其他目标相关的内部控制缺陷,包括战略内部控制缺陷、经营内部控制缺陷、合规内部控制缺陷、资产内部控制缺陷。非财务报告内部控制缺陷认定具有涉及面广、认定难度大的特点,企业可以根据风险评估的结果,结合自身的实际情况、管理现状和发展要求合理确定。非财务报告内部控制缺陷的认定可以采用定性和定量的认定标准,其中,定量标准(涉及金额大小)既可以根据造成直接财产损失绝对金额制定,也可以根据其直接损失占本企业资产、销售收入及利润等的比率确定；定性标准（涉及业务性质的严重程度）可根据其直接或潜在负面影响的性质、影响的范围等因素确定。以下迹象通常表明非财务报告内部控制可能存在重大缺陷。

(1) 内部控制评价的结果特别是重大或重要缺陷未得到整改。

(2) 违反国家相关法律、法规，如环境污染。

(3) 重要业务缺乏制度控制或制度系统性失效。

(4) 国有企业缺乏民主决策程序，如缺乏“三重一大”决策程序。

(5) 企业决策程序不科学，如决策失误，导致并购不成功。

(6) 企业管理人员或关键岗位技术人员纷纷流失。

(7) 媒体负面新闻频现。

财务报告缺陷和非财务报告缺陷其实难以作严格准确的区分，例如，内部环境、重大安全事故等，制定标准时应本着是否影响财务报告目标的原则来区分。为避免企业操纵内部控制评价报告，非财务报告内部控制缺陷认定标准一经确定，必须在不同评价期间保持一致，不得随意变更。

第四节 内部控制评价报告

内部控制评价报告是内部控制评价的最终体现，企业内部控制评价部门根据日常监督与专项监督，结合内部控制缺陷认定与整改结果，形成内部控制评价报告。

一、内部控制评价工作底稿

内部控制评价工作底稿是内部控制工作的载体和内部控制评价报告形成的基础，实务中，评价底稿包括业务流程评价表、控制要素评价表、内部控制评价汇总表，其中，业务流程评价表形成控制要素评价表的“控制活动要素评价”部分，控制要素评价表连同内部控制缺陷汇总表共同构成内部控制评价汇总表，内部控制评价汇总表是形成内部控制报告的直接依据。

1. 业务流程评价表

企业经营活动涉及采购业务流程、销售业务流程、工程项目流程、担保业务流程等，由相对独立的评价小组对每个业务流程进行设计有效性和运行有效性测试评价，形成业务流程评价表，各业务流程评价表包括评价指标（描述控制点）、评价标准（检查是否符合控制要求）、评价证据（××规定或办法等）、评价结果（评价得分）、未有效执行的原因等。

2. 控制要素评价表

控制要素评价表包括内部环境评价表、风险评估评价表、控制活动评价表、信息与沟通评价表、内部监控评价表。其中，内部环境评价表、风险评估评价表、信息与沟通评价表、内部监控评价表均是根据现场评价结果直接形成，控制活动评价表是在各业务流程评价表的基础上汇总而成。内部控制要素评价表包括评价指标、评价标准、评价结果、评价得分等。

3. 内部控制评价汇总表

内部控制评价汇总表包括内部环境评价及评分、风险评估评价及评分、控制活动评价及评分、信息与沟通评价及评分、内部监控评价及评分、缺陷认定、综合评价得分，内部控制评价汇总表是在内部控制五要素评价表的基础上汇总而成，缺陷认定项目单列，作为最后评价得分的减项。为更清楚地了解缺陷的基本情况，应分类反映缺陷数量、等级等。

二、内部控制评价报告的内容和格式

（一）内部控制评价报告的内容

企业应尽量按照统一的格式编制内部控制评价报告，以满足外部信息使用者对内部控制信息可比性的要求，内部控制评价报告一般包括以下内容。

(1) 董事会对内部控制报告真实性的声明。声明董事会及全体董事对报告内容的真实性、准确性、完整性承担个别及连带责任，保证报告内容不存在任何虚假记载、误导性陈述或重大遗漏。实质就是董事会全体成员对内部控制有效性负责。

(2) 内部控制评价工作的总体情况。明确企业内部控制评价工作的组织、领导体制、进度安排，是否聘请会计师事务所对内部控制有效性进行独立审计。

(3) 内部控制评价的依据。说明企业开展内部控制评价工作所依据的法律、法规和规章制度。一般指基本规范、评价指引及企业在此基础上制定的评价办法。

(4) 内部控制评价的范围。描述内部控制评价所涵盖的被评价单位，以及纳入评价范围的业务事项，及重点关注的高风险领域。内部控制评价的范围如有所遗漏的，应说明原因及其对内部控制评价报告真实性和完整性产生的重大影响等。

(5) 内部控制评价的程序和方法。描述内部控制评价工作遵循的基本流程，以及评价过程中采用的主要方法。

(6) 内部控制缺陷及其认定情况。描述适用本企业的内部控制缺陷具体认定标准，并声明与以前年度保持一致或作出的调整及相应原因；根据内部控制缺陷认定标准，确定评价期末存在的重大缺陷、重要缺陷和一般缺陷。

(7) 内部控制缺陷的整改情况及重大缺陷拟采取的整改措施。对于评价期间发现、期末已完成整改的重大缺陷，说明企业有足够的测试样本显示，与该重大缺陷相关的内部控制设计且运行有效。针对评价期末存在的内部控制缺陷，公司拟采取的整改措施及预期效果。

(8) 内部控制有效性的结论。对不存在重大缺陷的情形，出具评价期末内部控制有效结论；对存在重大缺陷的情形，不得作出内部控制有效的结论，并需描述该重大缺陷的性质及其对实现相关控制目标的影响程度，可能给公司未来生产经营带来相关风险。自内部控制评价报告基准日至内部控制评价报告发出日之间发生重大缺陷的，企业须责成内部控制评价机构予以核实，并根据核查结果对评价结论进行相应调整，说明董事会拟采取的措施。

（二）内部控制评价报告的格式

××公司20××年度内部控制评价报告

××公司全体股东：

根据《企业内部控制基本规范》及其配套指引的规定和要求，结合本公司（以下简称公司）内部控制制度和评价办法，在内部控制日常监督和专项监督的基础上，我们对公司内部控制的有效性进行了自我评价。

1. 董事会声明

公司董事会及全体董事保证本报告内容不存在任何虚假记载、误导性陈述或重大遗漏，并对报告内容的真实性、准确性和完整性承担个别及连带责任。

建立健全并有效实施内部控制是公司董事会的责任；监事会对董事会建立与实施内部控制进行监督；经理层负责组织领导公司内部控制的日常运行。

公司内部控制的目标是：[一般包括合理保证经营合法合规、资产安全、财务报告及相关信息真实完整，提高经营效率和效果，促进实现发展战略。]由于内部控制存在固有局限性，故仅能对实现上述目标提供合理保证。

2. 内部控制评价工作的总体情况

公司董事会授权内部审计机构[或其他专门机构]负责内部控制评价的具体组织实施工作，对纳入评价范围的高风险领域和单位进行评价[描述评价工作的组织领导体制，一般包括评价工作组织结构图、主要负责人及汇报途径等]。

公司[是/否]聘请了专业机构[中介机构名称]提供内部控制咨询服务；公司[是/否]聘请了专业机构[中介机构名称]协助开展内部控制评价工作；公司[是/否]聘请会计师事务所[会计师事务所名称]对公司内部控制进行独立审计。

3. 内部控制评价的范围

内部控制评价的范围涵盖了公司及其所属单位的主要业务和事项[列明评价范围占公司总资产比例或占公司收入比例等]，重点关注下列高风险领域：

[列示公司根据风险评估结果确定的内部控制前十大主要风险]

纳入评价范围的单位包括：

[无须罗列单位名称，而是描述纳入评价范围单位的行业性质、层级等]

纳入评价范围的业务和事项[根据实际情况调整，未尽事项可以充实]：

(1) 组织架构。

(2) 发展战略。

(3) 人力资源。

(4) 社会责任。

(5) 企业文化。

(6) 资金活动。

(7) 采购业务。

(8) 资产管理。

(9) 销售业务。

(10) 研究与开发。

(11) 工程项目。

(12) 担保业务。

(13) 业务外包。

(14) 财务报告。

(15) 全面预算。

(16) 合同管理。

(17) 内部信息传递。

(18) 信息系统。

上述业务和事项的内部控制涵盖了公司经营管理的主要方面，不存在重大遗漏。

[如存在重大遗漏]公司本年度未能对以下构成内部控制重要方面的单位或业务(事项)

进行内部控制评价：

[逐条说明未纳入评价范围的重要单位或业务(事项)，包括单位或业务(事项)描述、未纳入的原因、对内部控制评价报告真实性和完整性产生的重大影响等。]

4. 内部控制评价的程序和方法

内部控制评价工作严格遵循基本规范、评价指引及公司内部控制评价办法规定的程序执行[描述公司开展内部控制检查评价工作的基本流程]。

评价过程中，我们采用了[个别访谈、调查问题、专题讨论、穿行测试、实地查验、抽样和比较分析]等适当方法，广泛收集公司内部控制设计和运行是否有效的证据，如实填写评价工作底稿，分析、识别内部控制缺陷[说明评价方法的适当性及证据的充分性]。

5. 内部控制缺陷及其认定

公司董事会根据基本规范、评价指引对重大缺陷、重要缺陷和一般缺陷的认定要求，结合公司规模、行业特征、风险偏好和风险承受度等因素，研究确定了适用本公司的内部控制缺陷具体认定标准，并与以前年度保持了一致[描述公司内部控制缺陷的定性及定量标准]，或作出了调整[描述具体调整标准及原因]。

根据上述认定标准，结合日常监督和专项监督情况，我们发现报告期内存在[数量]个缺陷，其中重大缺陷[数量]个，重要缺陷[数量]个。重大缺陷分别为：[对重大缺陷进行描述，并说明其对实现相关控制目标的影响程度]。

6. 内部控制缺陷的整改情况

针对报告期内发现的内部控制缺陷[含上一期间未完成整改的内部控制缺陷]，公司采取了相应的整改措施[描述整改措施的具体内容和实际效果]。对于整改完成的重大缺陷，公司有足够的测试样本显示，与重大缺陷[描述该重大缺陷]相关的内部控制设计且运行有效[运行有效的结论需提供90天内有效运行的证据]。

经过整改，公司在报告期末仍存在[数量]个缺陷，其中重大缺陷[数量]个，重要缺陷[数量]个。重大缺陷分别为[对重大缺陷进行描述]。

针对报告期末未完成整改的重大缺陷，公司拟进一步采取相应措施加以整改[描述整改措施的具体内容及预期达到的效果]。

7. 内部控制有效性的结论

公司已经根据基本规范、评价指引及其他相关法律、法规的要求，对公司截至20××年12月31日的内部控制设计与运行的有效性进行了自我评价。

[存在重大缺陷的情形]报告期内，公司在内部控制设计与运行方面存在尚未完成整改的重大缺陷[描述该缺陷的性质及其对实现相关控制目标的影响程度]。由于存在上述缺陷，可能会给公司未来生产经营带来相关风险[描述该风险]。

[不存在重大缺陷的情形]报告期内，公司对纳入评价范围的业务与事项均已建立了内部控制，并得以有效执行，达到了公司内部控制的目标，不存在重大缺陷。

自内部控制评价报告基准日至内部控制评价报告发出日之间[是/否]发生对评价结论产生实质性影响的内部控制的重大变化[如存在，描述该事项对评价结论的影响及董事会拟采取的应对措施]。

我们注意到，内部控制应当与公司经营规模、业务范围、竞争状况和风险水平等相适应，并随着情况的变化及时加以调整。[简要描述下一年度内部控制工作计划]未来期间，公司将继续完善内部控制制度，规范内部控制制度执行，强化内部控制监督检查，促进公司健康、可持续发展。

董事长：[签名]

××公司

20××年××月××日

三、内部控制评价报告的编制与报送

企业应当根据年度内部控制评价结果，结合内部控制评价工作底稿和内部控制缺陷汇总表等资料，按照规定的程序和要求，及时编制内部控制评价报告。内部控制评价报告可分为对内报告和对外报告。

对外报告是为了满足外部信息使用者的需求而对外披露，具有时间上的强制性，符合披露内容和格式要求，对外报告一般采用定期方式，企业至少应该每年进行一次内部控制评价并由董事会对外发布内部控制评价报告。以每年的12月31日作为年度内部控制评价报告的基准日，内部控制评价报告应于基准日后4个月内报出。企业内部控制评价部门应当关注自内部控制评价报告基准日至内部控制评价报告发出日之间是否发生影响内部控制有效性的因素，并根据其性质和影响程度对评价结论进行相应调整。如果企业在内部控制评价报告年度内发生特殊事项且具有重要性，或因为具有某种特殊原因（如企业因目标变化或提升），企业需要针对这种特殊事项或原因及时编制内部控制评价报告并对外发布，属于非定期内部控制报告。

对内报告主要为满足管理层（或治理层）改善管控水平，并无强制性，企业自行决定内容、格式和披露时间，一般采用不定期方式。企业可以持续开展内部控制监督评价，根据结果的重要性随时向董事会（或经理层）报送评价报告，针对发现的重大缺陷等向董事会（或经理层）报送的内部报告也属于非定期报告，实际工作中可以采取定期与不定期结合的方式。内部控制评价报告应当报经董事会或类似权力机构批准后对外披露或报送相关部门，例如国有控股企业应按要求报送国有资产监督管理部门和财政部门、金融企业应按规定报送银行保险监督管理部门、公开发行证券的企业应报送证券监督管理部门。企业内部控制审计报告应当与内部控制评价报告同时对外披露或报送。

内部控制评价报告的编制主体包括单个企业和企业集团的母公司，单个企业内部控制评价报告指某一企业以自身经营业务和管理活动为辐射范围编制的内部控制评价报告，属于对内报告；企业集团母公司内部控制评价报告是企业集团的母公司在汇总、复核、评价、分析后，以母公司及下属（或控股子公司）的经营业务和管理活动为辐射范围编制的内部控制评价报告，是对企业集团内部控制设计有效性和运行有效性的总体评价，可以是对内报告或对外报告。

四、内部控制评价报告的披露和使用

企业内部控制评价报告应当报经董事会或类似权力机构批准后对外披露或报送相关部门，公众公司必须向社会披露内部控制评价报告，对于委托会计师事务所进行内部控制有效性审计的企业，企业内部控制审计报告应当与内部控制评价报告同时对外披露或报送。企业内部控制评价报告使用者包括政府监管部门、投资者及其他利益相关者、中介机构和研究机构等，对内报告使用者主要是企业董事会、各层级管理者以及有关监管部门。在使用内部控制评价报告时，还应与内部控制审计报告、内部控制监管信息、财务报告信息等信息结合使用，起到全面分析、综合判断、相互验证的效果。

相关问题解释第1号的通知

相关问题解释第2号的通知

五、内部控制评价报告实例

广东TP集团股份有限公司
2019年度内部控制评价报告

广东TP集团股份有限公司全体股东：

根据《企业内部控制基本规范》及其配套指引的规定和其他内部控制监管要求（以下简称企业内部控制规范体系），结合本公司（以下简称公司）内部控制制度和评价办法，在内部控制日常监督和专项监督的基础上，我们对公司2019年12月31日的内部控制有效性进行了评价。

（一）重要声明

按照企业内部控制规范体系的规定，建立健全和有效实施内部控制，评价其有效性，并如实披露内部控制评价报告是公司董事会的责任。监事会对董事会建立和实施内部控制进行监督。经理层负责组织领导公司内部控制的日常运行。公司董事会、监事会及董事、监事、高级管理人员保证本报告内容不存在任何虚假记载、误导性陈述或重大遗漏，并对报告内容的真实性、准确性和完整性承担个别及连带法律责任。

公司内部控制的目标是合理保证经营管理合法合规、资产安全、财务报告及相关信息真实完整，提高经营效率和效果，促进实现发展战略。由于内部控制存在的固有局限性，故仅能为实现上述目标提供合理保证。此外，由于情况的变化可能导致内部控制变得不恰当，或对控制政策和程序遵循的程度降低，根据内部控制评价结果推测未来内部控制的有效性具有一定的风险。

（二）内部控制评价结论

根据公司财务报告内部控制缺陷的认定情况，对于内部控制评价报告基准日，未发现财务报告内部控制重大缺陷或重要缺陷，董事会认为，公司已按照企业内部控制规范体系和相关规定的要求在所有重大方面保持了有效的财务报告内部控制。

根据公司非财务报告内部控制缺陷认定情况，对于内部控制评价报告基准日，未发现非财务报告内部控制重大缺陷或重要缺陷，董事会认为，公司已按照企业内部控制规范体系和相关规定要求在所有重大方面保持有效的非财务报告内部控制。

自内部控制评价报告基准日至内部控制评价报告发出日之间未发生影响内部控制有效性评价结论的因素。

（三）内部控制评价工作情况

1. 内部控制评价范围

公司按照风险导向原则确定纳入评价范围的主要单位、业务和事项以及高风险领域。纳入评价范围的主要单位包括：广东TP集团股份有限公司、广东TP集团股份有限公司蕉岭分公司、惠州TP水泥有限公司、福建TP水泥有限公司、梅州金塔水泥有限公司、梅州市TP集团蕉岭鑫达旋窑水泥有限公司、梅州市梅县区恒塔旋窑水泥有限公司、梅州市梅县区恒发建材有限公司、梅州市华山水泥有限公司、梅州市TP营销有限公司、广东TP混凝土投资有限公司、梅州市文华矿山有限公司、广东TP创业投资管理有限公司和广东TP环境科技有限公司；纳入评价范围单位资产总额占公司合并财务报表资产总额的95%以上，营业收入合计占公司合并财务报表营业收入总额的95%以上；纳入评价范围的主要业务和事项包括：组织架构、发展战略、人力资源、企业文化、资金活动、销售业务、采购业务、重大投资、资产管理、财务报告、信息系统、内部信息传递等；重点关注的高风险领域主要包括销售及收款控制、采购及付款控制、重大投资及资金安全等。

上述纳入评价范围的单位、业务和事项以及高风险领域涵盖了公司经营管理的主要方面，不存在重大遗漏。

2. 2019年内部控制工作概述

1）内部控制评价工作的总体情况

为了进一步规范管理，控制经营风险，公司以企业内部控制规范体系作为指导，结合公司自身特点和管理需要，成立了以审计部人员为主的内部控制评价小组。公司董事会是内部控制评价的领导机构，对内部控制评价报告的真实性负责；公司董事会审计委员会承担内部控制评价的组织、领导、监督职责；内部控制评价小组负责制订内部控制评价工作方案，建立内部控制评价办法，组织实施公司内部控制评价，编制内部控制自评报告等材料。

2）内部控制所采用的程序和方法

内部控制评价工作严格遵循企业内部控制规范体系及公司内部控制评价办法规定的程序执行，基本流程包括以下内容。

(1) 制订工作方案。以风险为导向，综合考虑外部监管要求、管理层需求、人员资源等情况，制订本年度内控评价工作方案。

(2) 组成评价小组。根据工作方案确定的工作任务和时间安排，挑选具备独立性、业务胜任能力和职业道德素养的人员组成评价小组。

(3) 实施现场测试。对照内控评价标准，按照测试步骤和抽样方法，抽取一定的经济业务样本对被测试单位的内部控制进行测试，认真填写测试底稿、记录相关测试结果，并对发现的内控缺陷进行初步认定。

(4) 认定内部控制缺陷。汇总现场测试结果，与被测试部门充分交换意见，按照规定的程序和标准对内部控制缺陷的性质和严重程度进行认定。

(5) 落实整改措施。对于认定的内部控制缺陷，评价小组提出整改建议，要求责任单位及时整改，并跟踪其整改落实情况。

(6) 编制评价报告。根据年度内部控制评价结果，按照规定的程序和要求，及时编制内部控制评价报告，经董事会批准后对外披露或报送有关部门。

评价过程中，我们采用了个别访谈、穿行测试、实地查验、抽样和比较分析等适当方法，广泛收集公司内部控制设计和运行是否有效的证据，如实填写评价工作底稿，分析、识别内部控制缺陷。

3）内部环境

内部环境是企业实施内部控制的基础，一般包括治理结构、机构设置及权责分配、发展战略、人力资源政策、企业文化、社会责任等。内部环境的好坏直接决定着企业其他控制能否实施以及实施的效果。公司作为上市公司，本着规范运作的基本思想，积极地创造良好的内部环境，主要表现在以下几个方面。

(1) 治理结构、机构设置及权责分配。

公司严格按照《公司法》《证券法》《上市公司治理准则》《深圳证券交易所股票上市规则》和其他有关法律、法规及规定的要求，不断完善法人治理结构，建立现代企业制度和规范公司运作，公司法人治理结构已符合《上市公司治理准则》的要求，如图 12-2 所示。

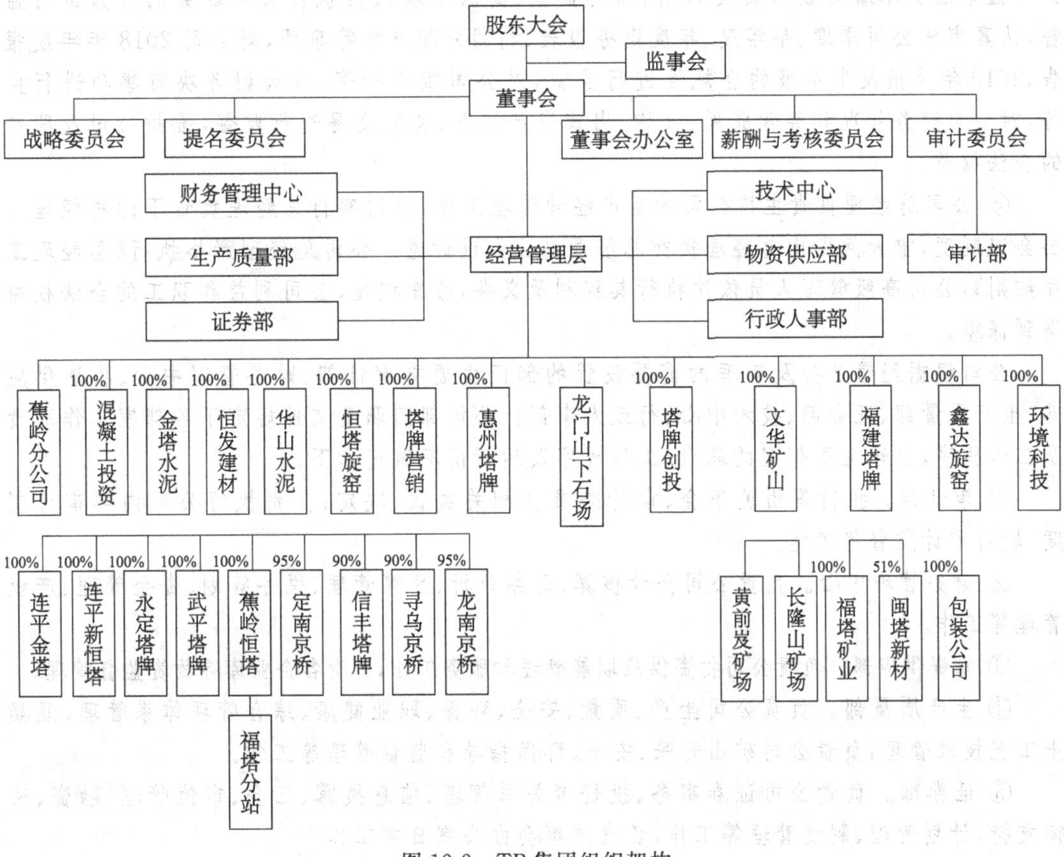

图 12-2　TP 集团组织架构

① 股东大会。公司自上市以来股东大会的召集召开和股东大会的主持均按照《公司章程》的规定进行，股东大会均请见证律师进行现场见证。股东大会的召集、召开程序符合《公司法》《上市公司股东大会规则》和深交所中小企业板相关要求以及《公司章程》规定。公司召开的股东大会能够平等对待所有股东，保障中小股东享有平等地位，确保所有股东能够充分行使自己的权利。同时，在涉及关联交易事项表决时，关联股东进行了回避。

② 董事会。公司第四届董事会由 5 名董事组成，其中独立董事 2 名。因公司第四届董

事会任期已届满，2020 年 1 月 15 日，进行换届选举的公司第五届董事会由 7 名董事组成，其中独立董事 3 名。公司在董事会下设置审计、提名、薪酬与考核、战略四个专门委员会；公司全体董事能严格按照《公司法》《深圳证券交易所中小企业板块上市公司董事行为指引》及《公司章程》的规定和要求，履行董事职责，遵守董事行为规范，积极参加中国证监会广东监管局组织的上市公司董事、监事、高级管理人员培训学习，提高规范运作水平。公司董事会各成员都能勤勉尽责，认真履行《公司章程》赋予的职权，并积极参加公司历次董事会，对公司董事会的科学决策、促进公司的良性发展起到了积极的作用，在董事会会议投票表决重大事项或其他对公司有重大影响的事项时，严格遵循公司董事会议事规则的有关审议规定，审慎决策，切实维护了中小股东的利益。

③ 监事会。公司监事会由 3 名监事组成，其中职工监事 1 名。公司监事会会议的召集、召开程序符合《深圳证券交易所股票上市规则》《公司章程》《监事会议事规则》的有关规定。公司监事能够本着对股东负责的精神，对董事、高级管理人员执行公司职务的行为进行监督，认真审核公司季度、半年度、年度财务报表、利润分配方案等事项，对公司 2018 年年度报告、2019 年季报及半年报的合规性进行监督，对公司重大投资、重大财务决策事项进行监督，对公司财务状况和经营成果、收购、出售资产情况、关联交易进行监督，维护公司及股东的合法权益。

④ 公司总经理负责主持公司的生产经营管理工作，公司实行总经理负责下的总经理办公会议制度，重大问题由总经理提交总经理办公会议讨论。公司总经理严格执行《总经理工作细则》，公司高级管理人员依法执行其权利及义务，股东权益、公司利益和职工的合法权益得到保障。

公司根据经营业务及管理的需要设置的部门主要有审计部、财务管理中心、物资供应部、生产质量部、证券部、技术中心、行政人事部。公司部门职责文件规定了各部室工作职责及工作程序，上述主要部室的职责、工作程序及运行情况概述如下。

① 审计部。执行集团董事会、审计委员会相关决议、决定；负责执行公司内部审计制度、履行审计监督等工作。

② 财务管理中心。负责公司会计核算、财务分析、预算管理、税务筹划、资金管理、产权管理等工作。

③ 物资供应部。负责公司物资供应职能管理和服务工作，负责各企业库存物资监督管理。

④ 生产质量部。负责公司生产、质量、安全、环保、职业健康、综合管理体系管理、混凝土工艺技术管理，负责公司矿山开采、安全、环保指导和监督管理等工作。

⑤ 证券部。负责公司证券事务、投资者关系管理、信息披露、三会、市值管理、融资、法律支持、计划管理、制度管理等工作，负责董事会办公室日常工作。

⑥ 技术中心。负责公司设备、技术、能源计量、信息网络、基建等管理工作；负责公司“四新”技术引进、消化、吸收；负责新产品、新技术、新工艺的开发及改进；负责公司知识产权和科技成果管理等工作。

⑦ 行政人事部。负责公司党群、企业文化、文秘、宣传、行政后勤、人事管理、培训开发、薪酬福利、绩效评价、员工关系、综治消防等工作。

(2) 发展战略。

未来，公司将致力于做大做强水泥主业、整合提升混凝土产业、加快发展新兴产业，尤其是争取在水泥产业链之外成功发展第二主业，实现"两个主业，双轮驱动"的企业发展格局，把公司打造成一个股东信任、客户信赖、员工认同、社会认可的优秀上市公司。

(3) 人力资源政策。

公司的人力资源战略紧紧围绕公司的发展战略规划，以吸引、培养和造就一大批多元化、复合型、国际性的高素质专业人才为战略目标，以一体化人力资源开发为手段，立足国内，面向全球，构筑起TP富有全面竞争力的人才高地。公司一直秉持以人为本的用人理念，始终贯彻"为员工创造机会，帮助员工成功"的用人宗旨，始终把专业人才的加盟作为保持公司高速发展和人才优势的重要途径。公司制订了系统的人力资源管理制度，管理干部实行竞聘上岗，以业绩作为晋升、续聘、重新竞聘、淘汰的用人标准，对人员录用、员工培训、工资薪酬、绩效考核等进行了详细规定，建立了一套完善的绩效考核体系并严格执行，促进各类各级员工的责、权、利的有机统一和公司内部控制的有效执行。

(4) 企业文化。

企业文化是企业的灵魂和底蕴。公司建立和健全了一系列企业文化体系，其中：以"诚信、规范、发展、效益"为企业经营理念；以"团结、求实、奉献、创新"为企业精神；以"全面创新：观念创新，机制创新，管理创新；技术创新，业务创新，服务创新。以人为本：对内以员工为资本，营造平台，共创价值；对外以用客户为根本，和谐共创，实现共赢"为企业核心价值观；以"共创TP事业，共享TP成果"为企业创业理念；以"依法治企、深化改革、强化管理、依靠科技、稳定质量、降低成本、扩大市场、增强实力"为企业生产经营方针；以"优质求信誉、名牌创效益、创新促发展、追求无止境"为企业质量方针。公司管理层在企业文化建设中以身作则、模范带头，并要求每位员工加强职业修养和业务学习。

4) 风险评估

公司紧紧围绕传统产业（水泥、混凝土）及新兴产业"双轮驱动"发展的战略目标及发展思路，结合行业特点，以及不同发展阶段和业务拓展的实际情况，制订了《风险管理制度》，明确风险管理及职责分工、风险管理初始信息的收集、风险评估、风险管理解决方案、风险管理的监督与改进等工作程序，全面、系统、持续地收集相关信息，动态地进行风险识别。公司面临着内部风险和外部风险，包括经营风险、行业风险、市场风险、宏观政策性风险、股市风险和其他风险。公司管理层高度重视上述风险，并相应确定风险的承受度及采用相应的对策。

5) 控制活动

公司充分认识到，良好、完善的控制措施对防范风险、实现经营目标的重要性。公司能够结合风险评估结果，通过手工控制与自动控制、预防性控制与发现性控制相结合的方法，运用相应的控制措施，将风险控制在可承受范围之内。

公司的控制措施一般包括不相容职务分离控制、授权审批控制、会计系统控制、货币资金控制、财产保护控制、预算控制、运营分析控制和绩效考评控制、计算机控制、工程项目控制、独立稽核、重大风险预警机制、证券业务监管、合同管理控制等。

(1)不相容职务分离控制。

公司对于各项业务流程中所涉及的不相容职务进行了必要的分析和梳理，并实施了相应的分离措施，确定具体岗位的名称、职责和工作要求等，明确各个岗位的权限，形成在各项业务的分工及流程上各司其职、各负其责、相互制约的工作机制。

公司在经营管理中，为防止错误或舞弊的发生，在采购、销售、财务管理环节均进行了职责划分。在采购过程中，采购计划员负责签发采购单，采购员负责采购，质检人员、技术人员负责货物的质量把关，仓管人员负责货物数量验收，进仓、出仓记录及实物保管。在销售业务中，公司下设子公司TP营销，负责水泥对外统一销售；TP营销下设市场科和综合科。市场科负责市场开发，与客户签订《水泥购销合同》；综合科按《水泥购销合同》给客户办理销售业务开户手续，收到货款后办理发货业务，开具发货单，并负责签收经用户签字的发货单回执；综合科财务部门负责开具发票；销售人员负责签收发票回执；对销售人员业绩考核由财务部门提供资料，各部门根据汇总资料按规定进行考核。通过上述职责划分，在销售过程中，授权与执行、考核与基础资料的提供、负责实物的部门与调拨实物的部门都由不同的部门执行，有效地防止了采购、销售环节的舞弊和不法、不正当、不合理行为的发生。在财务管理环节，执行记录日记账与记录总账、支票保管与印章保管、支票审核与支票签发等不相容职务相分离的控制，严格实施钱、账分管并定期核对，有效防止错误和舞弊行为的发生。

(2) 授权审批控制。

公司在交易授权上区分交易的不同性质采用了不同的授权审批方式。对于日常经营管理活动中一般性交易如购销业务、费用报销等业务按照既定的职责和程序进行常规授权，明确各职能部门和分管领导办理业务和事项的权限范围、审批程序和相应责任。对于非常规性交易，如发展新项目、收购兼并、投资、发行股票等重大交易事项需由股东大会、董事会作出决定，并按照既定的职责和程序进行特别授权。

① 常规授权。公司管理层制订了整个组织应当遵循的相关制度，在采购业务中，公司严格按照《物资采购管理规定》，一直采用招标与审批相结合的制度。大额的原材料采购采用招标方式；小额和零星的原材料采购采用部门评审和领导批准方式，同时坚持多家供应商报价制，对供应商实行ABC分类管理，对大型设备采购和工程项目全部实行招投标。在销售业务中，TP营销根据销售合同和订单以及公司销售控制程序办理。在费用开支方面，公司严格按照《费用报销管理制度》，由公司规定各种费用的审批权限，经职能部门负责人把关，公司分管领导审批，审计部门监督。从内部审核的情况看，采购、销售和费用等常规业务的审批程序得到了有效执行。

② 特别授权。为保证某一特定事项以及超过常规授权限制的交易的合法性、准确性，对于洽谈投资、收购兼并、对外担保等重要经济业务中需要临时作出某项承诺的经济活动，按照议事规则和工作细则由股东大会、董事会和总经理作出决定的，分别由股东大会、董事会、总经理授权，重大建设项目公司专门成立筹建指挥部，明确授权责任人或部门负责人的工作职责，从而保证了交易事项的进行有合法、准确的依据。从内部审核的情况看，公司重大的业务和事项，集体决策审批程序得到了有效执行，受权责任人或部门负责人在授权范围内行使正当权利。

(3) 会计系统控制。

公司严格执行《企业会计准则》，实行会计人员岗位责任制，加强会计基础工作，明确会计凭证、会计账簿和财务会计报告的处理程序，建立和完善会计档案保管和会计工作交接办法，保证会计资料真实完整。

① 财务会计制度的建设及规范。公司制定了《财务管理制度》《成本核算制度》《资金管理制度》《会计核算系统管理权限规程》《固定资产管理规定》《房屋及建筑物类固定资产管理

细则》等一系列具体规定,同期还出台了有关主管领导财务审批权限和费用开支标准等配套实施细则;公司还对各控股子公司实行财务主管和会计人员委派制。从制度上完善和加强了会计核算、财务管理的职能和权限。《费用报销管理制度》《财务审批制度》《财务管理制度》和《资金管理及审批权限规定》中关于公司资金管理及审批权限的规定,有效地加强了费用开支审批管理。《财务会计管理制度》还分别对预算管理、对外投资、借款与担保、流动资产、存货、固定资产、无形资产、递延资产、成本费用、营业收入、利润及其分配以及会计基础工作都分别作了具体规定。总的来看,公司在制度规范建设方面做了大量富有成效的工作。

② 会计机构设置及人员配备。公司依法设置会计机构,配备必要的会计从业人员,设置财务总监,全面负责公司的财务会计工作,如图 12-3 所示。

③ 岗位编制人员结构及主要会计处理程序。

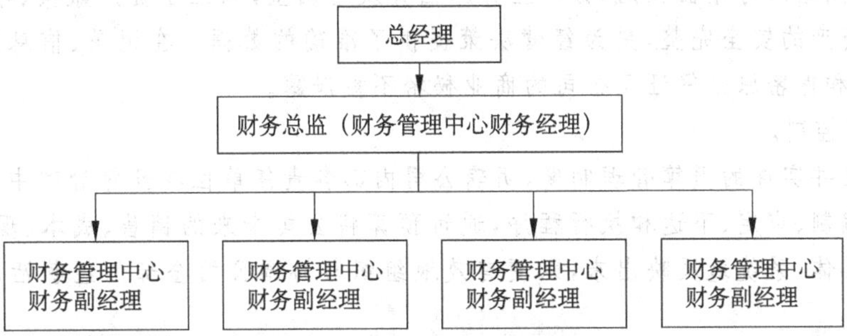

图 12-3　会计机构设置及人员配备

公司制订了《会计岗位工作标准》《会计人员技术职务评聘管理办法》等制度,对各岗位的职责权限奖惩予以明确。公司根据《企业内部控制基本规范》等制度的要求及本单位的会计业务需要,根据不相容职责相互分离的原则,已合理设置出纳、会计核算、业务管理、成本管理、税务管理、资金管理、经营分析及其他相关工作岗位,明确职责权限,形成相互制衡机制。公司已配备相应的人员以保证相关控制的有效执行。

公司就主要的会计处理程序做了明确而具体的规定,从原材料采购付款的审核、批准及支付,产品加工和生产成本的归集、分配及结转,产品的销售与收款,各种费用的发生与归集,以及投资与收购、筹资与信贷等特殊业务都有相应的规定与制度。

从内部审核的情况看,公司的会计系统能够确认并记录所有真实的交易;能够及时、充分详细地描述交易情况,并且能准确计量交易的价值;能够在适当的会计期间准确记录交易,并且在财务报表中适当地进行表达与披露。

(4) 货币资金控制。

公司在货币资金控制方面,严格遵循不兼容岗位相互分离的原则,建立了《资金管理及审批权限规定》《现金管理制度》《出纳岗位工作标准》等严格的授权审批制度和货币资金业务岗位责任制。

财务管理中心有关人员按照各单位年度、月度资金使用计划及有关审批文本,审核无误后,依据有关合同、协议和经审批责任人审批的有效凭证,办理支付手续。财务管理中心严格履行现金主管机关的职责,对公司、分公司、子公司的现金收支业务进行监督和稽核。公司以现金流为核心,对资金筹集、资产营运、成本控制、收益分配等财务活动实施全过程的管理。出纳作为独立的岗位,与稽核、会计档案保管和收入、支出、费用、债权债务账目的登记工作严格分离；网上交易、电子支付操作人员与货币资金支付业务有关的其他岗位分离。公司财务管理中心资金管理负责人对交易和支付行为认真审核。公司支票、公章、法人代表章及其他有效支款预留印章和网银Ukey分人保管，异地存放。

(5) 财产保护控制。

公司建立了财产日常管理制度和定期清查制度，采取财产记录、实物保管、定期盘点、账实核对等措施，确保财产安全。严格限制未经授权的人员接触和处置财产。

公司在资产安全和记录的使用方面采用了安全防护措施。对于资产的管理建立了完善的机制和方法，从而使资产的安全和完整得到根本保证。由于公司在供、产、销中采用了动态管理体系，确定了以销定产的基本思路，从而使原材料、在产品和产成品的平均结存数量大大降低，因此，公司在存货的管理上达到了较理想的水平。公司严格执行存货和固定资产盘点制度，盘点结果与账面核对，分析差异原因并及时调整，保证了资产账实、账套相符。这不仅实现了资产的安全完整，更为经营决策提供了准确的数据。在记录、信息、资料的使用上，相关权限和保密原则保证了公司的商业秘密不被泄露。

(6) 预算控制。

公司建立并实施的预算管理制度，明确公司内部各责任单位在预算管理中的职责权限，规范预算的编制、审定、下达和执行程序，通过预算将公司未来的销售、成本、现金流量等以计划的形式具体、系统地反映出来，以便有效地组织与协调公司全部的经营活动，完成公司的经营目标。

公司将不断提高预算管理水平，增强预算执行力，开展预算的差异分析，进一步加强预算管理在企业经营管理中的作用。

(7) 运营分析控制。

运营能力体现了公司生产技术、新产品开发、产品营销、成本水平、利润水平、公司信誉以及市场地位等综合实力。公司建立并实施运营分析控制制度，综合生产、购销、投资、筹资、财务等方面的信息，采用比较分析方法，从运营过程中分析控制波动因素，实现资产有效运营：从总资产周转率，分析公司各级管理者在资产管理方面所做的工作与实际的效率；从固定资产周转率，分析固定资产使用效率，更新改造投入与产出的效果；从流动资产周转率，分析生产经营过程均衡性、季节差异波动性和其他因素的影响；从原材料周转率，分析原材料存货平均储备期，有效控制存货储备量，并作为考核库存管理绩效的基本依据；从在产品周转率，分析在产品存货平均存留期，有效控制在产品存货量，以便制订、调整生产进度计划，并作为加强生产过程管理和控制的基本依据；从产成品周转率，分析产成品存货平均滞库期，并作为考核营销绩效的基本依据；从环比分析成本用量及价格差异，反馈成本升降因素，促进公司降本增效。

(8) 绩效考评控制。

为规范公司各级管理者及员工的经济目标和经济行为，健全公司激励机制，增强公司管理团队、业务骨干和员工对实现公司持续、健康发展的责任感、使命感，确保公司发展目标的实现，公司建立了一系列薪酬激励管理制度。严格实施管理干部绩效考评控制、工程和经济系列内聘专业技术人员绩效考评控制、员工工作能力与态度考评控制制度，并按考评工作程序，有组织地进行总结、评价，充分发挥全员工作积极性，并以此作为聘用、解聘、晋职、晋级、奖惩的依据。

在实际绩效考评过程中，从时序上分为试用考核、晋升考核、平时考核、年中考核、年终考核、特殊事件考核，从方法上以岗位职责为依据，德、能、勤、绩、廉为重心，坚持上下结合、定性与定量结合的考核方法，分别按照考核内容，员工以自我总结为前提，以不记名、百分制进行互评的方式进行考评；中层以上管理干部以业绩为前提进行自我述职报告，并由一定比例的员工，以不记名、百分制的方式对主管领导进行管理效能评价；经济系列实行任职期间业务能力、工作实绩、贡献大小、合理化建议、发表论著为考核依据进行考评；工程系列专业技术人员实行年度积分制的方式进行考评，量化任职条件，积分的计取涵盖课题质量积分、相关技术标准的编制或修订积分、实际生产管理业绩积分、在集团组织的技术培训教育中任教积分、在国家级杂志、报纸发表技术论文积分、取得市级及以上政府部门科技成果奖积分等，从而使公司上下不断提高工作效率、成本意识、专业技能、领导才能、工作主动性和工作责任感。

(9) 计算机控制。

公司在生产经营过程中非常注意控制手段和方法的使用，这些为企业高效、经济地运行提供了极大的帮助。在物控方面，原材料的采购、产成品的发运通过朗通系统进行控制；在生产方面，公司使用的是朗通系统和外购的专业DCS生产控制系统，通过该系统，公司能准确地对水泥生产的每个环节进行控制；在销售方面，公司使用朗通系统，销售合同的管理、成品的发送指令、应收账款的金额、期限以及客户的信用情况全部在系统中进行处理，这使得工作效率极大地提高，工作准确度得到了保证，而且把一些需要定期进行审核的工作转化为每次进行控制，使得对客户的信用程度和销售人员的业绩的了解程度精确到每天的水平上；财务部门通过使用用友软件，为提高核算的及时性、准确性提供了保证；在日常公文处理方面，公司通过研发管理软件进行制度、请示、通知等文案资料的审批、发布、传达等，推行无纸化办公，既能提高办公效率，还可以节省资源。

(10) 工程项目控制。

为加强工程项目管理，提高工程质量，保证工程进度，控制工程成本，防范商业贿赂等舞弊行为，公司制订《基本建设管理规定》，规范工程立项、招标、造价、建设、验收等环节的工作流程，明确相关部门和岗位的职责权限，项目实施与价款支付、竣工决算与审计等不相容职务相互分离，强化工程建设全过程的监控，确保工程质量、进度和资金安全。

为提高产品产量、质量和资源综合利用率，有效改善环境、降低生产成本，公司制订了《技术改造管理规定》，规范项目选题及立项、审核及批准、项目实施管理、项目验收及评价等工作要求，使技术改造决策程序化，技改项目管理制度化、规范化，提高技术改造资金使用效益。

为加强工程、技改项目设备及其安装工程结算审核管理，公司制订《设备及其安装工程结算审核管理规定》，规范新建、扩建、改建、技术改造等工程中设备及其安装工程结算审核范围、职责、要求、考核与处罚等工作程序，确保资金安全。

(11) 独立稽核。

公司对发生的经济业务及其产生的信息和数据进行稽核，不仅包括通常在企业采用的凭证审核、各种账目的核对、实物资产的盘点等，还包括由审计部对采购和销售等生产经营环节进行的独立审计。在采购环节，由物资供应部、生产部等职能部门对供应商的产品质量、性能、价格等诸多方面的情况调查、研究，以确定采购供应关系；在销售环节，由TP营销综合科、财管中心等职能部门对各办事处的资产、销售情况以及与采购方的往来款项进行核对，并对差异进行调查处理。

(12) 重大风险预警机制。

公司加强重大风险、重大事件和重要管理及业务流程的风险管理及内部控制系统的建设，针对公司战略、规划、产品研发、投融资、市场运营、财务、内部审计、法律事务、人力资源、物资采购、生产、销售、质量、安全、环境保护等各项业务管理及其重要业务流程，建立重大风险预警机制和突发事件应急处理机制，明确风险预警标准，对可能发生的重大风险或突发事件，制定应急预案、明确责任人员、规范处置程序，确保突发事件得到及时妥善处理。公司董事会对全面风险管理工作的有效性向股东大会负责，公司总经理对全面风险管理工作的有效性向董事会负责。

(13) 证券业务监管。

在证券市场上，公司作为公众关注的上市公司，严格按照法律、法规和部门规章要求，及时做好信息披露工作，确保信息披露真实、准确、完整。同时，公司作为全国60家重点支持水泥工业结构调整大型企业之一，严格按照相关规定和要求做好各项工作，符合法律、法规，部门规章和相关政策的要求，不存在违法、违规的行为。

公司证券投资业务严格按照公司《风险投资管理制度》《对外投资管理制度》的相关规定执行，不断健全风险投资内部控制，制订相关操作管理办法和流程管控体系，提高证券投资风险防控水平。

(14) 合同管理控制。

为规范合同管理，公司制订了《合同管理制度》，该制度对合同适用范围，合同的申报、审查、批准程序，合同的签订，合同的履行，合同的变更、解除、纠纷处理，合同的管理等内容做了明细的规定。

公司严格按照《合同管理制度》执行，签订合同实行洽谈、审查、批准等相关程序，经办单位、审查单位、批准单位各司其职，分工负责。合同签署根据公司《授权管理制度》由授权委托人在授权范围内签署合同，重大经济等合同由公司总经理或授权代表批准。合同专业章、空白合同、授权委托书由公司综合办公室、单位指定专人负责保管。

6) 信息与沟通

公司制定了重大内部信息报告制度，明确内部控制相关信息的收集、处理和传递程序，确保信息及时沟通，促进内部控制有效运行。

公司的内部信息主要通过公司的财务会计资料、经营管理资料、调研报告、专项信息、内部公文、内部刊物、召开会议等渠道及方式获取；外部信息主要通过行业协会组织、社会中介机构、业务往来单位、市场调查、来信来访、网络媒体以及有关监管部门等渠道获取。

公司对所收集的各种内部信息和外部信息按信息的类别交由各职能部门进行筛选、核对、整理，并根据信息的来源进行必要的沟通、反馈，以提高信息的可靠性和有用性；对于重要信息能够及时传递给公司董事会、监事会和经理层；在信息沟通过程中发现的问题能够给予及时的处理。

公司在信息处理方面充分利用电子计算机信息处理技术进行信息的集成与共享，充分发挥信息技术在信息与沟通中的作用。

公司技术中心下属信息化部门负责对信息系统开发与维护、访问与变更、数据输入与输出、文件储存与保管、网络安全等方面的控制，保证信息系统安全稳定地运行。

公司制定了《反舞弊管理制度》，坚持"惩防并举、重在预防"的原则，明确反舞弊工作的重点领域、关键环节和有关机构在反舞弊工作中的职责权限，规范舞弊案件的举报、调查、处理、报告和补救程序。

7）内部监督

公司监事会负责对董事、高级管理人员执行公司职务的行为进行监督。公司董事会下设审计委员会，代表董事会执行审计监督职能，审计委员会负责审查公司的内部控制制度，对审计部的工作进行指导与监督。审计部负责对公司财务信息的真实性和完整性、内部控制制度的完整性、合理性及其实施的有效性进行检查监督，对子公司经济效益的真实性、合理性、合法性作出合理、真实的评价。对审查过程中发现的内部控制缺陷，督促相关责任部门制定整改措施和整改时间，并进行内部控制的后续审查，监督整改措施的落实情况。审计部向审计委员会报告工作，对审计委员会负责。通过监事会、审计委员会、审计部的审计、监督，有效堵塞了漏洞，促进了公司的规范运作。

随着公司业务的发展和市场环境的变化，公司将按照监管部门有关内部控制制度的要求和经营发展的实际需要，进一步完善公司内部控制制度，以保证公司发展规划和经营目标的实现，保证公司稳健发展。

3. 内部控制评价工作依据及内部控制缺陷认定标准

公司依据《企业内部控制基本规范》《企业内部控制评价指引》《企业内部控制应用指引》、企业制定的内部控制及相关制度、评价方法组织开展内部控制评价工作。

公司董事会根据企业内部控制规范体系对重大缺陷、重要缺陷和一般缺陷的认定要求，结合公司规模、行业特征、风险偏好和风险承受度等因素，区分财务报告内部控制和非财务报告内部控制，研究确定了适用于公司的内部控制缺陷具体认定标准，并与以前年度保持一致。公司确定的内部控制缺陷认定标准如下。

1）财务报告内部控制缺陷认定标准

（1）公司确定的财务报告内部控制缺陷评价的定量标准如表 12-1 所示。

表 12-1　内部控制缺陷评价定量标准

潜在错报项目	重大缺陷	重要缺陷	一般缺陷
利润总额	当利润总额＞1 亿元，潜在错报≥利润总额的 5%；当利润总额≤1 亿元，潜在错报≥500 万元	当利润总额＞1 亿元，利润总额的 3%≤潜在错报＜利润总额的 5%；当利润总额≤1 亿元，300 万≤潜在错报＜500 万元	当利润总额＞1 亿元，潜在错报＜利润总额的 3%；当利润总额≤1 亿元，潜在错报＜300 万元

注：上述定量标准中所指的财务指标值均为公司上年度经审计的合并报表数据。

（2）公司确定的财务报告内部控制缺陷评价的定性标准如下。

财务报告内部控制存在重大缺陷：一项内部控制缺陷单独或连同其他缺陷具备合理可能性导致不能及时防止或发现并纠正财务报告中的重大错报。

① 公司董事、监事和高级管理人员舞弊。

② 公司对已经公告的财务报告出现的重大差错进行错报更正。

③ 公司聘请的会计师事务所注册会计师发现的却未被公司内部控制识别的当期财务报告中的重大错报。

④ 公司审计委员会和审计部门对公司的对外财务报告和财务报告内部控制监督无效。

财务报告内部控制存在重要缺陷：内部控制缺陷单独或连同其他缺陷具备合理可能性导致不能及时防止或发现并纠正财务报告中虽然未达到和超过重要性水平、但仍应引起董事会和管理层重视的错报。

① 未依照公认会计准则选择和应用会计政策。

② 未建立反舞弊程序和控制措施。

③ 对于非常规或特殊交易的账务处理没有建立相应的控制机制或没有实施且没有相应的补偿性控制。

④ 对于期末财务报告过程的控制存在一项或多项缺陷且不能合理保证编制的财务报表达到真实、完整的目标。

一般缺陷：未构成重大缺陷、重要缺陷标准的其他内部控制缺陷。

2) 非财务报告内部控制缺陷认定标准

(1) 公司确定的非财务报告内部控制缺陷评价的定量标准如下。

重大缺陷：直接财产损失金额≥1 000 万元。

重要缺陷：500 万元≤直接财产损失金额＜1 000 万元。

一般缺陷：直接财产损失金额＜500 万元。

(2) 公司确定的非财务报告内部控制缺陷评价的定性标准如下。

重大缺陷：如果缺陷发生的可能性高，会严重降低工作效率或效果，或严重加大效果的不确定性，或使之严重偏离预期目标，则认定为重大缺陷。

① 公司缺乏民主决策程序。

② 公司决策程序不科学，导致重大失误。

③ 公司违反国家法律、法规，如环境污染，并受到处罚。

④ 公司中高级管理人员和中高级技术人员流失严重。

⑤ 媒体频现负面新闻，涉及面广且负面影响一直未能消除。

⑥ 公司重要业务缺乏制度控制或制度体系失效。

⑦ 公司内部控制重大缺陷未得到整改。

⑧ 公司遭受证监会处罚或证券交易所警告。

⑨ 战略与运营目标或关键业绩指标执行不合理，严重偏离且存在方向性错误，对战略与运营目标的实现产生严重负面作用。

重要缺陷：如果缺陷发生的可能性较高，会显著降低工作效率或效果，或显著加大效果的不确定性，或使之显著偏离预期目标，则认定为重要缺陷。

① 公司民主决策程序存在但不够完善。

② 公司决策程序导致出现重要失误。

③ 公司违反企业内部规章，形成严重损失。

④ 公司关键岗位业务人员流失严重。

⑤ 媒体出现负面新闻，波及局部区域。

⑥ 公司重要业务制度或系统存在缺陷。

⑦ 公司内部控制重要缺陷未得到整改。

⑧ 公司战略与运营目标或关键业绩指标执行不合理，严重偏离，对战略与运营目标的实现产生明显的消极作用。

一般缺陷：如果缺陷发生的可能性较小，会降低工作效率或效果，或加大效果的不确定性，或使之偏离预期目标，则认定为一般缺陷。

① 公司决策程序效率不高。

② 公司违反内部规章，但未形成损失。

③ 公司一般岗位业务人员流失严重。

④ 媒体出现负面新闻，但影响不大。

⑤ 公司一般业务制度或系统存在缺陷。

⑥ 公司一般缺陷未得到整改。

⑦ 公司战略与运营目标或关键业绩的执行存在较小范围的不合理，目标偏离，对战略与运营目标的实现影响轻微。

⑧ 公司存在其他缺陷。

4. 内部控制缺陷认定及整改情况

1) 财务报告内部控制缺陷认定及整改情况

根据上述财务报告内部控制缺陷的认定标准，报告期内公司不存在财务报告内部控制重大缺陷或重要缺陷。

2) 非财务报告内部控制缺陷认定及整改情况

根据上述非财务报告内部控制缺陷的认定标准，报告期内未发现公司非财务报告内部控制重大缺陷或重要缺陷。

(四) 其他内部控制相关重大事项说明

无。

董事长(签名)：

广东 TP 集团股份有限公司(签章)

2020 年 3 月 15 日

本章小结

明确内部控制评价的主体，了解评价的作用和内容，掌握内部控制评价原则和方式方法，对内部控制评价的程序有深刻的认识，掌握内部控制缺陷认定的种类、标准和处理方法。

能力训练

一、单选题

1. 内部控制评价主要包括(　　)。

A. 过程评价和目标评价　　B. 结果评价和目标评价

C. 过程评价和结果评价　　D. 过程评价和方法评价

2. 下列有关内部控制评价的说法中错误的是(　　)。

A. 企业应按照制订评价方案、实施评价活动、编制评价报告等程序开展内部控制评价

B. 内部控制有效性是企业建立与实施内部控制能够为控制目标的实现提供合理的保证

C. 内部控制缺陷按其本质可分为设计缺陷和运行缺陷

D. 企业实施内部控制评价,仅包括对内部控制设计有效性的评价,不包括运行有效性的评价

3. 内部控制评价对外报告一般不包括以下内容(　　)。

A. 监事会声明　　B. 内部控制评价工作的总体情况

C. 内部控制评价的范围　　D. 内部控制缺陷及其认定

4. 内部控制评价的报告内容不包含以下哪种情形(　　)。

A. 内部控制评价的程序和方法　　B. 内部控制评价的依据

C. 内部控制评价的范围　　D. 内部控制评价的人员

5. 形成控制要素评价表的"控制活动要素评价"是基于(　　)评价的。

A. 业务流程评价表　　B. 控制要素评价表

C. 内部控制缺陷汇总表　　D. 财务流程评价表

6. 关于企业内部控制评价的工作流程的是(　　)。

①制订评价工作方案;②实施现场检查测试;③汇总评价结果;④报告反馈与追踪;⑤组成评价工作组;⑥编制企业内控评价报告。

A. ①②⑤⑥③④　　B. ①②⑤③⑥④

C. ①⑤②③④⑥　　D. ①⑤②③⑥④

7. 在内部控制流程中选取样本,追踪该样本从最初起源直到最终在财务报表反映的全过程,以此了解控制措施设计的有效性,并识别出关键控制点,是对下列哪一项内控测试的描述(　　)。

A. 穿行测试法　　B. 抽样法　　C. 个别访问法　　D. 专题讨论法

8. 关于企业内部控制评价的工作流程中能初步认定内部控制缺陷的环节是(　　)。

A. 实施现场检查测试　　B. 汇总评价结果

C. 报告反馈与追踪　　D. 编制企业内控评价报告

9. 某企业在运营中缺少为实现控制目标所必需的控制措施,难以控制目标,该缺陷属于(　　)。

A. 运行缺陷　　B. 设计缺陷　　C. 监督缺陷　　D. 内部环境缺陷

10.《企业内部控制评价指引》规定,企业编制的内部控制评价报告应当报经董事会或类似权力机构批准后对外披露或报送相关部门。企业应以每年的(　　)为年度内部控制评价报告的基准日,于基准日后(　　)内报出内部控制评价报告。

A. 12 月 31 日　30 天　　B. 1 月 1 日　30 天

C. 12 月 31 日　4 个月　　D. 1 月 1 日　4 个月

二、多选题

1. 企业应当建立内部控制评价工作档案管理制度。内部控制评价的(　　)和等应当

妥善保管。

A. 有关文件资料　B. 工作底稿　C. 证明材料　D. 审计报告

2. 企业组织开展内部环境评价，应当以(　)社会责任等应用指引为依据，结合本企业的内部控制制度，对内部环境的设计及实际运行情况进行认定和评价。

A. 组织架构　B. 发展战略　C. 人力资源　D. 企业文化

3. 内部控制评价成果包含以下哪些评价内容(　)。

A. 内部环境评价　B. 风险评估评价

C. 控制活动评价　D. 内部监督评价

4. 企业组织开展风险评估机制评价，应当以《企业内部控制基本规范》有关风险评估的要求，以及各项应用指引中所列主要风险为依据，结合本企业的内部控制制度，对日常经营管理过程中的(　)等进行认定和评价。

A. 风险识别　B. 风险分析　C. 应对策略　D. 风险规避

5. 企业组织开展内部监督评价，应当以《企业内部控制基本规范》有关内部监督的要求，以及各项应用指引中有关日常管控的规定为依据，结合本企业的内部控制制度，对内部监督机制的有效性进行认定和评价，重点关注(　)等是否在内部控制设计和运行中有效发挥监督作用。

A. 监事会　B. 审计委员会

C. 内部审计机构　D. 董事会

6. 关于保证内部控制有效性的关键取决于以下哪几个方面(　)。

A. 合理的组织机构　B. 科学、高效的内部控制评价程序

C. 组织方式是否得当　D. 合理的监察高效的监察制度

7. 内部控制缺陷按严重程度可以分为的情况有(　)。

A. 重大缺陷　B. 重要缺陷　C. 可控缺陷　D. 一般缺陷

8. 内部控制评价报告应当分别按内部环境、风险评估、控制活动、信息与沟通、内部监督等要素进行设计，对内部控制(　)等相关内容作出披露。

A. 评价过程　B. 缺陷认定　C. 整改情况　D. 结论有效性

9. 内部控制评价原则的核心要求是(　)。

A. 坚持风险导向　B. 坚持全面核查

C. 坚持重点突出　D. 坚持客观合理

10. 财务报告内部控制中，相关缺陷采用的认定标准取决于财务报告错报的重要程度。这种“重要程度”主要取决的因素有(　)。

A. 该缺陷是否具备导致企业的内部控制不能及时防止财务报告错报

B. 该缺陷单独或连同其他缺陷可能导致的潜在错报金额的大小

C. 该缺陷是否影响治理层决策

D. 该缺陷是否难以发现

三、判断题

1. 内部控制评价是指企业董事会或类似权力机构对内部控制的有效性进行全面评价、形成评价结论、出具评价报告的过程。(　)

2. 企业董事会应当对内部控制评价报告的真实性负责。(　)

3. 评价工作底稿应当设计合理、证据充分、简便易行、便于操作。 （ ）

4. 内部控制评价工作应当形成工作底稿，详细记录企业执行评价工作的内容，包括评价要素、主要风险点、采取的控制措施、有关证据资料以及认定结果等。 （ ）

5. 评价工作组成员对本部门的内部控制评价工作应当实行回避制度。 （ ）

6. 内部控制评价程序一般包括：制订评价工作方案、组成评价工作组、实施现场测试、认定控制缺陷、汇总评价结果、编报评价报告等环节。 （ ）

7. 内部控制评价工作组应当根据现场测试获取的证据，对内部控制缺陷进行初步认定，并按其影响程度分为重大缺陷、重要缺陷和一般缺陷。 （ ）

8. 企业内部控制审计报告应当与内部控制评价报告同时对外披露或报送。 （ ）

9. 企业应当以每年的12月31日作为年度内部控制评价报告的基准日。 （ ）

10. 内部控制评价报告应于基准日后4个月内报出。 （ ）

章节案例

A公司案例

A公司是一家以饮品生产和销售为主业的上市公司。2011年，A公司根据财政部等五部委联合发布的《企业内部控制基本规范》及其配套指引，结合自身经营管理实际，制定了《企业内部控制手册》（以下简称《手册》），自2012年1月1日起实施。为了检验实施效果，A公司于2013年7月成立内部控制评价工作组，对内部控制设计与执行情况进行检查评价。内部控制评价工作组接受审计委员会的直接领导，组长由董事会指定，组员由公司各职能部门业务骨干组成。2013年9月，A公司审计委员会召集公司内部相关部门对检查情况进行讨论，要点如下。

1. 内部环境

内部控制评价工作组在对内部环境要素进行测试时，发现缺乏足够的证据说明企业文化建设和实施取得较好实效。人事部门负责人表示，公司领导对企业文化建设的重视是无形的，难以量化，且人事部门已制定并计划宣传贯彻《员工行为守则》，可以说明企业文化建设和实施有效。

2. 风险评估

A公司于2013年1月支付2 000万元，成为亚运会的赞助商；于2013年7月支付500万元，捐助西北某受灾地区。内部控制评价工作组在对公司风险评估机制进行评价时，发现上述事项均未履行相应的风险评估程序，建议予以整改。风险管理部门负责人表示，赞助亚运会对提升企业形象有利而无害，不存在风险；财务部门负责人认为，对外捐助属于履行社会责任，不需要评估风险。

3. 控制活动

内部控制评价工作组对公司业务层面的控制活动进行了全面测试，发现《手册》中有关资金投放、资金筹集、物资采购、资产管理和商品销售等环节的内部控制设计可能存在缺陷。有关资料如下。

(1) 资金投放环节。为提高资金使用效率，《手册》规定，报经总会计师批准，投资部门可以从事一定额度的投资，但大额期权期货交易，必须报经总经理批准。

(2) 资金筹集环节。为降低资金链断裂的风险,《手册》规定,总会计师在无法正常履行职权的情况下,应当授予其副职在紧急状况下进行直接筹资的一切权限。

(3) 物资采购环节。《手册》规定,当库存水平较低时,授权采购部门直接购买。

(4) 资产管理环节。为应对突发事件造成的财产损失风险,《手册》规定,公司采取投保方式对财产进行保全,财产保险业务全权委托外部专业机构开展,公司不再另行制定有关投保业务的控制规定。

(5) 商品销售环节。为提高经营效率和缩短货款回收周期,《手册》规定,指定商品的销售人员可以直接收取货款,公司审计部门应当定期或不定期派出监督人员对该岗位的运行情况和有关文档记录进行核查。

4. 信息与沟通

内部控制评价工作组检查发现,所有风险信息均由总经理向董事会报告。建议确认为控制缺陷并加以整改。风险管理部门负责人表示,风险管理部门对总经理负责;符合公司组织结构、岗位职责与授权分工的规定,不应认定为控制缺陷。

5. 内部监督

内部审计部门负责人表示,年度内部控制评价工作组是由公司各部门抽调人员组成的临时工作团队,缺乏独立性,建议由内部审计部门承担相应的职责。内部控制评价工作组负责人认为,工作组成员均接受过专业培训,接受审计委员会领导,有足够的专业胜任能力和权威性来承担内部控制评价工作,而审计部门人手少、力量弱,现阶段无法有效承担年度评价职责。

资料来源:高级会计师考试,2012 年,案例分析题二.

请结合上述材料完成下列事项:

1. 学生分组,建议每组 5 人左右,注意搭配。

2. 选择组长与发言人,可以固定或轮流担任。

3. 根据资料 1、2、4、5,针对内部环境、风险评估、信息与沟通、内部监督要素评价过程中的各种意见分歧,假如你是公司审计委员会主席,逐项说明是否赞同内部控制评价工作组的意见,并逐项说明理由;根据《企业内部控制基本规范》及其配套指引的要求,逐项判断资料 3 中各项内部控制设计是否有效,并逐项说明理由,形成小组案例分析报告。

4. 发言人代表本组发言,并回答教师及同学提问。

参考规范

1.《关于印发企业内部控制配套指引的通知》(财会〔2010〕11 号)。

2.《企业内部控制评价指引》。

3.《关于印发企业内部控制规范体系实施中相关问题解释第 1 号的通知》(财会〔2012〕3 号)。

4.《关于印发企业内部控制规范体系实施中相关问题解释第 2 号的通知》(财会〔2012〕18 号)。

参考文献

[1] 中国注册会计师协会．公司战略与风险管理[M]．北京：中国财政经济出版社，2020.
[2] 财政部会计司．企业内部控制规范讲解 2010[M]．北京：经济科学出版社，2010.
[3] 方红星．内部控制[M]．大连：东北财经大学出版社，2015.
[4] 王清刚．内部控制与风险管理[M]．北京：高等教育出版社，2019.
[5] 张远录．中小企业内部控制[M]．北京：高等教育出版社，2018.
[6] 张长胜．企业内部控制实务[M]．北京：中国人民大学出版社，2014.
[7] 李晓慧．内部控制与风险管理[M]．北京：中国人民大学出版社，2016.
[8] 财政部．企业内部控制基本规范[M]．上海：立信会计出版社，2018.
[9] 罗胜强．企业内部控制[M]．上海：立信会计出版社，2018.
[10] 企业内部控制编审委员会．企业内部控制[M]．上海：立信会计出版社，2020.
[11] 李敏．企业内部控制规范[M]．上海：上海财经大学出版社，2019.
[12] 刘胜强．企业内部控制[M]．北京：清华大学出版社，2018.
[13] 池国华．内部控制与风险管理[M]．北京：中国人民大学出版社，2018.
[14] 郑洪涛．企业内部控制学[M]．大连：东北财经大学出版社，2018.